RETRATOS·JAPONESES
CRÔNICAS DA VIDA PÚBLICA E PRIVADA

DONALD RICHIE

Tradução
Lúcia Nagib

Prêmio APCA 1999
Melhor Produção Editorial

**Escrituras Editora
e Distribuidora de Livros Ltda.**
Rua Maestro Callia, 123
Vila Mariana - 04012-100
São Paulo, SP
Telefax: (11) 5082-4190
e-mail: escrituras@escrituras.com.br
site: www.escrituras.com.br

FUNDAÇÃO EDITORA DA UNESP

Presidente do Conselho Curador
Antonio Manoel dos Santos Silva

Diretor-Presidente
José Castilho Marques Neto

Assessor-Editorial
Jézio Hernani Bomfim Gutierre

Conselho Editorial Acadêmico
**Antonio Celso Wagner Zanin
Antonio de Pádua Pithon Cyrino
Benedito Antunes
Carlos Erivany Fantinati
Isabel Maria F. R. Loureiro
Lígia M. Vettorato Trevisan
Maria Sueli Parreira de Arruda
Raul Borges Guimarães
Roberto Kraenkel
Rosa Maria Feiteiro Cavalari**

Editora-Executiva
Christine Röhrig

Editora-Assistente
Maria Dolores Prades

Fundação Editora da UNESP (FEU) • Praça da Sé, 108 – 01001-900 – São Paulo, SP
Tel.: (0xx11) 232-7171 - Fax: (0xx11) 232-7172
Home page: www.editora.unesp.br – e-mail: feu@editora.unesp.br

Índice

Entre Anônimos e Notáveis . . 1	Tadanori Yokoo 116
Prefácio 5	Tatsumi Hijikata 120
Hajimé Saisho 7	Utaemon Nakamura 125
Yasunari Kawabata 12	Tamasaburo Bando 130
Shozo Kuroda 16	Tsutomu Yamazaki 133
Yasujiro Ozu 19	Sonoko Suzuki 137
Setsuko Hara 22	Kikuo Kikuyama 141
Fumio Mizushima 26	Keiko Matsunaga 146
Tadashi Nakajima 29	Hidetada Sato 150
Yukio Mishima 37	Shuji Terayama 160
Sada Abe 42	Isuzu Yamada 163
Eiko Matsuda 45	Kon Ichikawa 168
Kazuko Morinaga 48	Sumire Watanabe 170
Saburo Sasaki 52	Toshio Morikawa 174
Kishio Kitakawa 56	Shintaro Katsu 182
Hiro Obayashi 60	Hisako Shiraishi 185
Masako Tanaka 68	Hiroshi Momma 195
Akira Kurosawa 72	Chishu Ryu 199
Toshiro Mifune 76	Hiroyasu Yano 203
Ruriko Otani 80	Nagisa Oshima 208
Kunio Kubo 84	Tetsuko Kuroyanagi 213
Minoru Sakai 89	Mayumi Oda 217
Oharu Kitano 94	Toshikatsu Wada 220
Taro Furukaki 98	Makiyo Numata 225
Toru Takemitsu 101	Koichiro Arai 229
Meiko Watanabe 104	Noboru Tanaka 239
Sessue Hayakawa 108	Hanako Watanabe 243
Daisetz Suzuki 111	S.A.I. Michiko 247

© 2000 by Donald Richie

Todos os direitos desta edição reservados
Escrituras Editora e Distribuidora de Livros Ltda.
e Editora UNESP

Coordenação editorial
Raimundo Gadelha

Producão editorial
Celson Scotton

Capa e projeto gráfico
Ricardo Siqueira

Revisão
Ieda de Abreu

Tradução
Lúcia Nagib

Impressão
Bartira Gráfica

Dados Internacionais de Catalogação na Publicação (CIP)
(Câmara Brasileira do Livro, São Paulo, Brasil)

Richie, Donald, 1924-
  Retratos Japoneses: crônicas da vida pública e privada/Donald Richie; tradução Lúcia Nagib. -- São Paulo: São Paulo: Escrituras Editora: Editora UNESP, 2000.

  Título original: Public people, private people - Portraits of some Japanese

  1. Japão - Biografia 2. Japoneses - Biografia 3. Richie, Donald, 1924 - I. Título.

00-2557   CDD-920.0092956

Índice para catálogo sistemático:
1. Japoneses: Biografia   920.0092956

Impresso no Brasil
Printed in Brazil

Entre Anônimos e Notáveis

Donald Richie costuma falar de um certo "Japanese bug", um inseto cujo ferrão equivale à flecha de Cupido. A vítima, uma vez picada, se torna presa do fascínio nipônico, mal do qual nunca mais se recupera. Richie fala, evidentemente, de vasta experiência própria. Sua história remonta há 53 anos, quando pela primeira vez aportou no Japão, em 1947, aos 23 anos de idade, acompanhando as forças americanas de Ocupação como datilógrafo.

Embora não dominasse a língua local, costumava desprezar os avisos de "proibida a confraternização com nativos" e esgueirar-se para dentro dos cinemas de Asakusa, bairro tradicional de Tóquio. Foi ali, espremido entre populares e respirando o cheiro de "arroz misturado à fragrância do óleo de camélia que os homens costumavam passar no cabelo",[1] que tudo começou. Os vultos móveis da tela, narrando histórias que ele então não compreendia, enredaram-no para sempre nos mistérios da cultura e das pessoas do Japão.

Meio século e quarenta livros mais tarde, dominando perfeitamente o japonês e tendo vivido muito mais tempo em sua pátria adotiva que em sua Ohio natal, Richie é hoje considerado o maior especialista vivo em cinema e cultura japoneses. "Especialista", aliás, talvez não se aplique no caso, pois, apesar da enorme erudição adquirida ao longo dos anos, ele permanece um amador, ou seja, alguém profundamente enamorado de seu objeto de estudo.

De fato, embora tenha se iniciado no universo nipônico pela porta virtual por excelência que é o cinema, Richie sempre preferiu o contato humano ao conhecimento de gabinete. Nunca hesitou em provar na pele aquilo que outros pesquisadores só conhecem de livros. O próprio aprendizado da língua se deu pela combinação de estudo e prática diária. "Depois da aula [de japonês], eu descia o Dogenzaka até a estação, parando em vários dos barzinhos alinhados ao longo da ladeira, conversando com quem se dispusesse e, ao

---

[1] Cf. Donald Richie, "Cinema japonês - um olhar pessoal", in: *Imagens*, n. 7, maio-agosto 1996, p. 63.

chegar lá embaixo, vários saquês depois, estava com a lição de casa pronta", conta[2].

Seu método empírico de aclimatação começou muito cedo. Alguns meses após sua chegada a Tóquio – ainda sem falar japonês, mas já escrevendo críticas de cinema para o jornal do exército americano, *The Pacific Stars and Stripes* , fizera amizade com o célebre compositor Fumio Hayakawa. Um dia, o músico o levou para o *set* da Toho, onde estava sendo rodada uma película. Então, o neófito descobriu boquiaberto que o filme era *O anjo embriagado*, o ator principal, Toshiro Mifune, e o diretor, Akira Kurosawa.

Foi apenas um dos grandes encontros que marcariam sua vida. No mesmo período, esteve com o futuro prêmio Nobel de literatura, Yasunari Kawabata, no alto da torre da estação de Asakusa, onde ambos observaram o centro de Tóquio reduzido a cinzas, após os bombardeios da Segunda Guerra. Ao longo das décadas seguintes, iria rever o escritor, acompanhar sua consagração mundial e chocar-se, enfim, com seu suicídio, que o fez relembrar aquela primeira visão do horror.

Tais encontros memoráveis compõem passagens das mais comoventes de *Retratos japoneses – crônicas da vida pública e privada*, coletânea de perfis de pessoas que Richie conheceu ao longo de sua vida no Japão. Ao lê-los, o leitor constata que o autor não apenas conheceu figuras cruciais do mundo intelectual japonês do século XX, como viveu com elas experiências extraordinárias. Pela via do documento real, extraído da própria vida (ainda que através de técnicas de ficção), os retratos de cineastas como Ozu, Oshima, Ichikawa, Kurosawa, de atores como Toshiro Mifune, Setsuko Hara, Isuzu Yamada, Chishu Ryu, de escritores como Kawabata e Mishima, de músicos como Takemitsu, de dançarinos como Hijikata, ou de artistas plásticos como Tadanori Yokoo acabam sendo mais reveladores de sua arte que estudos acadêmicos.

Porém, o mais surpreendente, ao lermos os perfis dessas celebridades, é descobrir que não passam de gente comum. Mesmo uma assassina, como a famosa Sada Abe, que estrangulou e emasculou o amante – servindo de inspiração para o filme *O império dos sentidos* – é

---
[2] *Id., ibid.*, p. 69.

tratada com a intimidade da senhora do bar da esquina. E aqui surge o outro lado sugerido no subtítulo desta coletânea, *Crônicas da vida pública e privada*: a inclusão, em igual número, de perfis de populares desconhecidos que, colocados ao lado da galeria dos famosos, se tornam tão relevantes e cativantes quanto eles.

Essa democracia no tratamento de seres humanos, essa humildade quase monástica que faz Richie receber em sua casa com a mesma atenção o entregador da mercearia e o *onnagata* mais famoso do kabuki japonês, tornam *Retratos japoneses* um livro inclassificável: nem biografia de estrelas, nem crítica de arte, nem ficção, e um pouco de tudo isso junto. E faz perceber como estão equivocados os compêndios que insistem em separar "ocidentais" e "orientais", e em encerrar os japoneses em características gerais e rígidas que os transformam num povo sem face.

Em Richie, a universalidade de raças, idades, sexos e profissões, colocada com argúcia crítica e senso de humor, devolve individualidade a cada um dos personagens, japoneses por acaso e, todos, profundamente humanos. Um menino, num banho público, um dia aponta o homem branco, de olhos redondos, e exclama: "Papai, olhe! Ele é estrangeiro, mas também tem um". Richie acompanha a vida desse garoto até tornar-se, ele mesmo, pai, apenas para provar que, apesar das aparências, somos no fundo todos iguais.

Mas o cuidado detalhista não impede a visão de conjunto, pois são justamente esses indivíduos, com suas qualidades e idiossincrasias, que constroem o retrato do Japão. Nesse sentido, *Retratos japoneses* é uma lição de história. Através de seus personagens anônimos e notáveis, o livro nos ensina como se desabrochou, no pós-guerra, a nova burguesia industrial, de mãos dadas com a máfia *yakuza*. Ou como as artes se radicalizaram nos anos 60, para a seguir se comercializarem nos 80 e 90. Revela também como se forma uma gueixa, uma cabeleireira, um garoto de programa, um desempregado. Ou ainda como as crianças crescem para vencer – ou se suicidar...

A qualificação de Richie para compor painel de tal abrangência provém de sua própria biografia: além de escritor (formado na prática jornalística), é cineasta, músico, pintor e chegou mesmo a insinuar-se como ator num filme de Teshigahara (momento, aliás, dos mais divertidos deste volume). Seus guias históricos do Japão são tão famosos quanto seus estudos de cinema (dentre os quais, várias histórias do cinema japonês e os livros definitivos sobre Ozu e Kurosawa). Nos últimos anos, vem se avolumando sua obra de ficção, da qual se destaca *O mar interior*, viagem fascinante pelas ilhas japonesas, já transformada em filme.

Dessa carreira rica e diversa, o leitor brasileiro tem agora em mãos um exemplar sintético, concentrado, mas capaz de oferecer, para além dos personagens que descreve, o retrato de um grande autor.

Lúcia Nagib

Prefácio

A idéia desta obra surgiu depois que boa parte dela já estava escrita. Anotações em diário, registros em agenda, contos e romances frustrados somavam um número de páginas aparentemente interessantes, mas não sabia como usá-las. Não encontrava forma de alinhavar peças tão diversas. Entretanto, ao ler o livro de Marguerite Yourcenar sobre Mishima, encontrei a seguinte passagem: "Forma-se uma corrente de pessoas diferentes entre si, de maneira incompreensível, estão unidas porque nós as escolhemos". Soube, então, o que era esta minha coletânea e a forma que deveria ter.

Já há algum tempo vinha querendo escrever sobre meus quarenta e tantos anos no Japão, mais do que meia vida, mas não queria escrever memórias; as que eu lera pareciam demasiado explicativas e demagógicas. No entanto, reunindo um grupo de pessoas isoladas que permaneciam vivas na memória, encontrei um modo de registrar algumas de minhas experiências sem "explorá-las". As experiências mais profundas poderiam ser excluídas, mas o que talvez mais importa – a superfície variegada da própria vida – ficaria visível. E eu estaria ali, em meio à multidão.

Eu não tinha um modelo para este livro, embora admirasse a coletânea de estudos de personagens do escritor japonês do século XIX, Doppo Kunikida, que possuía o dom de traçar o que ele chamava de "esboços da vida". Por outro lado, sobravam-me antimodelos, que eram os livros sobre o Japão compostos apenas de generalidades. Nessas obras, tudo se reduz a "eles-e-nós", e "os japoneses" que delas emergem pouco se parecem com qualquer japonês que jamais conheci. Já não tenho paciência de ler sobre características que tudo explicam, como *giri* e *ninjo*, *honne* e *tatemae*, *ura* e *omote*, e tantas outras abstrações. Tais opostos hipotéticos, se existem no Japão, existem também em toda parte. São termos que descrevem teorias, não pessoas. Nesta coletânea, eu queria delinear tendências particulares, sem a interferência de considerações teóricas.

Meus métodos variam. Há pontos de vista de fora e de dentro; há monólogos e diálogos; entrevistas e descrições impressionistas. Se empreguei técnicas de ficção, foi apenas para que a tendência em questão aparecesse com mais clareza. Escrevi sobre pessoas, não "um povo": uma série de retratos de alguns japoneses que conheci pessoalmente, sendo cada um deles único, já que humano.

O título ideal teria sido simplesmente *Algumas pessoas,* se já não tivesse sido usado. Chamei a versão original deste livro, de 1987, de *Pessoas diferentes,* o que ainda me parece, com seu duplo sentido, um bom título. Agora, esta edição ampliada transformou-se em *Retratos japoneses – crônicas da vida pública e privada.* Aqui também há um significado remotamente duplo, pois toda vida privada tem seus momentos públicos, e todas as pessoas públicas têm, na realidade, sua vida privada.

Acrescentei novos retratos; reescrevi alguns dos primeiros; e alterei uns poucos nomes para proteger os culpados.

Por tornar possível esta nova edição – e por tantas outras coisas – sou grato a meu editor, Stephen Shaw, que desde o início acreditou no que eu estava tentando fazer e muito empenhou-se em produzir o livro que eu queria.

Donald Richie

Hajimé Saisho

Acordei cedo aquela manhã, em pleno verão de 1947. O sol ainda não raiara e era escuro o céu oriental sobre o mar adormecido. Caminhando de encontro às ondas mansas sobre a areia fria que eu percorrera na tarde anterior, de repente parei.

Algo mudara. Ontem não estava assim. Havia barcos de pesca, redes secando, aldeões. Agora estava deserto, a praia coberta de montes de areia e de buracos deixados por eles.

Havia muitos desses buracos estranhos. Mirei na luz baça o horizonte oriental, agora um cinza enevoado. Eram talvez vinte ao todo, como se um pequeno exército os houvesse cavado durante a noite.

Então, conforme clareava, notei que os buracos pareciam ocupados. Algo repousava em cada um. Parei de pensar em guerra e comecei a pensar numa invasão de criaturas do mar. Foi uma migração de tartarugas marinhas – decidi – que vieram desovar.

Devagar, palmilhei a areia até o buraco mais próximo e olhei. Deitado como um pintinho na casca do ovo, lá estava um garoto. No seguinte, também havia um garoto encolhido, e também no outro. A praia estava toda cavoucada, e cada cova tinha um garoto dormindo.

Tendo escoado a escuridão do céu, dei-me comigo parado naquela paisagem alienígena indagando o que acontecera. Aquilo lembrava um campo de batalha. A guerra do Pacífico terminara há pouco mais de um ano – batalhas, cadáveres vinham facilmente à mente.

Então um dos corpinhos se mexeu. A mão jogou-se sobre os olhos. No alto, o céu era aquele cinza pálido, translúcido que antecede a aurora.

Mais um dos corpos, um pouco adiante, se moveu, e vi um pequeno joelho se virar. Ao mesmo tempo, ouvi o marulho, como se também as ondas tivessem acabado de despertar, atiçadas pelo sol levante.

Enquanto o horizonte se aquecia num amarelo desmaiado, atravessei a areia ainda fria inspecionando os buracos. As crianças eram todas novas. A mais velha, no buraco maior, não teria mais do que uns doze anos. A mais nova, na toca de camundongo que cavara para si, parecia ter só cinco ou seis. Todas dormiam enrodilhadas em seus ninhos de areia, todas estavam vivas, todas despertavam agora à luz da manhã como uma ninhada.

As ondas começaram a rebentar como se o sol invisível as insuflasse e, com um bocejo, uma cabeça despontou sobre a borda de areia, olhou para o leste e desapareceu a seguir com um suspiro. Quando alcancei sua cova, o garoto já voltara a dormir, com os joelhos puxados para si.

O que faziam, por que estavam ali?, perguntei-me, diante daquele exercitozinho adormecido. Era mais curiosidade que surpresa. Afinal, eu aprendera que aquela era uma terra encantada, um lugar onde o mistério acontecia. Apenas um dia antes, ao chegar de Tóquio, caminhávamos ao longo desta praia – Kujukurihama, em Chiba – e parei surpreso ao ver os pescadores.

Jovens e velhos, todos estavam completamente nus trabalhando nas redes, auxiliados por irmãs e esposas semivestidas. Os homens usavam apenas uma faixa na cabeça e, como logo percebi, uma estreita fita vermelha ao redor do pênis.

Ao nos verem, lançaram sorrisos e reverências. Sem qualquer cerimônia, retomaram o trabalho.

— É para não ofender a deusa do mar, disse um de nós.
— Andar nu desse jeito?
— Não, usar a fita.
— Será que é a deusa Benten?, perguntei.
— Mas olhe, é como o Jardim do Éden...

Foi assim que me vi preparado, no dia seguinte, para a magia inocente, em pé entre aquelas crianças que dormiam na aurora clara de verão.

Não havia mais sinal dos adultos do dia anterior, nenhum barco, nenhum varal de redes. Foi como se tivessem desmontado o cenário, deixando apenas estes pequenos castelos de areia habitados como palco de alguma estranha peça noturna.

Uma onda bateu e uma criança se sentou, escura contra o amarelo brilhante a leste. Daí outra e outra, como que respondendo a algum sinal que eu não via, um sinal oculto. Logo todas estavam acordadas, olhando para o leste, esperando.

Eu sabia o que esperavam. O céu reluzia de expectativa, pois lá, nas asas do oceano, estava o próprio sol, pronto para fazer sua aparição regular.

O mar agora se erguia e enrolava, e cada criança – vi – se sentara formalmente, pernas sob o corpo. Passeando os olhos pelas fileiras, tive a impressão de que aquelas figuras diminutas tinham sido cortadas pela cintura e plantadas ali, voltadas para o sol.

Então, pouco a pouco, aquelas meias-crianças foram se tornando um preto sólido, à medida que o sol – uma fina flecha afiada ampliando-se numa barra de luz ofuscante – se levantou.

De joelhos, os meninos olhavam para a frente. Talvez eu esperasse que se curvassem ou entoassem uma oração, mas nada aconteceu. Permaneceram ajoelhados, assistindo ao lento nascer do sol.

Ao longe, os maçaricos mergulhavam e gritavam, como se também respondessem a chamados. Só quando o sol, como um grande balão radiante, deixou seu poleiro marítimo e milagrosamente voou para o alto, as misteriosas crianças se ergueram e, bocejando, sacudindo a areia, voltaram a ser elas mesmas.

Uma delas se virou e me viu ali. Encarou-me sem surpresa, como se me esperasse, vestindo a seguir seu boné de beisebol.

— O que vocês estavam fazendo?, perguntei da melhor forma que pude.

Despreocupado, como se todos os dias encontrasse na praia criaturas brancas, de olhos redondos, explicou-me da forma mais simples. Mas meu japonês era primitivo, e ele falava o mais perfeito dialeto camponês. Mesmo assim, alguma compreensão se estabeleceu entre nós, e agora, que sei mais, posso reconstituir o que foi dito.

— Estávamos esperando os mortos, teria respondido. Eles chegam na alvorada, em grandes barcos que não conseguimos ver e ficam contentes quando nos encontram dormindo aqui. Então, os levamos de volta para nossas casas. É para lá que vamos agora. Sabe, hoje é o primeiro dia de *Obon*.

Obon é a festa dos mortos, um ritual budista realizado no meio do verão, quando os espíritos recebem as boas-vindas em sua volta anual à terra dos vivos. Três dias depois, eles se despedem.

Há danças de roda, os altares são ornados de flores, bolinhos, frutas e no final acendem-se lanternas para iluminar o caminho de volta dos espíritos.

Eis por que os pais haviam removido os barcos e desmontado os varais sem deixar vestígio. Haviam limpado a praia para a chegada desses ancestrais, as gerações mais velhas, a serem saudadas pela nova.

— Você os viu?

— Não, mas eles nos vêem. Esperamos sentados e, quando chegam, nós os levamos para casa.

— Onde estão?

Ele sorriu, um sorriso de menino orgulhoso de seu feito. Aqui, disse, indicando talvez a si mesmo, talvez o céu brilhante, talvez a areia cintilante, o mar reluzente – ou nada especial.

Agora, todos os meninos haviam se reunido numa roda silenciosa, cheios de sua própria importância. De repente, era manhã plena e as ondas batiam e os alegres mortos estavam todos a nossa volta.

Foi há quase quarenta anos essa manhã na praia de Chiba. Mesmo a mais nova daquelas crianças tem agora perto de meio século de idade. Poucos barcos restaram, menos redes também, já que os peixes só podem ser pescados no alto mar profundo, com pesadas redes de metal puxadas por motores. Os pescadores usam *shorts* esportivos ou *jeans* cortados; e não há mais meninos dormindo em ninhos na areia enquanto o céu lentamente clareia e a maré silenciosa traz as barcas dos mortos.

Mas, naquela época, os adultos de agora eram a nova geração, cada qual escoltando um ancestral de volta para casa para três dias de dança e música, comida e companhia. E eu não estava longe daquelas crianças no tempo – tinha apenas dez anos mais que o garoto mais velho. Era ainda jovem o bastante para admirar o sol nascer a cada dia, o eterno vaivém do oceano, a idéia de que os mortos retornam.

O menino, uma simples criança camponesa, se curvou e sorriu – esse camponesinho que nunca mais vi, cujo nome nunca soube (e que tive de inventar), essa criança será sempre para mim não uma pessoa, pois nunca o conheci, mas um mensageiro.

Virou-se para os outros e juntos, instantaneamente de acordo como um bando de maçaricos, voaram praia abaixo, serpenteando pelas dunas ao longo do mar ruidoso, para o seio da família, do lar.

No sol da manhã, com uma sombra preta atrás de mim, virei-me para olhar os ninhos de areia. Já a maré os estava cobrindo um a um.

Yasunari Kawabata

O rio Sumida, prateado ao sol de inverno, luzia lá embaixo. Estávamos no topo da torre da estação terminal do metrô de Asakusa, mirando o centro de Tóquio, ainda em ruínas, ainda marcado pela conflagração de dois anos atrás, o preto do concreto chamuscado contra o amarelo-limão da madeira nova.

Isto fora o bairro boêmio de Tóquio. Ao redor do grande templo de Kannon, agora um quadrado enegrecido e vazio, havia outrora um emaranhado de bares, teatros, tendas de tiro de arco, barracas de circo, *peep shows*, lugares onde, segundo eu lera, a ópera feminina cantava e saracoteava, jogadores tatuados se encontravam e apostavam, cães treinados andavam sobre as patas traseiras e a mulher mais gorda do Japão sentava-se em exposição.

Agora, dois anos depois de tudo isso ter desaparecido nas chamas, depois de tantos daqueles que trabalhavam e se divertiam aqui terem sido queimados nas ruas ou fervidos nos canais quando caíram as bombas incendiárias com os estrondos dos B-29 –, agora os quarteirões vazios estavam de novo se transformando em ruelas, à medida que tendas, abrigos de junco e uns poucos prédios de estacas começavam a aparecer. Havia garotas de salto anabela sentadas diante das novas casas de chá, mas nem sinal da Dama Gorda. Talvez ela tivesse borbulhado no fogo.

O que estaria ele pensando? indagava-me, observando o perfil de ave desenhado contra o céu claro, do homem de meia-idade de pé ao meu lado. Não havia como saber. Ele não falava inglês e eu não falava japonês. Eu não sabia que Yasunari Kawabata já era famoso e ficaria mais famoso ainda. Mas sabia que era escritor e que havia escrito sobre Asakusa, e era o lugar em si que me interessava.

— Yumiko, disse eu. Era o nome da heroína do romance *Asakusa kurenaidan*, escrito por Kawabata vinte anos atrás, quando tinha mais ou menos minha idade e estava tão arrebatado por aquele lugar quanto eu agora. Ele percorrera os labirintos e vira as revistas de jazz, as danças de beijos, os desfiles das jovens Russas Brancas e das coquetes japonesas com suas meias enroladas. Fora aqui, no telhado onde estávamos, que Yumiko enfrentara o gângster, esmagara uma pílula de arsênico entre os dentes e acertara-lhe um beijo na boca.

Talvez ele estivesse pensando em sua heroína – valente, musculosa, linda. Ou talvez, ao mirar a paisagem enegrecida sob a imensidão branca do céu invernal, sentisse profunda tristeza. Todas aquelas vidas perdidas.

Olhei seu perfil de pássaro. Não parecia triste. Na verdade, ele sorriu, espiando por cima do parapeito e apontando o rio.

Fora lá que Yumiko, após dar ao homem o beijo da morte, esgueirou-se pela portinhola de um barco estacionado e escapuliu no momento em que chegava a polícia costeira. Eu conhecia a história sem saber japonês porque, como membro das Forças Aliadas de Ocupação, tinha tradutores sob meu comando e encomendara um resumo em inglês do romance. Agora, observando Kawabata apoiado na grade, tal como fizera Hiko Canhoto ao ver Yumiko fugir, pensei em seu amor por Asakusa.

Começara seu livro com a intenção de escrever "uma longa e curiosa história ambientada em Asakusa... com a predominância de mulheres vulgares." Fora provavelmente para ele, como estava sendo para mim, um lugar que permitia o anonimato, a liberdade, onde a vida fluía em tudo sem distinção, onde o prazer se encontrava ao acaso, onde cubículos com flores de papel eram alugados por hora.

Teria ele – pensava eu – encontrado a liberdade na carne, como eu aprendera a fazer? Fora aqui, no telhado do terminal, que Oharu permitira que os membros da gangue a beijassem – e fizessem mais –, ganhando, por isso, o apelido de Noiva da Torre Eiffel. Era aqui que o Akaobikan, aquele grupo de garotas de faixas vermelhas que de dia trabalhavam em respeitáveis lojas de departamento, se gabavam de suas más ações noturnas. Aqui, Umekichi revelara que havia sido estuprado aos seis anos por uma mulher de quarenta.

Eu pensava em tudo isso, mas não havia como perguntar. Logo, sentindo o frio do céu aberto, descemos as escadas íngremes, com camaradagem, mas inarticulados. Eu lhe oferecera um passeio, ele me mostrara a vista de Asakusa através de seu olho de pássaro.

Nos dez anos que se seguiram, não revi Kawabata. Foi quando, num congresso do P.E.N., com o sol refletindo no canal Sukiyabashi junto às grandes portas de vidro, me apresentaram ao senhor de cabelos brancos que presidia o evento.

— Oh, já nos conhecemos, disse ele. Passamos juntos uma tarde muito fria há mais ou menos dez anos. Apanhei uma gripe. Passei uma semana de cama.

Olhou-me de forma bondosa, inquisitiva e soltou minha mão.

— Imagino que ele nem se lembra de mim.

— Lembro, sim, respondi.

— Ele fala!, disse surpreso o escritor. Voltando-se para os outros: Lá estávamos, parados lá em cima, na velha torre do metrô de Asakusa, e eu não sabia o que fazer com ele. Estava cheio de entusiasmo e ficava apontando as coisas. E não podíamos conversar.

— Diga-me, perguntei, com a curiosidade de uma década vindo à tona. No que estava pensando aquele dia na torre?

— Não lembro.

— Mas como se sentia com o fato de Asakusa ter sido queimada até o chão? Você estava vendo o bairro pela primeira vez desde o fim da guerra.

— Não sei. Surpresa talvez. Provavelmente tristeza.

Ele havia superado. Eu ainda não, e duvidava que um dia superasse. Para mim, Asakusa se espalhara pela cidade, o país, talvez até o mundo inteiro.

— E você, alguma vez tentou traduzir *Asakusa kurenaidan*?, perguntou.

— Nunca aprendi a ler japonês.

— Bem, pelo menos aprendeu a falar. Finalmente podemos conversar.

Sorriu, a cabeça branca de pássaro contra a luz das águas lentas do canal e o distante clamor do trânsito de Tóquio.

Mas não continuamos a conversa. Pessoas empurravam, querendo uma palavra com o famoso escritor. Já havíamos conversado. Desde então, sempre que nos encontrávamos, Kawabata meneava a cabeça e lançava-me um olhar interrogativo, bem-humorado, como se tivéssemos algo em comum.

Dez anos mais tarde, foi lançada a tradução de *A casa das Belas Adormecidas*. Soube então que Kawabata havia sido tão fiel à sua visão de Asakusa quanto eu fora à minha. Yumiko, ou a filha dela, estava agora naquela estranha casa em Kamakura onde anciãos reencontravam a juventude em garotas adormecidas, na carne firme e dormente.

Mais tarde ainda, um dia em 1972, passado um quarto de século do dia em que havíamos subido na torre e pensado em Yumiko, vi seu rosto irromper na tela do televisor. Morto o escritor notável, suicídio.

Eu não podia acreditar. Morto, sim, mas não suicídio. Como era possível que alguém que amava tanto a vida, o sexo e Asakusa se matasse? Não, fora acidente. O corpo fora encontrado no banheiro, água correndo. Ele ia tomar um banho. Usara a mangueira do gás como apoio, ela se soltou, ele sucumbiu. Eu queria acreditar nisso. Chegava a ouvir a água escorrendo e me lembrava do Sumida prateado, do bronze lamacento do canal Sukiyabashi.

Mas, com o tempo, eu também passei a acreditar em seu suicídio. O beijo da morte — não arsênico, mas gás — fora escolhido. Nu, Kawabata entrara na água como Yumiko penetrara no barco e partira.

Shozo Kuroda

O velho sr. Kuroda – Shozo, seu prenome agradavelmente antiquado, um vizinho – pisca. Velhos piscam como bebês, como se ainda não estivessem acostumados com seus olhos. Os olhos do sr. Kuroda se arregalam, se apertam, depois piscam, cada visão parece surpreendente. Ele me encara, estarrecido.

Encaro-o também. Velhos são levemente indecorosos. Mesmo sentindo pena, ao mesmo tempo os condenamos, como se ficar muito velho, durar muito, fosse uma gafe social, uma quebra de etiqueta.

A filha do sr. Kuroda suspira e enxuga seu queixo, como faria com uma criancinha. Que foi agora?, pergunta, aproximando-se para ouvir seu murmúrio. Ah, entendi. Que bonito. Ela olha para o outro lado. Fala como ele deve ter falado com ela quando menina.

Mais tarde, o sr. Kuroda se deita para tirar sua soneca infantil no meio da tarde, e então a filha diz que ele não tem *darashi*. Palavras fortes: *darashi ga nai*. Entendo perfeitamente o sentido, mas não sei especificá-lo.

Deixe-me olhar no dicionário. Aí está. Desleixado, sem asseio, desalinhado, desgrenhado, despenteado, desarrumado etc. – uma lista de atributos que termina estranhamente: um peixe solto. O que será isso? Sempre se aprende algo sobre a própria língua no dicionário japonês-inglês.

Não há expressão eqüivalente no Ocidente, onde desleixo é considerado um pecado menor e pode mesmo ser atraente, um sinal, entre os jovens, de naturalidade, espontaneidade, insubmissão a regras conservadoras.

Aqui, porém, não há virtude, nem mesmo – ou especialmente – entre os jovens. Não, decerto *não é* atraente aqui, onde cada qual tem de carregar sua cruz, onde nada muito diferente é tolerado por muito tempo, onde aparências são bem mais importantes do que verdades.

Palavras fortes, mas ela sorriu quando as disse, como se faz ao falar de uma criança, alguém que se entende, perdoa, ama. E – prosseguiu – ele molhou a cama de novo ontem à noite. Mais *darashi ga nai koto*. E quem teve de se levantar para trocar a roupa de cama para que ele não ficasse no molhado a noite toda? Outro suspiro — uma quarentona gorda, esperanças perdidas.

A situação lembra um filme de Ozu — *Pai e filha*, talvez. Mas nele, a filha ainda tem a vida toda pela frente. E o pai também ainda é um belo tipo. Ozu, sendo um artista, sabia onde parar. Desnecessário mostrar Setsuko Hara desarrumada; desnecessário mostrar Chishu Ryu babando e incontinente. Já sabemos. Imaginamos os anos seguintes. Ozu não precisa mostrar mais nada.

Com Shozo, no entanto, o desastre já aconteceu. Ele ficou indecente, tal como um acidentado. Lembro-me de uma antiga síndica virando indolente as páginas de um álbum de retratos e descobrindo a foto de sobreviventes do *Hindenburg*, assustados, roupas devoradas pelo fogo. Que horror, disse depois, olhando mais de perto. E que forma de se apresentar em público!

Um bufo, um gorgolejo no quarto ao lado. A senhorita Kuroda conhece todos esses sinais como se fossem uma língua. Ai, ai, diz. Ele acordou. E eu queria tanto que ele dormisse por uma hora.

Um arrastar de pés. Ele reaparece, quimono desamarrado, cinto se arrastando. Um peixe solto. Fica surpreso ao me ver. Pisca. Acha que eu venho todo dia. Dizem-lhe que é o mesmo dia. Ah.

— Não ficará muito neste mundo. (Isso é dito diante de Shozo que treme como se aquiecesse em estado de choque. Na verdade, não está ouvindo.)

Olho para Shozo e penso nos tempos valorosos de Meiji, quando provavelmente ele era um belo tipo.

— Agora sente-se, papai. Não fique aí de pé. Vai se cansar. Está vendo? O sr. Donald nos trouxe estas deliciosas peras. Vou descascar uma para você.

Põe mãos à obra, movendo com destreza os dedos fortes e másculos, a casca se desenrolando numa longa tira. Ele espera, com os cantos da boca úmidos.

Ele me lembra algo. Um bebê vendo desembrulhar a bala? Um cachorro vendo preparar seu jantar? Eu sob a árvore de natal vendo desembalar os presentes — ou eu, já mais velho, vendo alguém se despir?

— Pronto, deve estar uma delícia.

Cortada em quatro partes perfeitas, a pêra é posta diante dele. Sua mão hesita, depois encaixa um naco na boca. Seus olhos se fecham. Parece que ele sorri.

— Suculenta, diz a filha, enxugando os lábios do pai com um lenço. Então, ela ajeita seu quimono, amarra-lhe o cinto, torna-o apresentável.

Ele pisca, mastiga a fruta com as gengivas, sorri para mim. Agradece-me – com a boca, não os olhos. Os olhos estão longe, vendo coisas de tempos atrás, são olhos vazios de alguém que já viu tudo e mesmo assim continua a olhar.

A vista é apropriadamente outonal, um céu azul brilhante, o vermelho dos caquis maduros e o amarelo claro da relva ressecada. As peras são o último fruto da estação. Lembro-me da paisagem de seis meses atrás, o céu pálido do verão e o verde escuro da relva.

Ela se sentara ali, na mesma almofada. Trocamos mexericos sobre uma mulher mais jovem da vizinhança que perdera seu protetor – apoplexia. Ela riu de leve e súbito fechou a cara.

— O que será de mim quando ele se for?, indagou.

Enganei-me achando que se referia à falta de dinheiro, ao excesso de liberdade. Não era isso.

— Que farei? *Nani o shimashoka?* (Exatamente – e ela poderia ter ainda perguntado: O que serei?)

O velho sr. Kuroda engole devagar, com os olhos em 1900. A filha olha para suas próprias mãos, abre os dedos gordos. Olho para ambos, presos por um instante num raio de sol do outono tardio.

Mono no aware, o patos das coisas. Aceita-se, discretamente até celebra-se esse esvaecer. Deve-se observar o que está acontecendo e se contentar com o fato de que tudo segue o caminho necessário e, portanto, correto. Muito tradicional e uma bela idéia. Resta saber se jamais foi algo além disso.

O velho Shozo Kuroda mira o sol, seus olhos piscam, seus lábios ainda se movem, a boca se curva como num sorriso. Não há um simples corte e a palavra "fim", a música não se ergue para indicar a cadência final. A vida, não sendo arte, não conhece tais convenções.

Yasujiro Ozu

Encontrara-me com Ozu várias vezes, quase sempre em festas da Shochiku, mas nunca o vira filmando. Poucos tinham tido essa oportunidade — Ozu não gostava de visitas. Mas graças à ajuda de um amigo, o diretor cedeu e deixou o crítico estrangeiro visitar o *set*.

Um dos estúdios de Ofuna estava inteiramente ocupado por uma pousada japonesa em tamanho natural: dois cômodos de oito *tatami*, mais à frente um pátio e adiante, na lateral, os três andares completos de uma ala da pousada. Ali, Ozu estava filmando *Dias de outono*.

Eu sabia um pouco sobre o filme. Sua estrutura era parecida com a de *Pai e filha,* feito onze anos antes: uma filha se casa, abandonando à solidão o progenitor viúvo. No filme anterior (com Setsuko Hara), é o pai (Chishu Ryu) quem fica só. Neste, a mãe (Setsuko Hara) será deixada pela filha (Yoko Tsukasa).

Assim como os temas de Ozu eram sempre praticamente os mesmos, também seus métodos se fundiram em um: a câmara em posição invariável, um único modo de pontuação — o corte seco. E, assim como já se haviam banido os *fades* e fusões, nos filmes recentes não se permitiam o giro da câmera (a panorâmica) ou seu deslocamento (o *travelling*). Todas essas restrições deveriam resultar num filme livre e cheio de vida. Eu queria ver como isso acontecia.

Quando cheguei, os atores tinham acabado de completar a primeira parte da cena marcada para aquele dia. Chishu Ryu (desta vez, no papel do dono da pousada, cunhado de Setsuko) terminara suas falas e estava sentado num canto observando — como era seu costume, diziam.

Uma pausa para o cigarro e Ozu estava pronto para continuar. O próximo episódio trazia Setsuko e Yoko, mãe e filha, sentadas em lados opostos de uma mesa baixa. A câmera estava a cerca de meio metro do chão (a posição habitual, na altura do olho do operador sentado), focalizando uma das atrizes.

O método de Ozu era filmar um lado da conversa e depois o outro. A alternativa seria virar a câmera a cada corte, então seu método era lógico — mas o modo de fazê-lo era todo especial. Cada fala do diálogo era considerada uma unidade em si e deveria ser filmada como se nada mais existisse. Trata-se de procedimento completamente diverso do normalmente usado em tais cenas. É bastante comum filmar separadamente cada lado da conversa, mas via de regra o diretor não pára a câmera ao final de cada fala. A câmera grava o diálogo, tanto as deixas quando as réplicas, que depois são intercaladas na montagem.

Ozu gravava fala a fala. Disparava a câmara, depois parava. O roteiro ficava aberto a sua frente e ele o usava como uma planta, consultando-o constantemente e conferindo os esboços que desenhara nas margens, um desenho para cada fala do diálogo.

A câmara estava apontada para Setsuko Hara. Ozu acenou para Yoko Tsukasa, sentada de um lado, e ela pronunciou sua fala do diálogo. Ação, disse Ozu, e seu câmera, Yuharu Atsuta, agachado atrás da máquina, começou a filmar. O diretor acenou para Setsuko, que pronunciou sua fala. Corta, disse Ozu, e Atsuta parou de filmar.

O diretor parecia satisfeito com o desempenho e passou para a próxima fala. Nem sempre isso aconteceu, no entanto; ao longo dessas horas vespertinas de filmagem, várias vezes ele fez com que uma das atrizes repetisse a fala.

Terminado um plano, completada uma fala do diálogo, Ozu começava a preparar a seguinte. As condições pareciam idênticas sob todos os aspectos, mas mesmo assim Ozu refazia o enquadramento a cada tomada. Hara não se movera, mas Ozu, olhando pelo visor, insistia numa correção de meio milímetro à direita. Ao ver o filme pronto, notei que a toalha de mão de Yoko, na base do quadro, ficava mais visível em algumas tomadas que em outras, mas no todo tal efeito só era perceptível para o diretor.

Tendo reenquadrado a seu gosto, Ozu estava pronto para gravar a próxima fala do diálogo. Corta. Novos ajustes da câmara. Atendendo a um aceno do diretor, Yoko produziu sons de choro. Ação.

— Como foi agradável a nossa viagem!, disse Setsuko, enxugando os olhos a seguir.

Este era o final de sua parte da conversa. Após um intervalo para o chá, a câmera foi invertida, Setsuko sentou-se em seu lado da mesa e pronunciou suas falas novamente, e todas as falas de Yoko foram filmadas. Isso ocupou o resto do dia.

Todos estavam exaustos. Que jeito de fazer um filme! Não houve cumprimentos, como aqueles normalmente dados a um ator que dominou um trecho difícil do diálogo, nada da atmosfera de comemoração ou abatimento que sela a finalização de uma seqüência. Não houve alegria, nem desespero – nenhum sinal visível de emoção. Era carpintaria. Contudo, quando mais tarde assisti a essa seqüência na cabine, fiquei maravilhado.

Ali estava a reunião de pequenos segmentos feitos ao longo de vários dias numa velocidade tão lenta, que qualquer noção de ritmo ou mesmo de interpretação era virtualmente impossível. No estúdio, ocorreram cenas de duas mulheres conversando com ninguém, reagindo a nada. No entanto, na tela, estava a própria vida, a vida com seu próprio ritmo, sua própria realidade rarefeita. Os cálculos de Ozu relativos às angulações e à distância da câmera, à ação, à cronometragem – tudo estava lá, embora não mais aparente. Ocorrera uma transformação. O que fora uma planta, era agora uma moradia completa, habitada.

Lembrei-me de um quadro pontilhista – um Seurat que vira numa exposição alguns dias antes. Observado de perto, não passava de um conjunto de pontos de várias cores. Visto à distância, porém, os pontos se fundiam e compunham a ilusão da vida. O mesmo se faz com um filme de Ozu. Toma-se distância. Assim, paradoxalmente, chega-se mais perto. Mantendo-se distância, alcança-se intimidade. Talvez, em conseqüência, quanto mais escassos os recursos, maior o efeito.

Duas mulheres, mãe e filha, sentadas juntas em 1960, na pousada de uma estância termal japonesa. Uma conversa de três minutos em que quase nada é dito. Mas, através dela, compreende-se a afeição filial como pela primeira vez e tem-se acesso à trama secreta, profunda que se tornou visível.

— Nem pense em chorar, lembro que ele disse a Yoko. Apenas, de repente, esconda o rosto nas mãos – é o bastante.

Setsuko Hara

Deve estar na casa dos sessenta, a "eterna virgem" do Japão – tão citada, até hoje, em contínuas referências em jornais e revistas; até hoje, passados mais de vinte anos de seu desaparecimento.

O desaparecimento em 1963 foi um escândalo. Ela fora a mais amada das estrelas de cinema, seu belo rosto, seu sorriso condescendente eram familiares a todos. Então, de repente, bruscamente, sem pedir desculpas, ela iria desaparecer – aposentar-se.

Aqui, onde os astros perduram, uma aposentadoria voluntária é inusitada, especialmente da parte de alguém do calibre de Setsuko Hara. Tornara-se um ideal: os homens queriam se casar com alguém como ela; as mulheres queriam ser como ela.

Esse fenômeno ocorria porque na tela Hara se reconciliava com a vida de um modo impossível para as pessoas reais. Não importa o que interpretasse nos filmes – filha, esposa ou mãe –, fazia sempre uma mulher que ao mesmo tempo, de algum modo, era ela mesma. Seus papéis sociais não eclipsavam aquele eu individual, a nossa Setsuko.

Em *Pai e filha*, de Ozu, queria continuar sendo filha, não queria se tornar esposa. Permanecer ao lado do pai era-lhe suficiente. Mas por fim casou-se e por trás disso tudo mostrou seu próprio ser. Em *Dias de outono*, uma versão de 1960 do filme de 1949, interpretou a mãe em vez da filha. Agora, ela era uma viúva que percebe que o melhor é sua filha se casar, embora isso signifique que ela mesma ficará só. Em tudo isso, ela mostrou seu verdadeiro ser.

Conseguiu esse feito ao transcender as limitações que lhe eram impostas. Conquistou a liberdade ao perceber que o conceito de liberdade só se torna relevante quando existem limitações. Aceitou.

No desfecho de *Era uma vez em Tóquio*, está conversando com a cunhada mais nova, que se aborrecera com o comportamento da irmã mais velha no funeral. Não gostaria jamais de ser como a irmã, diz a jovem: Seria cruel demais. A nora, Setsuko Hara, concorda e diz: É cruel, mas os filhos vão ficando assim… gradualmente.

— Então… você também?, pergunta a jovem cunhada.

— Pode ser que eu fique assim. Mesmo não querendo.

A moça se surpreende. Depois, perturbada ao imaginar as conseqüências:

— Mas então... a vida não é decepcionante?

Setsuko sorri, um sorriso pleno, quente, de aceitação.

— Sim, é.

Ela saudava a vida, aceitava suas condições. Do mesmo modo, aceitava seu papel, absorvia-o para dentro de si, deixando intato o precioso tecido social. Não importava que suas palavras fossem escritas e suas ações dirigidas por Yasujiro Ozu. A persona da tela tornou-se a sua e, de todo modo, Ozu não teria criado tais personagens se não estivesse escrevendo para Setsuko Hara.

Assim, na tela, ela não perturbava a harmonia, criava-a. E nesta harmonia encontrava-se. Por isso foi tão amada.

Mesmo o fato de ser uma "eterna virgem" (não ter se casado, não ter tido filhos num país onde o casamento fértil é quase obrigatório) nunca foi usado contra ela. Afinal, não era uma solteirona. Não, era algo positivo, a virgem eterna.

Mas, de repente, a aposentadoria. E o modo como o fez. Um simples anúncio. Isso não eram modos de um personagem de Ozu.

Grande foi a grita. A produtora, que sempre tivera em Setsuko seu maior sucesso de bilheteria, ofereceu-lhe de tudo. Ela se manteve firme contra todos. Os críticos, que até então a adoravam, sentiam-se feridos, ofendidos – correu o boato de que ela era *onna rashikunai,* sem feminilidade. Ignorou-os.

Houve também o que ela disse, as razões que deu. Sugeriu que nunca havia gostado de fazer filmes, que os fizera meramente para sustentar uma família numerosa, que nada de seu desempenho como atriz lhe parecia bem e, agora que a família estava em boa situação, não via razão para continuar fazendo algo que não a interessava.

Tudo isso foi expresso no estilo Setsuko Hara, evidentemente, com mostras de hesitação, repentinos sorrisos luzindo através da dúvida. Fora mais uma *performance* de Hara, a única que não agradou.

Pela primeira vez desde sua estréia em 1935, foi severamente criticada, não tanto por querer se aposentar, mas pela maneira como apresentou seu desejo. Não teve a polidez de criar uma ficção relativa a problemas de idade — ela tinha apenas 43 anos —, a saúde delicada, a algum desejo ardente de se entregar a obras de caridade, a um mandamento espiritual de entrar para um convento. Nada disso — apenas uma declaração que soava como a verdade nua e crua.

Nunca foi perdoada. Mas imprensa e público não tiveram outras oportunidades de manifestar sua decepção, pois ela nunca mais apareceu.

Onde se metera? Era como se tivesse saído daquela última coletiva de imprensa direto para o esquecimento. Mas, é claro, não há algo chamado esquecimento no Japão. Logo foi descoberta vivendo sozinha, com seu nome real — não o nome das telas, escolhido pelas autoridades da produtora —, numa casinha em Kamakura, onde se passa a história de tantos de seus filmes. E lá permanece, remota, mas ainda a mais falada das reclusas. Leitores da imprensa diária ou semanal sabem o que ela adquire quando vai às compras, quantas vezes por semana sua roupa é visível no varal e quais dos antigos colegas de escola ela recebe.

De vez em quando, alguém tenta bater uma foto, mas, graças à sua experiência passada, ela logo percebe um intruso, e a foto é sempre tirada de tão longe e fica tão granulada com a alta velocidade do filme, que poderia ser qualquer senhora de idade, estendendo os cobertores ou pendurando a roupa.

Ao longo dos anos, todos os sentimentos de ira, rancor e decepção do público se esvaeceram. Permanece apenas uma obstinada curiosidade. Além de uma nova admiração. Agora parece, especialmente para as mulheres mais jovens, que essa atriz verdadeiramente se reconciliou com a vida. Na realidade, por mais que tenha encarnado todos os papéis sociais — filha, esposa e mãe — só os desempenhou no cinema. Eram invenções, esses papéis. Não eclipsaram o eu individual da nossa Setsuko. Foi assim que ela os expôs, como ficções que são.

Não permitiu que os papéis a definissem; preferiu definir-se a si mesma. E o fez estabelecendo suas próprias limitações, não as dos papéis fictícios. Seus limites reais são aqueles autodeterminados pela casinha em Kamakura, a saída diária, as visitas das amigas. Apenas dentro de tais limites escolhidos é que um conceito real de si se torna relevante.

Assim, Setsuko Hara/Masae Aida permanece uma lenda – para aqueles de sua época e para as jovens que vieram depois. E uma lenda exerce uma atração irresistível sobre todo mundo, queira-se ou não.

Muitas vezes se tentou fotografar, muitas vezes se ofereceram papéis no cinema ou na televisão, a todo instante alguém se aproxima da casinha em Kamakura. A resposta é sempre a mesma – a porta batida na cara do intruso.

Até mesmo quando um grupo de amigos e colegas de trabalho apareceu. Estava-se fazendo um documentário sobre a vida e os filmes de Yasujiro Ozu, o mentor de Hara e o diretor que provavelmente melhor capturou, ou criou essa persona. Ela não faria a gentileza de aparecer no documentário? Por amor a seu querido *sensei*? A porta não foi batida desta vez. Foi educadamente fechada. Mas a resposta continuou sendo não.

Fumio Mizushima

Estávamos em Ueno, num pequeno *nomiya*, um lugar tradicional que serve saquê e *shochu*, dirigido por uma senhora de origem camponesa, há anos na cidade. Casas de drinques como a dela tornaram-se raras.

— E quanto vai durar?, perguntava ela. Com o preço do terreno hoje em dia. Só se vêem prédios altos com bares servindo coquetéis, como chamam? *Snacks*.

Fumio concordou com a cabeça. Embora tivesse apenas vinte anos, gostava de coisas antigas — não lia *manga*, as revistas de quadrinhos, nem jogava *pachinko*, o fliperama japonês; preferia ler romances históricos e jogar xadrez *shogi*. Uma vez levei-o ao *noh*, que não agradou; mas *Os sete samurais*, sim.

Eu o achava parecido com os dissidentes da era Meiji, mais de cem anos atrás. Eles tinham presenciado a destruição de sua civilização. Tentaram preservar ao menos algumas coisas antigas. Perceberam o que estava acontecendo.

Eu já estava bem na quarta garrafa de saquê. Pestanejando, virei-me para observá-lo, o perfil tão perfeito contra o *shoji* quanto um rosto numa medalha Meiji: jovem, magro, inocente — sim, nobre, um selvagem recém-civilizado. E aqui estávamos, bebendo em Ueno, mas sendo ainda parte de Meiji, e era tudo tão belo que eu... derrubei a garrafa de saquê.

— *Ma, ma,* disse a velha, enxugando. Completou novamente meu copo e o dele — *shochu* puro — e lembrou uma história, como freqüentemente fazia, pois sabia que eu gostava de contos do passado.

— Já lhe contei desse homem? Bem, ele não era religioso nem nada. Uma noite, voltando de Ueno para casa, cortou caminho pelo lago Shinobazu e parou porque precisava mijar, entende? Bem, ele tinha bebido e não reparou no que estava fazendo e mijou bem em cima de uma pedra grande, aquela com a forma de sacerdote, capuz e tudo, quando se olha de frente. Essa pedra está bem do lado da ilha protegida por Benten, e você sabe que deusa poderosa ela é. E a pedra, ora, ela pertence a Bishamon, ou a algum desses em todo caso. Ele estava ali esvaziando a bexiga e súbito sentiu algo estranho. De repente, era manhã clara, e ele estava a quilômetros de distância, em Ikebukuro, na frente de todo mundo com a coisa na mão. Ele ficou apavorado, se ficou. Mas voltou para casa pela linha Yamanote, e todos se admiraram. Desde então, parou de beber e se tornou religioso.

Ri alto da história, mas Fumio estava admirado, balançando a cabeça, começando a sorrir, se divertindo, terminando seu *shochu* – forte como vodka – e erguendo o copo para pedir mais.

Quando eu estava começando o que deve ter sido a sexta garrafa e tentava explicar à paciente senhora por que ela me lembrava minha mãe, percebi que o banco ao meu lado estava vazio, que Fumio partira. Deve ter ido ao banheiro, lembro-me de ter pensado. Mas, quando fui procurar, não estava. Sumira.

Fiquei preocupado – bêbado e preocupado, uma horrível combinação. Aonde teria ido meu amigo? Paguei a velha e saí vagando pela rua, toda de neon e cromo e trânsito.

Subi as escadas para o parque. Onde poderia estar? Sumira tão de repente, tão completamente quanto o rapaz da história. Lancei abaixo um olhar desesperançado às avenidas desertas, ladeadas de árvores, que desapareciam na escuridão.

Divisei o templo. Ali ocorrera a guerra de Ueno, na qual muitos jovens Meiji tinham sido baleados. Ainda havia balas nos portões do templo. O sangue dos mortos ainda era parte do solo sobre o qual eu andava – cambaleava. Onde estava Fumio com seu sorriso, seu perfil, seu respeito pelo passado?

Um longo lance de escada, a qual escolhi para descer cuidadosamente; então, à minha frente, uma massa de escuridão ainda maior, o lago Shinobazu. As hastes dos lótus murchos sussurravam na leve brisa. Ao longe, um relógio batia meia-noite.

Eu estava perdido, só, nunca iria encontrá-lo, iria vagar pela escuridão do parque para sempre. Caindo de bêbado, à beira das lágrimas, pensando que não havia esperança na vida, cambaleei até o santuário.

Lá estava ele, iluminado por uma distante luz da rua, pernas abertas, mijando numa grande rocha.

Fiquei olhando, não querendo interromper.

Ele terminou, parecia estar esperando.

Então, lentamente, seus ombros desmoronaram.

Chamei seu nome.

Ficamos lá, diante do santuário de Benten, apoiados um no outro. Então, ele começou a chorar e, conseqüentemente, eu também.

— Eu só queria saber, disse entre soluços. Eu só queria descobrir. Eu só queria que houvesse alguma coisa.

Segurei-o, dei-lhe tapinhas nas costas, senti-me como um pai.

— Queria que houvesse alguma coisa. Qualquer coisa. O que quer que fosse.

Novamente, bati em suas costas. Então suas costas se sacudiram, Fumio abaixou-se e vomitou muito.

Fiquei de pé olhando as estrelas sobre o telhado preto do santuário, pensando em muitas coisas, deuses, deusas e rochas sagradas, jovens sem pais, a sede ardente de autenticidade, e estar perdido num mundo em que somente o corpo parece ter alguma realidade.

Tadashi Nakajima

Lentamente, no esmaecer da luz do verão, eles chegaram, isolados, aos pares, em grupos, os jovens de Fuchu. Vieram pelos caminhos e estradas que ligam o campo à cidade, juntaram-se a outros nas ruas e avenidas e daí marcharam emparelhados, passando pela escola e a prefeitura. Como regatos correndo para córregos que depois se fundem para formar um rio, a correnteza dos jovens de Fuchu desembocou no centro da cidade, onde fica o templo.

Ao sol poente, suas sombras se alongavam diante deles. Os homens estavam descalços, usavam apenas uma tanga e às vezes uma toalha torcida na cabeça para impedir que o suor escorresse nos olhos. Encaminhavam-se para uma cerimônia Shinto, um ritual purificador, e portanto deviam estar nus.

Era o famoso Yami Matsuri de Fuchu, o Festival das Trevas, e ocorria uma vez por ano, no final do verão. Todos os jovens dessa aldeia na periferia de Tóquio e da área rural a seu redor aproximavam-se a pé no lusco-fusco, dirigindo-se para o templo central onde o grande *kami*, divindade das trevas, aguardava.

Também quis me juntar a eles, cheio de curiosidade. Tinha lido a respeito, perguntado aqui e ali e então, depois de estacionar meu jipe na entrada da aldeia, pus-me a seguir os homens nus, cujo número aumentava conforme as ruas se transformavam em avenidas. Já éramos demais para as calçadas e passamos a caminhar no meio do asfalto em direção ao templo, que devia estar logo adiante.

As lojas, as casas já estavam iluminadas. As pessoas paravam e olhavam para todos aqueles homens e para mim, o único vestido, desfilando. Conforme nosso número inchava, o público recuava para observar da soleira das portas e pelas janelas. Em meio à multidão, senti o odor das pessoas a meu redor: um cheiro limpo – de arroz e pele.

Eles também sentiram minha presença, um elemento estranho em seu meio. Mas estavam ocupados, com a atenção voltada para o ritual iminente, por isso não recebi mais do que uma ou duas olhadelas – nenhuma palavra sequer, nenhuma indagação sobre o que estava fazendo ali.

Estava lá porque queria ver, experimentar por mim mesmo. Por isso fora tão longe campo adentro para encontrar o lugar. Assim, eu era agora um deles, caminhando no crepúsculo como se soubesse o destino.

Mas não precisava saber. O ajuntamento tornara-se tão grande que eu era levado. Não havia como sair de lado, muito menos voltar. Ficara preso nessa correnteza de rio, rodeado de homens que sabiam aonde iam. Nossos ombros se tocavam ao andarmos, nossas mãos colidiam no balanço dos braços.

O céu escurecera e de repente era noite fechada. Eram nove horas, e alguém puxara a alavanca da central elétrica. Era o sinal, o ritual começava.

Mesmo de olhos fechados eu saberia. Com a escuridão instantânea, criou-se uma súbita tensão, o fôlego suspendeu-se. Tão logo o choque se transmitiu, corpo a corpo, às centenas de pessoas, a marcha se tornou um empurra-empurra.

Empurrado, eu oscilava de um lado para o outro. Os de trás me pressionavam com as mãos para que eu fosse mais depressa, e minhas mãos se espalmaram contra a carne nua daqueles a minha frente. A caminhada se transformou num trote áspero. Da cegueira recobrei a visão — uma visão parcial noturna, com o branco das tangas à frente e, mais adiante, divisadas entre corpos trotantes, outras tangas como que fosforescentes na noite; acima e além, as estrelas do verão.

Tudo o mais era som e cheiro. Nada vi da mão repentina que atingiu-me de lado, do pé descalço que negligentemente pisava o meu. Sentia a carne agora próxima e seu cheiro, e a ouvia bater-se enquanto todos precipitávamo-nos adiante, cegos, noite adentro. Meu pé calçado desceu, duro, embora inocente, e ouvi o bufo, a exclamação engasgada, cortada.

De súbito todos aqueles membros se apertaram, os torsos esmagaram-se uns nos outros, gorgorejando como gado que se espreme por um estreito. Olhei para cima e vi contra o céu a grande viga negra sob a qual passávamos. Era um *torii*, o portal do templo que atravessávamos. Então, uma escuridão mais negra, erguendo-se dos dois lados como rochedos — talvez fileiras de ciprestes, cedros, nos arredores do templo.

Agora um ruído se elevava. Sacudido, mãos espalmadas à frente para evitar colisão, com medo de cair, interpretei aquilo como um rosnado que se aproximava, à medida que avançávamos. Mas estava errado – éramos nós.

Era o cântico do festival, entoado quando se está puxando o grande carro alegórico ou carregando nos ombros o *omikoshi*, mas agora – não mais recendendo a esforço – era puro som, como ondas se quebrando, como vento nos pinheiros. *Yu-sha, yu-sha, yu-sha* – repetido incessantemente, uma corrente de som que nos movia, nossos passos correndo à sua batida. Estava em toda parte, enchendo meus olhos e nariz tanto quanto ouvidos. E então aquilo soou fundo dentro de mim. Estava vindo de mim também.

Possessão. Estávamos todos possuídos pela divindade para a qual avançávamos. Cantando, lembrei-me do que haviam me dito. Embora fosse um deus Shinto e conseqüentemente não tivesse aparência, nome ou disposição – era simplesmente um *kami* como miríades de outros – este, no entanto, possuía uma qualidade. Ele – o gênero parecia inevitável – gostava da escuridão. Assim como o *kami* seqüestrado e carregado no *omikoshi* gostava de ser balançado e sacudido, lançado e virado, este deus gostava das trevas e de tudo o que estava acontecendo ali.

Repentinamente, senti um solavanco abrupto, uma fratura em nosso canto, como se nos tivessem agarrado a traquéia, e a compressão tornou-se tão grande que fiquei suspenso no ar. Estávamos passando por um portão mais estreito, imaginei, e adentrando o prédio do próprio templo.

Gritos vieram da frente junto com som de tumulto, e o canto se interrompeu; meu corpo foi fortemente pressionado pelos outros a meu redor e toda a nossa enorme massa se enrolou numa parada.

Estávamos dentro do templo e, pelos outros portais, haviam penetrado bandos tão grandes como o nosso; tínhamos colidido, tal como haviam feito as gerações passadas, e os que tinham ficado de fora ainda estavam empurrando, querendo entrar.

Eu tinha perdido – então reparei – os dois sapatos. Minha camisa estava aberta, botões arrancados, e estava tão achatado contra as costas de alguém que parecíamos fundidos um no outro.

No mesmo instante, de repente ouvi o silêncio. Assustou-me como se fosse barulho. Escuridão; silêncio total. Afastei a cabeça da mesma forma como teria feito para evitar uma luz forte demais. Mas não era o silêncio da solidão, embora igualmente completo. Era um silêncio altamente povoado, e dentro dele eu estava sendo lentamente esmagado por todos aqueles corpos. A pressão aumentava à medida que os de fora forçavam passagem, lutando para juntar-se ao enxame, unificar-se.

Enquanto eu enxergava na escuridão fosforescente e conseguia cantar e correr com os outros, ainda estava me divertindo. Mas agora, na súbita prisão de peles e músculos alheios, começando a sentir o suor gotejar de meu corpo, notando que as costuras da roupa se esticavam e cediam com a pressão, tive medo.

O que fazia eu aqui, entre tantos estranhos? – uma raça diferente, animada por pensamentos e sentimentos distintos. Talvez pudessem tolerar cerimônias bárbaras como esta, mas eu, não. Tinha de fugir. Devia haver um modo de escapar daquela multidão sólida. Pensei em Tóquio, pensei no jipe. E em poucas horas estava pensando no lar, na América.

Durante essas horas, não houve movimento, não era possível. A única sensação era a pressão cada vez mais forte que agora dificultava até mesmo a respiração. Além disso, apenas pequenos deslocamentos como os que ocorrem quando a água congela ou uma planta se expande. O corpo a meu lado súbito encontrou um modo de se virar, um movimento tão repentino e sem sentido como uma bolha de ar na água que sobe veloz para a superfície.

Minhas mãos presas eram agora parte de outra pessoa. Ao mover os dedos, senti calor, carne úmida – as costas de alguém, talvez. Atrás de mim, uma coxa se deslocou. Depois, um peso no meu ombro, a queda rápida de uma cabeça – o homem ao meu lado – como que decepada, ou como se o homem tivesse morrido, esmagado, de pé.

Ali ficamos, plantados como árvores. Eu estava apavorado, vendo-me aprisionado para sempre. Não havia como abrir caminho para me libertar, não dava para trepar sobre cabeças e ombros ou me arrastar entre pernas para encontrar a saída. Afundar até o chão poderia apenas significar a queda final e sem esperança.

Era isso que ocupava minha imaginação. Mas como de fato não havia saída, fiquei ali e, com as outras árvores, aguentei. Então, com o passar das horas, senti mais do que ouvi um novo canto – baixo, suave, rítmico, uma respiração cadenciada. Veio acompanhado de um leve movimento, de início quase indiscernível, como se aquela floresta compacta e ereta estivesse balançando ao sopro de uma brisa distante.

Conforme o canto se elevava, o balanço crescia. Membros úmidos, duros, quadris talvez, ou um ombro, esfregavam-se em mim como um galho. Noite adentro, cantávamos – *yu-sha, yu-sha, yu-sha*.

Senti o medo passar. Abandonou-me devagar e não pensei mais em nossas diferenças. Éramos agora uma só massa socada dentro daquele recipiente estreito e não podíamos nos diferenciar.

Embalados, íamos aos poucos nos fundindo. Dei-me conta disso olhando para as estrelas empoeiradas, perdendo toda a sensibilidade de braços e pernas, sentindo o cheiro quente de arroz que agora era também o meu. Eu, o homem que eu pensava conhecer, se fora, tornara-se mil outros. Soltei a cabeça.

Ela caiu sobre um ombro ou um pescoço e percebi que eu estava flutuando. Meus pés já não tocavam o chão. A pressão suspendera-me, e eu me mantinha no ar graças àquela malha apertada de corpos, que balançava, mas sustentava.

Fora-se o medo de cair. Pela primeira vez, deixei de lutar por uma polegada de terra. Recostei-me e ganhei cada vez mais apoio conforme aqueles corpos oscilantes iam me aceitando. Ou pelo menos interpretei assim. Mas ao mesmo tempo sabia, sentindo de repente uma orelha contra minha bochecha, que eu também os estava apoiando. E então...

Então devo ter dormido. A divindade obtivera de nós o que queria. Em suas trevas, havíamos nos tornado um. Talvez todos tenhamos dormido, suspensos no ar, pés acima do chão – milhares levitando.

Só me lembro de que, depois de muito, muito tempo, ergui a cabeça e vi aquele brilho pálido da madrugada. Vi também o perfil ressonante do garoto adormecido a meu lado, ao me virar e olhar para dentro de sua axila, pois seu braço estava jogado por trás do meu pescoço. Fechei os olhos novamente, sem querer me mexer, acordar. Fechei os olhos como se puxasse a coberta por cima da cabeça, para não ter que levantar.

O que antes me apavorara agora me consolava. Como eram seguros, protetores, aconchegantes aqueles corpos que moldavam o meu, aqueles muitos que estavam próximos e as centenas de outros mais distantes. Era como devia ser. Éramos como células no interior de uma única forma, todas respirando, todas sentindo ao mesmo tempo. Agora o que eu temia era ficar só – expor-me de novo.

No entanto, um a um, todos estávamos acordando. E aqueles das longínquas extremidades, a quilômetros de distância, parecia, agora saíam cambaleando; devagar, a pressão diminuía. Eu estava de pé no chão, o solo estranho contra as plantas dos pés, e logo pude me virar e mesmo dobrar-me para recuperar partes de minhas roupas pisoteadas, as chaves do jipe ainda no bolso, a salvo.

O homem da frente, cujas costas eu tão bem conhecia, se sacudiu e virou. O de trás me soltou e sua carne separou-se de mim. O garoto cuja axila eu estudara era agora um simples agricultor que me deu um sorriso sonolento, virou-se para procurar sua tanga perdida, vasculhou, desistiu.

Então, completamente nus, ou com tangas sujas recém-amarradas, ou, no meu caso, com farrapos de camisa e a maior parte das calças, fomos nos separando lentamente enquanto o dia clareava.

Andávamos, cambaleávamos, borrados de suor e sujeira qual recém-nascidos, incertos de nossos pés, como se nossos olhos, cegos da longa escuridão, não estivessem totalmente abertos. Não havia cheiros – exceto o de urina, pungente, mas não repugnante. Agora eu via, através das brechas na multidão que se espalhava, que nos encaminhávamos para a fonte, a grande urna de pedra que há diante de todo templo, onde poderíamos beber.

Quando chegou minha vez, enfiei a cabeça inteira naquela água fria, abençoada, tragando grandes goles como se respirasse. Saí pingando e o agricultor me conduziu a uma varanda.

Ali, na extremidade daquele templo grande mas ordinário, sentamo-nos, expostos à luz da manhã, e observamos os outros, nossos camaradas, nós mesmos, que desapareciam pelas ruas vazias, cada um por si, silente, rodeado agora apenas pelo espaço.

Senti-me perdido, como se minha família estivesse me desertando, como se o mundo estivesse acabando, e quando um velho sacerdote com seu chapéu alto e envernizado passou, viu o estrangeiro branco, parou supreso, depois sorriu, perguntei: O *kami* está feliz?

Assentiu com a cabeça. O *kami* estava feliz.

Não me ocorreu perguntar, como certamente teria me ocorrido doze horas antes, afinal, que espécie de cerimônia era aquela e por que tínhamos de passar a noite inteira ali e por que nada acontecia – ou acontecia alguma coisa?

E assim ficamos ali sentados, recuperando-nos, e o sacerdote com seus pequenos acólitos, que haviam madrugado ou velado a noite toda, trouxeram-nos copinhos do leitoso saquê cerimonial; e o filho de camponês, cujo corpo jovem e rude eu conhecia tão bem quanto o meu próprio, virou-se com um sorriso, nem um pouco surpreso que eu falasse, e perguntou meu nome.

Disse-lhe e perguntei o dele. Disse-me. Como era? Tadao... Tadashi? Nakajima... Nakamura?

Mas não demorou para o sol se erguer, as ruas se esvaziavam. Jovens purificados, cansados, titubeantes, satisfeitos partiam às centenas, com sombras compridas atrás de si. Encontrei o jipe tal como o havia deixado e fiquei surpreso que o motor pegasse, que a gasolina não se tivesse evaporado durante meu sono secular. Voltei para Tóquio, desgrenhado, contente, em paz.

Ao longo do ano que se seguiu, pensei com freqüência naquela experiência. E na única pessoa na qual se resumira: Tadashi Nakajima... era esse seu nome? De algum modo, esse nome tornara-se o do evento como um todo, era o nome de tudo, de todos.

Um ano mais tarde voltei, não por causa do jovem Tadashi, de cujo rosto eu mal me lembrava, cujo próprio nome era nebuloso. Não, por causa da experiência e do que significara para mim.

Era então 1948, e já as autoridades locais promoviam operações de limpeza. Relíquias como o Yami Matsuri não pareciam adequadas à nova e moderna era. Pareciam bárbaras e não podiam fazer bem à saúde daqueles pobres rapazes comprimidos no templo a noite inteira.

Foi assim que séculos de história chegaram ao fim, rompendo a cadeia de gerações. O Festival das Trevas acabou – compareci e participei do último deles.

Sim, Fuchu ainda tem uma espécie de Yami Matsuri – ainda hoje, quarenta anos depois –, mas não é o verdadeiro e não creio que o *kami* esteja feliz. Esse deus só fica feliz quando as pessoas voltam a seu estado original, quando humanos voltam a ser humanos, quando somos realmente como somos. E isso só pode acontecer no escuro e através da confiança.

Yukio Mishima

Tivemos vários encontros naquele verão de 1970, antes de sua morte. Todos os amigos de Mishima passaram a vê-lo com mais freqüência naquela época. Ele telefonava mais, escrevia mais cartas, dava-nos mais atenção. Estava de partida e não nos veria mais, mas isso não sabíamos ainda.

Já no fim do verão, um dia ligou-me de novo pedindo-me para encontrá-lo no Tokyo Hilton, um hotel de que gostava. Ali, podia, aparentemente incógnito, alugar um quarto para escrever ou para outros fins.

Não estava só. Acompanhava-o um jovem que eu não conhecia, mas cujo tipo reconhecia. Frágil, imberbe, provavelmente letrado – um rapaz semelhante ao próprio Mishima quando jovem, o tipo a quem o autor agora estendia parte de sua proteção.

No bar espelhado sentamo-nos, conversamos e esclareceu-se que o jovem, formado em letras (francês), era um presente para mim. Eu deveria dar continuidade, assumir a função de padrinho. Mishima disse-me isto, enquanto o rapaz modestamente baixava os olhos para suas mãos sobrepostas.

Ri e disse: Yukio, não vai dar. Você me conhece muito bem. Se quiser me dar um presente, terá de ser alguém da outra metade daquela que você protege.

Mas ele não sabia muito bem quem eu era, embora nos conhecêssemos há quase vinte anos. A verdade é que raramente considerava o caráter alheio, mal o percebia. Não importava. Importante era o papel que alguém iria desempenhar em sua vida. O próprio Mishima decidia qual seria. Quem você era, como se sentia tinha pouco a ver com isso.

Kawabata tinha de ser o protetor mais velho, cuidar dos interesses do jovem autor, e não deveria se sentir minimamente ferido por essa relação ter sido falsificada em *Cores proibidas*. Donald Keene seria o grande crítico estrangeiro, interessado apenas na obra e proibido de olhar mesmo de relance – supondo-se que quisesse – para sua vida particular. Eu, ao contrário, ao lado de outros poucos, devia prestar serviços apenas no âmbito privado, e as eventuais opiniões que tivesse sobre a obra e seu autor não seriam levadas a sério.

Minha recusa o aborreceu. Ele fechou a cara para si mesmo no espelho. Eu não estava desempenhando o papel designado, o de confidente do herói. É um garoto muito sério, disse seriamente. Ri, mas não houve sorriso em resposta. Mishima, embora pudesse ser divertidamente malicioso, não tinha senso de humor. Ao contrário de tantos japoneses, também tinha escasso senso de ridículo. Sua gargalhada alta não era contagiante; era uma afirmação de diversão, não a diversão em si.

A conversa prosseguia diante de seu objeto, mas sem perturbar nenhum de nós dois. Aliás, isso é comum no Japão, e ademais estávamos falando em inglês, língua supostamente incompreensível para o jovem. Mas o fato de eu ter declinado a oferta embaraçou Mishima, que aparentemente tinha cantado loas às minhas qualidades.

O mal-estar se resolveu dispensando-se o garoto, depois de deixá-lo saborear um copo de suco de laranja fresco, e mudamos de assunto. Lembro-me especialmente da conversa que se seguiu, pois foi literária, embora Mishima e eu quase nunca conversássemos sobre literatura, já que isto não estava incluído nos limites da minha alçada.

Em outras oportunidades, havíamos perambulado pelos pântanos em torno de sua pessoa: sua admiração vitalícia por Huysmans; sua monografia sobre São Sebastião e sua tradução da peça de D'Annunzio sobre o santo; seu romance moderno predileto, *Memórias de Adriano*; e, é claro, seu próprio *Confissões de uma máscara,* para mim, sua melhor obra e, na verdade – embora nunca lhe tenha dito isto –, seu único trabalho bem-sucedido.

Hoje, no entanto, ele falava de Hemingway. Fiquei deveras surpreso. Era um autor que desagradava Mishima em grau considerável, por causa (ou apesar) de suas semelhanças com ele: ambos eram estilistas conscientes, ambos românticos dados a posturas machistas, ambos adeptos de códigos obsoletos. No entanto, como se esclareceu, o suicídio do americano interessou o japonês. Podia ainda desgostar dele como escritor – disse –, mas passara a admirar o homem. Agora, achava-o coerente – completou –, "um homem íntegro", e isso ele admirava.

Deve ter admirado de fato. O próprio Mishima, desde que eu o conhecera, empenhava-se na criação de uma pessoa chamada Mishima que seria íntegra. Esta nova pessoa teria todos os predicados que a velha não tinha. O gago se tornaria fluente em línguas; o adolescente introvertido, um campeão de Kendo; o fracote de 50 quilos, um halterofilista pai de dois filhos. Foi uma façanha impressionante. Mas era preciso morrer, afinal, para resultar num homem íntegro.

Era disso que estávamos falando, embora, na época, eu não soubesse. De Hemingway ele desviou a conversa para Takamori Saigo, o herói militar do século XIX, que tentara restaurar virtudes antigas reimpossando o imperador; que vira o novo governo ser transferido para burocratas acomodados; e que acabara por compreender que, para ele, a revolução falhara. Mishima falou de sua admiração por Saigo, de seu ato final – o suicídio ritual –, do amigo fiel que o decapitou antes de também se suicidar. Falou da beleza do ato de Saigo, do gesto único e soberbo.

Para que não me escapasse o significado – aquele que eu só compreenderia meses mais tarde – ele então explicou que, como Saigo, detestava os métodos racionalistas, pragmáticos, conciliadores que predominavam no Japão de nossos dias.

— O Japão, disse, se foi, sumiu, desapareceu.

— Mas certamente o verdadeiro Japão ainda estará por aí se você olhar?

Ele sacudiu a cabeça resoluto.

— Não há forma de salvá-lo?, perguntei, provavelmente sorrindo.

Ele olhou através de mim para o espelho. Não, não há mais nada a salvar.

Então, como o dramaturgo que engenhosamente antecipa o clímax na primeira alusão de aparência casual, como o escritor que habilmente introduz uma referência oblíqua à revelação por vir, Mishima disse: Ele foi o último verdadeiro samurai.

Tive de tomar aquilo no sentido mais literal: Saigo fora o último samurai. Mais tarde, no entanto, perceberia com total clareza que a frase me fora dita pelo último verdadeiro samurai em pessoa.

Fosse outro alguém, mesmo um outro escritor, não se poderia ter tanta certeza. Tal referência precoce seria chamada de inconsciente ou algo do gênero. Mas, sendo Mishima, não. Assim como escolhera o elenco no drama de sua vida de acordo com seus desejos, também moldara a forma segundo seu gosto. Eu estava destinado a me espantar naquele dia de novembro vindouro – na verdade, minha exclamação de surpresa seria a última fala de meu personagem.

Mais tarde, amigos de Mishima se reuniram e comentaram o notável suicídio. Todos nós – transparecia – havíamos recebido sinais semelhantes. Os mais antigos datavam de dois anos antes do acontecimento. Juntos, compusemos o coro – estupefatos, como no desenlace de uma tragédia de Eurípides.

Mas, voltando ao bar do Hilton, eu não devia adivinhar, e não o fiz. Preferi, um tanto desconfiado da guinada áspera de nosso diálogo, certo de que ele estava prestes a discursar sobre a "pureza", um assunto sobre o qual eu já ouvira o suficiente e queria evitar, tentei introduzir alguma leveza na conversa e disse-lhe que morria de inveja de seu exército de brinquedo.

Foi um erro. Ele encarou seu reflexo. Eu estava completamente enganado, fez-me saber. Não havia absolutamente nada daquilo, e eu poderia guardar para mim minhas suspeitas, porque estava inteiramente errado.

Realmente estava, e deveria ter sabido. Considerando-se o ato final do exército de brinquedo e seus membros, Mishima, um diretor de atores tão cuidadoso, certamente não teria confundido papéis ao ponto que eu sugerira. O papel do exército era mortalmente sério.

Então, sorrindo seu sorriso sem humor, o próprio Mishima tentou amenizar a conversa. Estava lendo um livro sobre Elagabulus, a quem admirava bastante – ou, francamente, invejava. Inclinando-se para mim, contou-me algumas das fofocas mais lascivas do livro. Ele iria escrever sobre o soberano Elagabulus, como Camus escrevera sobre Calígula, como ele mesmo escrevera sobre Sade e Hitler. Impressionante, disse ele, o poder que aquele homem teve.

Mais tarde, depois de tudo acabado, tendo o *coup de théâtre* surtido o efeito desejado e as cortinas baixado, fui a uma das cerimônias em sua memória e dei com o estudante de letras.

— O último desejo de *sensei* era que fôssemos amigos, fez-me saber.

— Eu sei, disse. Mas alguns últimos desejos não podem ser atendidos.

Não lhe disse que os únicos papéis que realmente havíamos representado eram de adereços de palco na última faxina doméstica de *sensei*.

— Contudo, acrescentou *(keredomo,* um adversativo quase acoplado na própria estrutura da língua japonesa): *sensei* foi um homem realmente extraordinário.

Eu só podia concordar.

Sada Abe

Depois da guerra, solta da prisão, ela arrumou um emprego em Inari-cho, no centro de Tóquio: no Hoshi-Kiku-Sui – a Água-Crisântemo-Estrela – um bar.

Ali, toda noite, trabalhadores da redondeza – pois tratava-se de um *taishusakaba*, um bar de trabalhadores – se reuniam para beber saquê e *shochu* e beliscar lula grelhada com picles de nabo. E toda noite, por volta das dez, Sada Abe aparecia.

Era esplêndido. Ela descia a escada – o que, em si, já era um grande acontecimento, que se encerrava bem no meio da clientela. Sempre de quimono chamativo, algum que restara da época de seu crime – começo de Showa, 1936, Sada Abe surgia no topo dos degraus, parava, observava a platéia embaixo e então descia lentamente.

De onde vinha, nunca se soube. Alguns diziam que seu esconderijo ficava no andar superior, cheio de fotos velhas e móveis extravagantes. Outros afirmavam que a escada não levava a lugar algum, que ela tinha que trepá-la por trás antes de aparecer em público. De todo modo, a descida era dramática, com muitas pausas para que ela mirasse os fregueses embaixo, lançando olhadelas para este ou aquele. E ao fazê-lo, avançando lentamente, expressava indignação.

Sempre indignação. Era parte do show, da apresentação. A razão ostensiva era a atitude dos homens embaixo. Invariavelmente, eles cobriam as partes íntimas. Os dedos apertavam com força, depois eles se viravam e riam à socapa. Acima, Sada Abe, descendo, fingia fúria, lançando olhares fulminantes aos que apertavam as partes e riam ainda mais. Irada, ela golpeava o corrimão, e as gargalhadas estouravam.

Essa pantomima se devia à natureza do crime de Sada Abe. Vinte anos atrás, ela decepara o pênis de seu amante. Quando já estava morto, é claro. E morrera porque os dois tinham descoberto que, quando ela apertava o pescoço dele com força, seu membro exausto se reanimava, mas certo dia ela apertou demais e o matou.

Era a esses fatos que seus fregueses agora, duas décadas depois, aludiam, ao esconder o pênis com risinhos. E era o que ela reconhecia, fingindo fúria.

Ao pé da escada ela parava e varria o recinto com seu olhar flamejante. Então, no silêncio crescente, postava-se e fixava os olhos.

A galhofa cessava. Alguns homens se encolhiam mais, como se estivessem realmente amedrontados. Talvez estivessem, pois essa mulher já era uma figura lendária. Uma assassina. Que cumprira pena de prisão. Escrevera um livro sobre suas façanhas. E seria – talvez penssassem – capaz de fazer tudo de novo.

Ela se postava como um basilisco. O último risinho se dissipava. Silêncio absoluto. Então, somente então, como se tivesse recebido a homenagem desejada, Sada Abe sorria. Um sorriso cordial, acolhedor que a acompanhava quando se punha a servir as bebidas e dar tapinhas nas costas dos fregueses.

Como tantas atendentes de bar, masculinizava-se, tornava-se um dos garçons. Diferenciava-a, no entanto, o fato de realmente ter esganado um homem até a morte e depois decepado seu membro. Conseqüentemente, levar tapinhas de Sada Abe causava um *frisson*.

— Olá, você de novo? Gostou deste lugar, hein?, perguntava, baixando os olhos para mim e acrescentando: Tragam o melhor para este aqui, rapazes. Vamos todos esvaziar os copos agora.

Ia-se então para outra mesa, voltando para mim o olhar de vez em quando. Era um olhar interessado. Ela parecia cismada, talvez se perguntasse se eu também conhecia sua história.

Conhecia, e também cismava com ela e com o rumo que sua história tomara. Ter matado o amante sem querer, num momento de paixão, ter resgatado da catástrofe, num momento de pânico, o objeto que, como criança, se amou – era uma coisa. Outra bem diferente, porém, era conviver com o público, apresentar-se como figura de terror vulgar e depois de diversão trivial.

Ela decerto agredira o homem, daquela vez, mas agora parecia feri-lo duplamente. E estava igualmente se mutilando, ao parodiar um evento de tanta importância para ela, que tanto transformara sua vida. Ela estava – senti com precisão – descrente.

As risadas recomeçavam. Alguns mais ousados vociferavam que estavam com medo de ir mijar. Outros gritavam para que se escondessem as facas na presença dela. Ela sorria, distribuía tapinhas e servia saquê, desfilando em seu quimono listrado da era Showa, como uma professora entre alunos travessos.

Às vezes, porém, o grande sorriso esmaecia. Ela parecia meditar. Deixava-se ficar, garrafa de saquê na mão, distraída. No quê, mas no quê estará pensando, eu me perguntava, a essas alturas já meio bêbado também. Talvez pensasse naquela noite, vinte anos atrás, ou talvez nas contas a pagar no presente.

O que quer que fosse, ela logo se recompunha e saía sorrindo entre as mesas. Era só isso, porém. Suas visitas noturnas nunca duravam muito. Passada uma hora, de repente ela não estava mais. Ninguém a via subir a escada e ninguém daquele bando embriagado lá embaixo notava sua ausência.

Talvez ela não aguentasse mais a paródia em que sua vida se transformara. Ou talvez tivesse subido para receber a féria do dia.

Eiko Matsuda

— Oh, não, realmente prefiro a Europa, disse ela, escura no calor de verão, voltando-se para observar o sol que se punha por trás da basílica de São Pedro.

Não precisei adivinhar por quê. Muitos japoneses encontram a liberdade no estrangeiro, mas poucos por razões como as dela.

— É tão interessante. E, é claro, tenho amigos aqui.

Tendo começado como atriz na *troupe* de Shuji Terayama, foi descoberta por Nagisa Oshima e trabalhou em *O império dos sentidos*, no papel de Sada Abe, aquela que estrangula Tatsuya Fuji e decepa seu pênis. Embora esta cena e muitas outras estivessem faltando quando o filme foi exibido no Japão, jornais e revistas conseguiram enxergar o bastante para criticar.

Era vergonhoso. Uma verdadeira atriz não podia se comportar daquela maneira. E – talvez o mais criticável – ela parecia estar fazendo tudo aquilo para os estrangeiros, pois somente eles podiam ver o ato na íntegra. No entanto, era uma história puramente japonesa. Ela era um de nós, não importa o que tivesse feito. Por que essa intérprete barata que chamam de atriz estava exibindo nossa vergonha lá fora?

Por que *ela* se comportou assim? – era a questão. O homem nunca foi criticado. A carreira de Tatsuya Fuji, então um ator menor, recebeu enorme impulso, localmente. Graças ao filme, ele se tornou uma estrela, aparecendo em comerciais de cigarro, e nunca mais precisou representar nu.

Com ela foi diferente. Era uma boa atriz, como ficou provado, mas não teve mais convites para protagonizar filmes, a não ser em papéis pornô. Recebeu também propostas de contrato para *strip-tease*. E sugeriu-se mais, montanhas de dinheiro que permitiriam aos japoneses experimentar na carne o que lhes fora negado na tela.

— Oh, não, a razão não é absolutamente essa, disse ela, com sua pele escurecida pelo lusco-fusco, São Pedro, negra: não me importo com o que escrevem na imprensa. Se me importasse, bem, eu não duraria muito. Não, sinceramente. Gosto da Europa. Tenho meu apartamentinho agora em Paris. E adoro vir a Roma.

Ali estava ela, sentada ao crepúsculo, com um vestido negro decotado nas costas, colar de ébano e âmbar, sapatos pretos de bom couro, bolsa preta de bom couro. Eu sabia o que estava por trás de toda aquela elegância. Pois eu também vira o filme e, evidentemente, sua carne nua me era mais real do que a elegância posada, sentada agora a meu lado num terraço romano.

— Certamente não foi por causa do que eles escreveram. Na verdade, muitas mulheres que fizeram menos sofreram mais. Houve mesmo alguns elogios – *Nippon Sports* me chamou de corajosa. Você sabia? Pois chamou.

Ela estava muito diferente de Sada Abe no filme. Nele, era uma doméstica, aberta, inocente, terra-a-terra, entregando-se a jogos infantis com seu patrão. Agora, estava de negro e elegante, segurando um martini gelado entre dedos de unhas esmaltadas, virando-se para falar em francês com alguém, voltando-se para mim para responder a pergunta anterior.

— No cotidiano? Ah, faço compras. Vejo filmes. Amigos – vou a cafés, coisas assim.

Ela era frágil, sentada na beira da cadeira como se não pertencesse àquilo, como se tivesse apenas pousado, à maneira de um pássaro, em seu vôo para algum outro lugar, como se fosse quebrar se tocada – e no entanto era a mesma mulher da minha memória, toda músculos, suco, coxas abertas.

Todos os seus traços agora afirmavam um pedido rígido e educado – não me toque, seu corpo dizia, sendo cada curva uma inconfundível recusa. Ela estava aprisionada num chique assexuado.

Teria a real Sada Abe feito o mesmo para si? Após deixar o bar de Inari-cho, desapareceu. A produtora Nikkatsu fizera um pornô leve com sua história, e isto não ocasionara reclamações. Então Oshima quis fazer sua versão e imaginou que talvez precisasse de autorização. Ela foi descoberta, aparentemente após longa procura, num convento em Kansai - tosada, devota, e não fez objeções.

— É fácil concluir que sou uma espécie de mártir, fugida de meu próprio país, disse Eiko Matsuda, sorrindo. Mas, acredite, não é nada disso.

Uma pessoa não precisa ter os cabelos tosados para expiar, também pode fazer um penteado novo. O vestido parisiense de Eiko Matsuda era preto como um hábito religioso. A seu próprio modo, ela se tornara Sada Abe; pagara preço semelhante por fazê-lo. Há vários tipos de convento.

Kazuko Morinaça

Certa manhã de domingo, caminhava eu pelas imediações da estação de Otsuka, perto de onde morava, quando de repente uma jovem parou bem diante de mim.

Olhava-me, lábios entreabertos, olhos semi-cerrados. Era o rosto de alguém que decidira fazer algo que não queria fazer.

— Com licença. Desculpe incomodá-lo. O senhor fala japonês e por acaso seria americano?

Fechei a cara. Era domingo – cristãos fanáticos andavam por ali. Não obstante, respondi: Sim.

— Que bom, exclamou, e depressa prosseguiu: Sinto muito, realmente, mas o senhor conhece alguém na embaixada americana? É que minha mãe e eu estamos muito preocupadas e não sabemos o que fazer.

Atrás dela, então vi, havia uma senhora de meia-idade, lábios igualmente entreabertos. Ela se inclinou, quando mencionada, e ameaçou um sorriso, mas estava também evidentemente transtornada.

Então perguntei como poderia ajudar, e elas trocaram um olhar de alívio. A filha explicou.

Seu nome era Kazuko Morinaga e costumava freqüentar aquele clube em Roppongi, na verdade uma discoteca, e sua amiga Midori a apresentou para aquele americano e eles dançaram várias vezes, foi só. Apenas dançaram.

Fez uma pausa, e a mãe meneou a cabeça impetuosamente, como se tivesse sido contrariada.

Então Michael começou a chegar cedo à discoteca e a querer levá-la para casa, depois tentou segurar sua mão, dançar colado, coisas desse tipo. Ela não tinha se importado muito com isso. Só queria dançar, e ele era ótimo dançarino. Ela queria que a relação ficasse naquilo, mas ele não.

Parou e baixou os olhos para suas mãos. Era uma bela mulher. Os nós de seus dedos estavam brancos, tão crispadas suas mãos. Era difícil para ela conversar assim com um estranho diante de uma estação movimentada.

— No entanto, Midori deu a ele meu endereço e telefone, sem má intenção. Não lhe pedi para fazê-lo e não a vi mais. Deixei de ir à discoteca. Então – ela continuou – os problemas começaram. Michael começou a telefonar. Era embaraçoso, porque ele não sabia japonês, e ela falava muito pouco inglês. Assim, passado algum tempo, ela passou simplesmente a desligar.

Foi quando Michael começou a telefonar em horas impróprias, no meio da noite, por exemplo. E embora ela não entendesse direito o que ele estava dizendo, parecia que queria levá-la consigo para a América, casar com ela, que a amava.

— Não sei o que fazer. Ele acabou encontrando a casa e apareceu lá ontem à noite. Ficou horas batendo na porta, tive a impressão. Mamãe e eu – meu pai morreu, morávamos juntos – nos escondemos no banheiro até que finalmente ele foi embora. Daí o telefone começou a tocar de novo. Fugimos de casa, nós duas. Viemos aqui e então vimos o senhor.

Parou, a história terminara.

A mãe continuou. Não podiam chamar a polícia japonesa, o senhor entende. Eles não tinham nada com isso. Iriam simplesmente dizer que essa garota encontrou o que estava procurando.

Disse, também, estar com pena daquele pobre americano. Antes de se apaixonar, deve ter sido um bom rapaz. E então: eu não poderia, por favor, fazer alguma coisa? Afinal, éramos conterrâneos americanos, não éramos, Michael e eu?

Procurei por um momento algo a dizer, depois perguntei: Sabem algo sobre Michael – onde mora, por exemplo?

— Oh, em algum quartel, disse a filha.

— É soldado?

— Sim, e vai a Roppongi aos sábados. Por isso, não é tão grave como poderia ser, o senhor entende? Ele só pode sair nesse dia, por isso nos preocupamos aos sábados à noite. Mas é claro que pode telefonar quando quer.

Refleti, ali parado diante da estação, sobre o que poderia fazer. Nesse momento, a mãe de Kazuko de repente se lembrou das boas maneiras.

— Mas como ele fala bem japonês! Deve ter estudado anos. Deve ser muito inteligente. Puxa, ele fala melhor que nós, não é, Kazuko?

A bela Kazuko assentiu com a cabeça, e senti pena daquelas duas mulheres, vítimas inocentes do Amor americano, mas ainda assim preocupadas com as Boas Maneiras japonesas.

— Se é um soldado, então o exército devia fazê-lo parar, disse eu.

— Mas eu não queria causar-lhe problemas.

Olhei para ela. Por que não?, perguntei. Ele não está lhe causando enormes problemas?

— Sim, mas não é culpa dele. Teve uma vida difícil, o senhor sabe. Ele se equivocou a meu respeito. Fui gentil porque tive pena.

Fiquei pensado como é que sabia que Michael tivera uma vida difícil, e ela, adivinhando meus pensamento, começou a remexer a bolsa.

— Tenho uma fotografia dele, uma dessas automáticas. Depois de dançarmos, uma noite.

Estendeu-me uma pequena foto quadrada — virada para baixo, conforme o costume japonês de se oferecer algo. Nas costas da foto, em diagonal, estava escrito a lápis, em caligrafia ocidental: Michael White.

Virei a foto. Michael White era negro. Um jovem GI[3] bem apessoado, em trajes civis, lábios entreabertos, olhos sorridentes, divertindo-se. Agora eu estava entendendo.

— O que devo fazer?, perguntou ela.

Boa pergunta. E o que devia eu fazer? — alguém escolhido na multidão pela presumida nacionalidade, de repente envolvido com esse jovem soldado infeliz no amor, que eu nunca vira e que, com um pouco de sorte, nunca veria.

Eu estava do lado dela. Michael não devia ficar por aí impingindo seus problemas aos outros. Então lembrei que, no início, ela mencionara a embaixada. Sugeri, portanto, que telefonasse e falasse com as autoridades apropriadas, fossem quem fossem, e pedisse socorro.

E como sou o tipo de pessoa que sou, tinha o número da embaixada americana escrito em minha agenda. Copiei num papel para ela.

---

[3] GI: *general infantaryman*, expressão usada para designar soldados americanos (N. da T.).

Mãe e filha ficaram gratas — não, talvez, pelo que fiz, pois não fizera nada, mas por terem podido conversar sobre o assunto com alguém, desabafar suas preocupações.

Ficamos parados ali, os três. Os transeuntes tinham que nos contornar, era uma situação estranha. Elas pareciam acreditar que a crise passara — tinham conseguido encontrar um americano e ouvir um conselho. Eu sabia que não as tinha, de fato, ajudado em nada.

Então, a mãe de Kazuko, sorrindo pela primeira vez, perguntou se não poderiam saber o nome, endereço e telefone de seu benfeitor, para que pudessem mandar uma lembrancinha de agradecimento.

Parado ali, pressenti um futuro envolvendo a mãe de Kazuko, a própria Kazuko e, por que não, Michael White. Imaginei telefonemas noturnos da mãe e educadas pancadinhas na porta de Kazuko, aparecendo com bolos. Descobri-me pensando que essas pessoas, na verdade, não podiam andar por aí impingindo seus problemas aos outros.

Sacudi a cabeça, sorri, disse que não fizera nada de mais, que lhes desejava sorte, que tinha de ir. E as deixei ali, Kazuko sorrindo de uma maneira perplexa, a mãe fazendo reverências.

Pois elas tinham me amedrontado, tal como Michael as amedrontara. E nem a beleza de Kazuko nem sua necessidade nem minha própria curiosidade eram suficientes para superar aquela súbita trepidação, aquela visão da vida como ela é, quando a superfície colorida se racha e podemos olhar para o que está embaixo.

Mãe e filha, obrigadas a ir à rua pedir auxílio a estranhos, não insistiram. Curvaram-se. Sorri e fui embora.

Saburo Sasaki

Um jovem na faixa dos dezoito anos estava sendo humilhado no banho público por dois adultos tatuados. Faziam-no esfregar-lhes as costas, chamavam-no *shombenkozo* e *kuso*, empurravam-no para a piscina fria. Os outros banhistas, todos da vizinhança, ignoravam a cena. Eu também, mergulhado na água quente.

Ignorávamos a cena porque era séria. Até aí eu conhecia, da língua. O primeiro termo significa aquele que molha a cama e o segundo, merda.

Abusaram do rapaz enquanto estiveram lá. Depois que partiram, eu estava me secando e ouvi um dos banhistas covardes discutindo com a gerente. Ele dizia que eram certamente gângsteres, com aquelas tatuagens e tudo o mais, e ela dizia que, com ou sem tatuagens, não eram gângsteres, todos os três trabalhavam na casa de sushi ali perto. Os grandalhões eram os novos contratados vindos do centro, e o pequeno era o *kozo*.

Então, de fato, era um *kozo* afinal de contas, um aprendiz, aquele que lava a louça e varre o chão. Não é raro o membro mais novo ser maltratado pelos mais velhos, mas essa intensidade de abuso era invulgar. Fiquei curioso.

Assim, vários dias depois fui à casa de sushi Fuji, dobrando a esquina do banho público. Era um fim de tarde e havia vários outros fregueses, todos sentados nos bancos diante do balcão, todos assistindo ao que acontecia atrás dele.

— Seu merdinha, não sabe sequer encher um copo de chá direito, disse o maior dos dois, com a tatuagem aparecendo por baixo do punho branco engomado.

O *kozo* estava parado, cabeça baixa, mãos juntas diante dele. Os dedos estavam de um vermelho brilhante. Provavelmente, se escaldara com o chá.

— O merdinha não sabe fazer nada direito, disse o outro, com as mãos ocupadas, cortando virilmente.

Os demais fregueses, interessados, encaravam o jovem de dedos escaldados. Não é raro que o público se divirta com o espetáculo de alguém sendo atacado por uma gangue. Havia alguns murmúrios, quase todos de satisfação. Meu vizinho fez um comentário sobre a falta de fibra dos jovens de hoje em dia.

Não apreciei meu sushi, vendo aquela e outras humilhações, mas também não viera para apreciar o sushi. Estava ali para satisfazer a curiosidade.

Curiosidade insatisfeita, fui ao Fuji dias depois e pedi que me entregassem sushi em casa.

É claro que foi entregue pelo *kozo*. Um dedo estava enfaixado, por causa da queimadura ou outra enormidade posterior.

— Por que eles o humilham desse jeito?, perguntei.

— Humilhar? A mim? Não estou sendo humilhado.

— Sim, entendo, disse eu. E realmente entendera. A lealdade para com o emprego o impedia de criticá-lo, ainda mais para um estrangeiro.

Na vez seguinte que nos encontramos, porém, ele parecia ter mudado de idéia. Foi de novo no banho público. Era cedo, e ele estava só. Vi seu olho roxo e não disse nada. Ele me olhou várias vezes, depois juntou-se a mim na água quente.

— Vida dura, disse ele, após um instante, agora querendo conversar. E está ficando cada vez pior. Já não sei o que fazer.

A seguir, tudo veio à tona. Os dois novos *sushi-ya* de Asakusa, do centro rude e machista de Tóquio, só recentemente haviam se mudado para o Fuji. Ele mesmo, de nome Saburo Sasaki, que acabara de completar dezenove anos, viera do campo. Os dois tinham sido bem simpáticos no começo, mas depois mudaram. Apontou para seu olho roxo.

A razão, então, se revelou. Se quisesse ficar e trabalhar com eles, fazer carreira e tornar-se também um *sushi-ya*, o que achava que queria, tinha que se tatuar como eles. Hesitara depois recusara – daí os maus tratos atuais. O que eu achava que deveria fazer, já que daquela vez demonstrara interesse em seu caso?

Nossa conversa foi interrompida pela chegada dos dois brutamontes. Um deles tinha Fudo, o guardião do inferno, agarrado e aferrado às suas costas, o que parecia apropriado. O outro, eu via agora, trazia, incongruentemente, Kannon, a deusa da misericórdia.

— Ei, merdinha, gritou Kannon, tire a bunda da banheira quente e venha me esfregar.

— Isso, mijão, exclamou Fudo, trabalhe em dobro ou vai ficar com o outro olho roxo.

Os outros, no banho, se uniram na risada contagiante que saudou aqueles ataques e eu parti, sem querer ver mais. À noite, já bem tarde, Saburo bateu de leve na porta da frente de casa.

Tomando chocolate, conversamos. Uma tatuagem permitiria a entrada no pequeno mundo da casa de sushi, mas fecharia para sempre a porta do grande e vasto mundo. Ninguém empregaria um homem tatuado, alguns banhos da cidade alta não o admitiriam — ora, ele sequer poderia ir à praia.

Sim, sabia de tudo isso, mas se perdesse o emprego, teria que deixar Tóquio e voltar para Ibaraki. Não, não achava que conseguiria outro emprego tão bom. E tatuagem doía?

Vi que Saburo estava preso numa situação arquetípica; mas já estava predisposto. A dor de ser excluído era maior que a das agulhadas na pele.

— Pelo menos não custaria muito. Eles disseram que pagam a metade e a outra metade pode ser descontada do meu salário. É caro, sabe, fazer tatuagem.

Não era apenas a pressão que o preocupava. Também estava pensando na alegria de adequar-se. E, afinal, acrescentou sorrindo, *shikataganai de sho*, acho que não há outro jeito.

Não, não há outro jeito. Mesmo quando há. Terminou seu chocolate e levantou-se, sorriu, agradeceu-me pela oportunidade de discutir seu problema e *sodan suru*, ajudá-lo a se decidir.

Só fui ver Saburo de novo muitas semanas depois. Foi novamente no banho público. Desta vez, estava sentado num banquinho, tendo a cada lado Fudo e Kannon agachados. Fudo enchia um balde de água quente e testava a temperatura com o dedo. Kannon, com uma toalhinha, estava ensaboando cuidadosamente as costas de Saburo, marcadas com as linhas azul escuro de Koi-Taro, o popular menino valente que cavalga uma carpa cachoeira acima.

— Costuma doer um pouquinho no começo, disse solícito Fudo. E a água quente pode arder um pouco mais. Mas trate de aguentar, *gamman suru*, como um homem, *otoko rashiku*.

Kannon sorriu de um jeito maternal e disse: O vermelho é o que dói mais. Mas Taro não tem muito vermelho, então está tudo bem.

— Vai ter que se deitar depois, disse Fudo, preocupado. Sim, deite-se. Nós faremos sua parte no restaurante. Não, senhor. Tem que cuidar de si, agora que é um de nós.

Metido na água quente até as orelhas, fiquei olhando os dois ensaboarem e enxaguarem o rapaz. Ele se virou e me viu.

E sorriu – um sorriso largo, seguro, satisfeito.

Kishio Kitakawa

Embora já estivesse cursando o último ano na universidade, prestes a se formar e se estabelecer, conservava, ao contrário de tantos outros, muito de sua infantilidade: gostava de besouros, virava-se para olhar mariposas e borboletas, parava para ouvir cigarras de fim de verão, adorava árvores.

Tendo nascido em Kyoto e estudado em Osaka, ele parecia recordar, no meio da cidade de concreto, aqueles bambuais e florestas montanhosas que deixara para trás na antiga capital.

Aos domingos, depois do café, às vezes queria ir ao templo Sumiyoshi e passear no parque que lá havia.

— Por que ir lá? Vamos ao cinema, dizia eu.

— Podemos ir ao cinema mais tarde, respondia, com aquele seu jeito de menino sensato. Mas podemos ir ao Sumiyoshi agora.

Uma vez lá, não fazíamos muito. Ele caminhava, admirava as árvores, às vezes correndo a mão pela casca do tronco. Embora bastante alto, membro do time de basquete e prestes a deixar a escola, ainda parecia muito jovem.

Mas depois se formou e, quando o encontrei de novo, tinha adotado aquela expressão que se vê nos jovens recém-saídos da universidade que acabaram de entrar no mundo real. Não é exatamente uma expressão de choque, mas há um quê maravilhado. É o olhar de alguém que passou por algo incompreensível.

O incompreensível fora a súbita revelação do mundo como ele é, não como a escola e a vida protegida haviam indicado. Como a maioria dos recém-formados, Kitakawa estava despreparado.

Em seu caso, particularmente despreparado. Quisera estudar história natural, mas os pais haviam insistido que escolhesse algo prático — administração de empresas. O que aprendeu nessa disciplina eu nunca soube. Ele não falava sobre isso, não parecia interessado. E agora, de repente, tinha de ganhar a vida.

—Todo mundo tem que passar por isso, disse-lhe, desajeitadamente.

Não estávamos no verde Sumiyoshi, mas no Dotombori de concreto, após um filme sobre um campeão esportivo que se dá bem na vida.

— Mas eu não sabia que seria assim. De todo modo, passei no exame da empresa. Começo a trabalhar na semana que vem.

— Que tipo de empresa?

— Uma oficina de pintura.

Uma oficina de pintura — calculei que nada poderia estar mais distante de seu interesse.

Poucos meses depois, ele veio a Tóquio visitar o escritório central, conforme disse. Sugeri que nos encontrássemos em Hibiya.

Caminhávamos pelo parque ao sol poente, quando ele disse: Como é bom sair para passear de novo.

— Você não sai em Osaka?

— Oh, não, eles te ocupam o tempo todo... Sabe, eles pintam praticamente tudo nessa empresa onde estou.

— Bem, é o negócio deles.

— Mas até as mais belas peças de madeira. Como os pilares das casas — os *tokonoma*. Agora é costume pintá-los. Você sabia?

— Não, não sabia. Devem ficar estranhos.

— Horríveis, disse suavemente.

Depois ergueu os olhos para os galhos desenhados contra o céu noturno, e fiquei imaginando por quanto tempo aquela pessoa delicada aguentaria a oficina de pintura.

Mais tarde, imaginei-o de volta a Osaka, de boné e avental, misturando tintas; vi-o dando pinceladas, cuidando para que as cores brilhantes ficassem lisas; visualisei-o, depois, todo arrumado — com a gravata combinando com o lencinho de bolso — indo de porta em porta com seus mostruários de tintas.

Como sempre acontece com iniciantes, mantinham-no sempre ocupado. Alguém que começava de baixo tinha, invariavelmente, que aprender muitos serviços antes de atingir a gerência administrativa.

Ele não podia vir a Tóquio, e eu não ia a Osaka, assim, um ano inteiro se passou sem que nos víssemos. Então, certo fim-de-semana me abalei para lá. Combinamos de nos encontrar no saguão de um hotel próximo a seu escritório.

Não que não o tenha reconhecido. Claro que reconheci, mas a mudança estava lá, uma diferença sutil. O corpo alto do jogador de basquete estava agora mais pesado, menos ágil. E o rosto triangular, típico dos jovens, tinha amadurecido, ficado quadrado, menos móvel. Demos as mãos e seu aperto foi firme.

— Estou mesmo sempre ocupado, disse ele, durante o jantar.

— Fazendo o quê?

— Bem, sou o único em minha seção formado em administração de empresas, e me solicitam por minhas habilidades.

— Por suas habilidade?, perguntei, surpreso.

A surpresa deve ter aparecido.

— Sim, respondeu, tímido por um instante, a seguir num tom quase beligerante que eu desconhecia nele: Afinal, é minha especialidade.

Depois, como que se desculpando, sorriu. Disso eu me lembrava. Mas naquela época, era um sorriso de menino; agora, era apenas infantil.

— Eles realmente te esfolam, na empresa em que trabalho, continuou. Você acredita que não chego em casa antes das dez ou onze horas todo dia?

— De porta em porta o tempo todo?

— Não, não. Não precisei fazer isso por muito tempo. Já lhe disse. Administração de empresas. Você sabe, é uma empresa em crescimento, por isso todos temos que nos esforçar juntos.

Depois do jantar, perguntei-lhe aonde gostaria de ir.

— Não sei. Dotombori? Mas não posso ficar até tarde. Tenho que acordar cedo. Tenho reunião com o chefe amanhã de manhã.

— No domingo?

— No domingo.

— Bem, então vejamos. Que tal caminhar no Sumiyoshi?

— No Sumiyoshi? Está escuro... Você bem se lembra de que costumávamos ir lá. Era bom, não? Mas era durante o dia, quando podíamos ver as coisas, certo? Está passando um filme novo no centro. *A ponte do rio Kwai.*

Silenciamos, cada qual com seus próprios pensamentos. Então perguntei: será que as árvores dormem? Era de fato algo que às vezes eu me perguntava. Peixes dormem de olhos abertos. Talvez as árvores dormissem também.

Ele olhou para o teto dourado do restaurante por um momento, como se refletisse, ou como se olhasse através dele para o céu.

— Talvez, respondeu, emendando: Não, não acho. Estão permanentemente adormecidas.

— Ou despertas, disse eu.

Sorriu e olhou para cima de novo, um gesto que eu conhecia, com a boca semi-aberta, como se divagasse no firmamento.

— Olhe para isso, disse ele, observanto o forro: Quem será que obteve esse contrato?

Hiro Obayashi

Baixo, jovial, já com olheiras de cansaço e fumo em excesso, era um empresário bem-sucedido – um editor. Tinha uma empresa pequena, como sempre dizia em seu excelente inglês, "mas muito ativa".

Era "ativa" no campo da literatura infantil. Todo ano, a Feira de Livros de Frankfurt era abrilhantada pelas pilhas de suas versões inglesas ilustradas de *Chapeuzinho Vermelho* e *Joãozinho e Maria*, entre outras obras de domínio público.

Eram edições econômicas, com custo unitário muito abaixo do mercado, e vendiam bem – particularmente em países como o Quênia – mas Obayashi queria mais. Ou melhor, queria prestígio. Eis onde entro na história.

Sendo um autor publicado, eu acabara de deixar um posto num famoso museu americano e, supostamente, estaria agora à procura de emprego. Ele acreditava que, se me contratasse, eu poderia ajudá-lo a adquirir prestígio. Poderia publicar livros de arte e literatura para vender em outros países além da África.

Então começou a me cortejar. Como tínhamos um amigo em comum, foi-lhe fácil convidar-me para um drinque amigável e, a seguir, para um jantar amigável. E como queria impressionar-me, o drinque foi no antigo bar do Hotel Imperial, e o jantar foi no Kicho com sua comida de Kyoto, rouxinóis eletrônicos e altos preços. Depois, havia aquele lugarzinho que ele conhecia, L'espoir, um clube de acompanhantes notoriamente caro, onde lindas mulheres, que sabiam imediatamente quem deveriam festejar, admiraram minha gravata, aconchegaram-se, pousando a mão em minha coxa, enquanto o sr. Obayashi – não, você pode me chamar de Hiro, você é meu amigo – acendia mais um Hope.

Após várias noitadas desse tipo, finalmente concordei em trabalhar para aquele homem ambicioso e sua empresa ativa porque precisava do salário – alto – e do visto permanente – aparentemente seguro. Uma Dom Pérignon foi aberta, mãos se apertaram num acordo de cavalheiros, e as acompanhantes aplaudiram.

No entanto, quando me apresentei ao trabalho, encontrei uma escrivaninha nova, um apontador elétrico, mas nenhuma tarefa. Eu fora contratado, mas meu empregador ainda não decidira o que fazer comigo. Talvez acreditasse que eu fosse simplesmente gerar meu próprio trabalho.

— Faça de acordo com sua vontade. Estamos orgulhosos de ter alguém como o senhor em nossos quadros. Como sabe, estamos tendo um modesto sucesso com nossa coleção infantil, mas gostaríamos de ampliar para um campo de maior prestígio – ainda que menos lucrativo. Aqui, caro sr. Richie, é que o senhor deve desempenhar seu papel.

Ser um editor cavalheiro era atraente (embora, na vida real, eu nunca tenha conhecido um), e comecei a enviar ao presidente uma série de sugestões das mais prestigiosas que ele pudesse esperar. Lembro-me de ter recomendado uma edição ilustrada do *Kojiki*, uma publicação que teria todo o potencial de venda de uma edição ilustrada do *Beowulf*; uma história em vários volumes da arte budista; e a primeira tradução inglesa dos diários japoneses de Paul Claudel.

A cada uma dessas idéias, Hiro parecia prestar minuciosa atenção. Parecia considerar seus méritos de modo a fazer jus a minha argúcia cultural. E parecia realmente lamentar que encontrasse razões para não adotá-las. Embora nunca fosse porque não dariam dinheiro, pois já me dissera que prestígio era algo pelo qual podia pagar. Enquanto isso, eu deveria considerar sua sala como a minha própria e visitá-lo quando desejasse – ele sempre tinha tempo para alguém com o meu prestígio.

Sua casa também deveria ser considerada como minha, e eu sempre era convidado a jantares com filés de Kobe e Mouton-Rothschild, e exortado a admirar os pratos majólica, no qual comíamos, e as litografias originais de Bernard Buffet na parede.

Sua esposa sentava-se conosco (nada daqueles modos antiquados de deixar a mulher na cozinha) depois de nos servir. Era uma mulher esperta, inclinada a tagarelar, mas mantida com rédea curta. Hiro freqüentemente a interrompia, nunca ria de seus gracejos sociais e, quando ela mencionou Marie Laurencin, disse-lhe que ela não sabia do que estava falando.

Foi aqui que descobri seu outro lado. Ele fora um piloto kamikaze durante a Segunda Guerra Mundial, eu sabia – um dos poucos que voltaram ou nunca foram enviados, e acreditava em disciplina. Mandar a esposa calar a boca e ir abrir outra garrafa fazia parte disso.

Assim como intimidar o pobre sr. Yago, seu gerente de produção, com quem eu ouvia Hiro às vezes gritar — geralmente mandando-o pechinchar e não ceder aos gananciosos fornecedores de papel, àqueles encadernadores ladrões.

Comigo, no entanto, era um pai sábio e um irmão mais velho benevolente. Para mim não se manifestava qualquer vestígio do cadete kamikaze fazer-ou-morrer, e parecia que eu não tinha como errar. Ao mesmo tempo, nada do que eu propunha jamais era efetivado. Baixei um pouco minhas pretensões e sugeri o *Kojiki* como livro infantil, talvez com um dragão de sete cabeças que se armava quando aberto.

Que ótima idéia, disse, mas esse dragão de armar teria que ser feito todo à mão, e esses artesãos são notórios ladrões, ele não queria de maneira alguma desperdiçar dinheiro com essa gente. Sorriu pesaroso, apanhou mais um Hope e disse-me que eu era sempre bem-vindo para falar com ele; e se não tinha nada a fazer, bem, havia agora uma nova máquina de escrever e provavelmente eu tinha meus próprios livros para datilografar.

Assim encorajado, passei a fazer meu próprio trabalho durante o expediente, enquanto tentava adivinhar para quê ele me queria ali. Um cheque vultuoso chegava todo mês e meu patrocínio estava assegurado — ganhei um visto de três anos. Pensando que precisava fazer *algo*, freqüentemente entrava em seu escritório para esboçar planos amplos, impraticáveis, enquanto ele fumava um Hope atrás do outro, e eu saía sob uma chuva de recomendações reconfortantes.

Sabendo que ele, um piloto de "Zero Fighter", gostava de aeromodelismo, sugeri uma série de aviões ou couraçados para recortar. Sim, ele havia pensado nisso, mas só aceitaria o melhor, e a Janes não cederia os direitos. Supondo que gostasse de mágica, contei-lhe de um novo processo 3-D que talvez funcionasse em livros infantis. Sim, ele sabia disso — era alemão e precisava ser aperfeiçoado. Desci a ponto de sugerir o truque de raspar-e-cheirar, ou seja, a criança aplicaria a unha para inalar a maçã. Sim, quanta iniciativa de minha parte adquirir informações sobre o assunto, mas obviamente eu não poderia saber que o Ministério da Saúde jamais aprovaria tal coisa num livro infantil.

Sem querer acreditar que eu era um mero adereço decorativo, caro mas inútil – como uma das damas do Espoir – concluí que aquilo de que estava realmente precisando era meu conselho sobre suas próprias idéias, devia alertá-lo para erros de julgamento. Uma dessas idéias era ir com um fotógrafo para Majorca e fazer uma série de nus femininos de bom gosto para serem vendidos como fotos 3-D. Fui decididamente contra. Se era realmente prestígio que ele queria, eis a maneira de perdê-lo, não de ganhá-lo. Ele não iria agora se tornar um pornógrafo, iria?

Pareceu receptivo a meus argumentos, acenou pensativo, disse que o assunto merecia alguma consideração e mandou-me de volta à minha escrivaninha, para onde fui alegre por ter encontrado um meio de merecer meu ganha-pão. Eu seria um ombudsman, que diria a verdade sem medo, mantendo sua integridade.

Daí em diante, passei a ir com freqüência a sua sala com sugestões. No passado, ele possuíra uma empresa dedicada a livros de arte que falira. Isso aconteceu – expliquei-lhe – porque ele não pagou nenhum dos autores estrangeiros cujos trabalhos publicara, conseqüentemente, tivera receio de divulgá-los. Se os tivesse pago, poderia ter divulgado os livros, eles teriam vendido e a empresa teria permanecido solvente.

Traindo sua primeira irritação, apagou o cigarro e explicou-me que a empresa fora um abrigo contra impostos, montada para desaparecer quando seu período de utilidade expirasse. Depois, para aliviar uma atmosfera repentinamente pesada, sorriu e tirou da gaveta da escrivaninha uma foto 3-D. Ela se movia, conforme era virada, e uma mulher nua ora escondia, ora revelava seus encantos, dando piscadelas.

Quando anunciou que naquela noite iríamos jantar juntos para discutir aquela idéia, disse-lhe que não podia, que estava ocupado. Em primeiro lugar, ele já sabia o que eu pensava daquilo. Além disso, as noitadas caras estavam invadindo meu próprio tempo.

Minha noção de jornada de trabalho ainda era muito ocidental – das nove às cinco, com um intervalo de uma hora para o almoço. Durante esse período, a empresa podia fazer suas exigências, mas não fora dele. Como era diferente a realidade japonesa. Cinco horas chegavam e passavam e nenhuma das secretárias cobria a máquina de escrever. O pobre sr. Yago sequer olhava para o relógio: continuava sentado com sua calculadora até muito tempo depois.

Enquanto residente estrangeiro, eu podia partir cedo, mas ao fazê-lo estava me retirando do morno espírito familiar que reinava numa empresa japonesa quando o "dia de trabalho" acabava e todos permaneciam ali, sem ousar dar o primeiro passo em direção à porta. Nesse momento, o patrão aparecia, com um humor expansivo, contando algumas piadas, convidando os poucos eleitos para uma cerveja. Mesmo para os não escolhidos, o trabalho do dia ainda não tinha terminado. Eles iam tomar cerveja entre si e maldizer o patrão.

O sr. Yago, provavelmente achando de boa diplomacia, convidou-me uma noite para um drinque e me contou como era tirano aquele homem. Eu não notara que ele nunca começava a trabalhar antes do final da tarde, para ter certeza de que todo mundo ainda estava lá até depois de escurecer? Yago-san parecia estar tentando me prevenir. Prevenir-me do caráter do patrão, na esperança de que eu me adequasse um pouco mais, ficasse até tarde uma vez ou outra, não tentasse quebrar tabus – tais como dizer ao patrão como dirigir sua empresa. Eu já estava a ponto de dizer que o patrão trapaceava seus autores e obviamente também estava sonegando impostos. Com mais seriedade ainda eu desaprovava muitos de seus planos de estimação (aqueles péssimos nus, por exemplo).

Eu era apenas um empregado, embora por acaso um dos privilegiados. Era isto, agora creio, que o atormentado sr. Yago estava tentando me dizer enquanto tomávamos cerveja morna em Roppongi. Mas em minha indolência, eu estava então convencido de que fora designado para ser a consciência de meu amigo Hiro, de que de algum modo eu o tornaria uma pessoa melhor, de que na verdade ele estava me pagando, como se fosse um analista, para que eu o fizesse.

Eu não apenas teimava em desdenhar os nus que piscavam e os ridículos Bernard Buffet, mas tentava encontrar meios de tornar mais artísticos seus livros de contos de fadas, insistindo para retomarmos o texto original de Perrault para a nova edição da Bela Adormecida, e ainda sugerindo que contratássemos o caro Maurice Sendak para fazer *Momotaro*. Quando ele me disse que Sendak não era do gosto de seu mercado, eu lhe respondi que aí estava o problema, esta era a razão por que apenas os africanos compravam seus produtos.

Hoje considero monumental a paciência do homem, embora na época o achasse teimoso. Tampouco detestei sua profunda decepção comigo — um investimento que se revelava ocioso. Por isso, perseverei. Agi de modo ainda mais pessoal.

Realmente, ele estava fumando demais. E trabalhava demais. Todas as horas de vigília ele estava no escritório. Todos os seus pensamentos eram sobre a editora e como torná-la mais lucrativa — e igualmente prestigiosa. Ele não tirava férias e não gostava que nenhum de nós o fizesse. Isso não lhe fazia bem, disse-lhe eu — agora transformado em dr. Richie, transformado em médico sem avental branco e estetoscópio —, escute só essa tosse, olhe só essas olheiras negras.

Nesse período, enquanto eu cumpria meus deveres médicos, as coisas começaram a mudar, mas tão devagar que no começo não notei. Eu ainda participava de reuniões editoriais, e demorou um pouco para notar que, quando eu falava, ninguém fazia marcas a lápis nas linhas amarelas das pranchetas tamanho padrão. Quando uma reunião importante acontecia e eu não era incluído, supunha que a discussão nada tinha a ver com meu departamento e tirava a tarde de folga. O patrão ainda me tratava com indulgência, embora agora eu ouvisse com mais freqüência que ele estava muito ocupado no momento; e se aquelas horríveis noites em sua casa haviam cessado, ainda bem. Achei que um certo equilíbrio fora alcançado.

O primeiro verdadeiro sinal de que algo estava errado foi o desaparecimento de meu apontador elétrico. Um dia não estava mais lá, restavam apenas os buracos dos parafusos onde antes estivera. Perguntei a minha volta, ninguém sabia. Brincando, sugeri que fora um ladrão, ninguém riu.

Notei também uma frieza entre os colegas. O pobre sr. Yago nunca tinha muito tempo para mim agora. As secretárias reagiam com certa aspereza. A faxineira espanava um pouco em torno da minha escrivaninha e nada mais.

Mesmo assim, talvez ainda não fosse tarde demais. O patrão me assegurava que sua porta estava sempre aberta. Talvez estivesse. Mas, amuado, eu a fechei. E, aos poucos lançado ao ostracismo – como num estrangulamento gradual –, decidi bani-lo, privá-lo de meu cuidado e minha companhia. Se ele era inútil para mim, então eu era inútil para ele.

Tendo passado tantos anos no Japão, eu ainda não percebia. Talvez soubesse tudo sobre *mura hachibu* (ser condenado ao ostracismo numa aldeia, quando o máximo que se faz ao banido é jogar água no telhado, se estiver em chamas), mas não conseguia reconhecê-lo ao vivo. Resolvi não fazer a visita costumeira – na verdade, obrigatória – de Ano Novo a meu superior. Isso o convenceria de minha insatisfação com ele.

Em vez disso, após o feriado, chegou-me um comunicado de sua insatisfação comigo, uma carta formal detalhando suas queixas: que eu não estava fazendo meu serviço, que estava folgando por conta própria, que estava fazendo trabalhos pessoais durante o expediente, que faltava às reuniões da empresa. Conseqüentemente, ele não via outra saída senão me demitir.

Não se demite no Japão. Mas tampouco os japoneses se comportam como eu. Do meu ponto de vista, ele entendera tudo errado, mas, de seu ponto de vista, eu fizera tudo errado.

Meus amigos – os americanos – disseram que eu deveria processá-lo. Mas um processo custa tempo e dinheiro, além disso não pertenço a essa geração de americanos que encara o processo como um recurso imediato. Em lugar disso, escrevi-lhe uma carta, sustentando seu direito de fazer o que fizera, mas deplorando a maneira como o fizera. E, tal como uma esposa às voltas com os papéis do divórcio, perguntava-me o que acontecera de errado. O que ele queria que eu fizesse? O que ele queria de fato?

Respondeu anunciando os termos da minha indenização – bastante generosa, ele foi um cavalheiro até o fim – e instruindo-me sobre o modo de obter salário-desemprego do governo. Talvez soubesse que, se eu o requeresse, perderia imediatamente o visto permanente, mas também pode ser que ele não soubesse.

Como nunca mais o vi, não pude perguntar. Ele continuou a trabalhar e a fumar em excesso, e não demorou para se internar no Instituto do Câncer. Passados seis meses, estava morto. Fui ao enterro, onde encontrei sua esposa esperta. Conversamos ininterruptamente sobre Marie Laurencin.

Soube só então que Hiro era católico. Sentado na igreja escura e pensando sobre o que acontecera, não conseguia avaliar até onde Hiro fora um pecador, até onde eu mesmo o era.

Masako Tanaka

Masako trabalhava numa barbearia, terceira cadeira, a dos fundos, aquela em que poucos fregueses se sentavam já que os japoneses não gostam de confiar a uma mulher uma tarefa tão importante quanto cortar o cabelo. O banco de espera ficava lotado, todas as revistas de quadrinhos eram folheadas, e Masako permanecia à toa.

Garota simples em seu avental, ela fazia chá, varria o chão, cuidava das toalhas quentes. De vez em quando, deixavam-na lavar a cabeça de alguém, uma tarefa menor. A seguir, os barbeiros retomavam o controle. Masako recebia – imagino – metade do salário dos homens.

Peço por ela. Masako se alegra: cora-se de um belo cor-de-rosa. Os barbeiros, os outros fregueses, todos se viram e, depois de me medirem de cima a baixo, decidem que não há nada de mais no fato de um *gaijin* preferir uma garota. Masako e eu nos encontramos no mesmo nível, já que não pertencemos a essa barbearia *nakama*, esse lugar só-para-nós-homens-japoneses.

Tenho minhas razões. Não preciso esperar, já que sua cadeira está eternamente livre, e não tenho que tornar a vida do barbeiro interessante dando ouvidos à sua conversa. E como cabeleireiras sempre demoram muito, posso ler um bom trecho do livro que por acaso traga comigo. No mais, Masako é boa cabeleireira.

Examina-me a cabeça, pensativa. Ela tem olhos castanhos bonitos e suaves. Seu olhar é contemplativo, interiorizado. Parece estar avaliando o trabalho a fazer, decidindo o melhor modo de realizá-lo. Experimenta, penteia a cabeleira para cá e para lá, e então, com aquele breve aceno que siginifica decisão, apanha a tesoura e começa a cortar. Abro o livro.

Certo dia, absorto, fui surpreendido por Masako que me dirigia a palavra. Queria saber o que eu estava lendo. Era em inglês?

— Não, em francês. Um romance francês de uma escritora chamada Colette.

Parou, tesoura para cima. Ela conhecia esse nome. Onde o escutara? Ah, sim, onde morava antes, no interior, um homem na sua rua tinha um cachorrinho. Chamava-se Koretto. Meu livro era sobre um cachorro?

— Não, sobre uma atriz.

Ela abanou a cabeça e, pela primeira vez, sorriu. O sorriso indicava que tudo aquilo estava além dela, que não sabia de nada dessas coisas, mesmo assim se admirava.

Resumi a história e Masako ouviu, depois perguntou: e ela teve mesmo coragem de sair para o mundo, desse jeito, completamente sozinha, sem conhecer ninguém, sem amigos, e uma hora subir ao palco e brilhar?

Foi uma frase longa. Ela recuou depois de pronunciá-la, como que surpresa. Depois, com um pequeno sorriso, sacudindo a cabeça – tais sonhos não eram para ela –, baixou os olhos e continuou cortando meu cabelo.

Em minha visita subseqüente à barbearia – mais de um mês depois, pois Masako cortava curto – levei um pequeno volume embrulhado. Como eu previa, Masako lembrava-se de Colette. Ela terminou realmente feliz? – queria saber. Bem, ela encontrou aquele homem, comecei.

— Não, isso não, disse Masako.

Aqui, pela primeira vez, notei impaciência, voluntarismo – enfim, caráter.

— Queria saber – disse ela – se foi feliz levando a vida à sua maneira no palco.

— Bem, parecia achar essa vida interessante

Ao sair, dei-lhe o livro que trouxera. Num sebo de Kanda, encontrara uma tradução japonesa de *Mes apprentissages*. Ela aceitou e ergueu-me os olhos. Os outros barbeiros também olharam. Um deles sorriu amarelo e perguntou, quando eu trespassava a porta, quem era o novo namorado de Masako. Foi assim que soube seu nome.

Ela retribuiu, como as moças japonesas sempre fazem, obliquamente. Passado o Ano Novo, encontrei na minha caixa de correio, sem selo, uma pequena encomenda. Estava enfeitada com uma fita colorida e trazia um cartão do Snoopy com o nome dela completo. Dentro, havia seis bolinhos de arroz trazidos lá da província nortista onde ela nascera.

Outras garotas talvez tivessem retribuído na mesma moeda, em livro. Mas alguns japoneses agem por analogia – eu lhe dera um produto da minha civilização, então ela me dava um da sua.

Quando novamente fui à barbearia, sorri, indicando tanto minha gratidão quanto a disposição em não vexá-la com um agradecimento. Collete e bolinhos de arroz não foram mencionados. Mas uma diferença se fizera notar. Ela não olhava mais para minha nuca ou minhas sobrancelhas: estava olhando para mim. Era um olhar cheio de consideração. Quando terminou, dei-lhe, pela primeira vez, uma gorjeta.

Tinha minhas razões. O dinheiro restaura o equilíbrio. Todo homem estrangeiro no Japão logo percebe que pode tornar-se atraente para uma garota insatisfeita. É o fato de ser estrangeiro, não um homem, que a atrai. Ela quer um mentor, não um amigo; um confidente, não um amante. O estrangeiro — este aqui, pelo menos — é precavido e evita complicações. Resolvi que Masako, moça simples com suas ambições comoventes, não iria complicar minha vida. Daí a gorjeta. Dinheiro é uma comodidade conservadora, mesmo reacionária. Sempre restaura o *status quo*.

Masako passou a ficar calada enquanto repicava. Não falava de Colette, bolinhos de arroz e do extremo norte. Eu olhava para seu reflexo no espelho enquanto ela, sóbria, séria, cortava-me o cabelo. Perguntei-me por que tivera medo dela. Temia comover-me? Eu, que já a comovera?

Um dia, fui à barbearia e, junto à cadeira dos fundos, havia um rapaz espinhudo.

— Notou alguma diferença?, perguntou o barbeiro-chefe com um sorriso amarelo. Sua namorada foi embora. (Isso foi dito com uma risada.) Simplesmente se mandou. Não disse uma palavra a ninguém. Nunca vi nada assim. Pois é, ela não conhece uma alma em Tóquio, mas telefonei para seus parentes no interior, e eles não sabiam de nada. Esses jovens de hoje em dia. Nunca se sabe o que uma mulher pode ser (*onna rashikunai*).

— Mas você não está preocupado? Pode ter-lhe acontecido alguma coisa.

— Bem, ela levou todas as suas coisas do quarto onde a tínhamos hospedado. Tudo isso sem um obrigado, sem um mínimo de gratidão. Simplesmente se mandou. Ah, ela nos passou uma rasteira, passou mesmo. Aquilo era uma pilantra.

Pensei em Masako e seus olhos castanhos. Podia ser o que fosse, menos uma pilantra. Podia ter sido desespero. Podia ter sido coragem. Agora estava solta na cidade, andando por aí, sozinha. Fizera o que poucas moças fazem. Perguntava-me se eu a tinha ajudado. Colette e eu.

Desde então, ao longo dos meses, eu sempre perguntava por ela, enquanto o rapaz espinhudo e inexperiente repicava meu cabelo, fazendo um pentado desalinhado ao gosto do momento. Mas ninguém nunca mais soube de nada. Todos achavam que ela logo caíra na vida. Na certa estava ganhando mais do que eles, fazendo coisas indecentes.

Foi quando comecei a lamentar minha covardia. Teria gostado de saber o que acontecera com Masako, solta num mundo inóspito – Masako, que tivera muito mais coragem do que eu.

Akira Kurosawa

Eu tinha 24 anos, em 1948, quando num dia de inverno um amigo, o finado compositor Fumio Hayasaka, levou-me aos estúdios da Toho para assistir às tomadas de um filme para o qual ele estava compondo a música.

Num elaborado *set* aberto de ruas do pós-guerra, com ruínas e lojas – tudo tão detalhado que mal se distinguia das redondezas fora do estúdio – um jovem bonito, de terno branco e cabelos engomados, penteados para trás, estava sendo dirigido por um homem alto, de meia-idade e chapéu caído.

No intervalo, Hayasaka apresentou-me a eles. Gaguejamos algumas palavras e eles voltaram ao trabalho. Eu não falava japonês naquela época e os outros, exceto Hayasaka, não falavam inglês. Continuei observando, perguntando-me quem seriam e de que se tratava o filme.

O jovem de terno branco era Toshiro Mifune, o homem alto de chapéu era Kurosawa, dirigindo o jovem ator pela primeira vez, e o filme era *O anjo embriagado*.

Depois, houve um dia de primavera de 1954 em que eu acabara de sair da primeira projeção da versão completa de *Os sete samurais*. Nunca vira um filme assim – ele ainda ressoava em meus ouvidos, meus olhos ainda lacrimejavam. Pessoas se juntavam para conversar, como acontece quando o filme é um sucesso. Muitos se aglomeravam ao redor de um homem alto de chapéu caído, o mesmo que eu conhecera seis anos antes. Julguei que ele não se lembraria de mim (Hayasaka não estava por perto). Então, embora já tivesse aprendido um pouco de japonês, não fui cumprimentá-lo como os outros. Preferi ficar olhando e admirando.

Em fins do outono de 1956, Joseph Anderson e eu estávamos em Izu, num dos *sets* abertos de *Trono manchado de sangue*, adaptação de *Macbeth* feita por Kurosawa. Todos sabiam que estávamos preparando um livro sobre o cinema japonês e provavelmente estaríamos escrevendo na imprensa sobre o filme. A Toho colaborava conosco.

As filmagens estavam muito atrasadas, pois Kurosawa se recusava a usar um cenário já pronto porque tinha sido construído com pregos, e as lentes de foco profundo que estava usando poderiam revelar as anacrônicas cabeças de prego. Joe e eu ficamos admirados com aquela intransigência.

O cenário atual representava o palácio provinciano do senhor Washizu, o personagem de Macbeth, e estava-se filmando a chegada de Duncan: soldados, estandartes, cavalos, um javali empalhado preso em hastes — uma procissão inteira. Quando um assistente deu o sinal, ela começou a avançar sob o sol do outono tardio.

Acima de nós, numa plataforma, estava Kurosawa e seu câmera. Tínhamos conversado com o diretor anteriormente, e ele nos explicara seus planos para aquela cena. Agora, o observávamos em ação. Gastou-se a tarde inteira com as partidas e paradas daquela procissão distante. Partes da cena estavam sendo filmadas com lentes de foco profundo, depois eram refilmadas várias vezes.

Meio ano mais tarde, quando vimos o filme pronto na sala de projeção, não encontramos nenhuma daquelas tomadas. Perguntei a Kurosawa por quê. As cenas ficaram boas, disse ele, mas não eram realmente necessárias. Ademais, quebravam o fluxo do filme. Joe e eu ficamos estarrecidos.

Uma outra vez, no fim do verão de 1958, eu estava num dos *sets* abertos de *A fortaleza escondida*, perto do monte Fuji. Mifune estava no banho, após um longo dia de filmagens. Eu o estava acompanhando. Fora um dia difícil, em que se rodara uma mesma cena inúmeras vezes.

Reparei que, durante aquela cena, a caneta esferográfica de Kurosawa parara de escrever. Em vez de jogá-la fora e arrumar outra, ele passara a tarde inteira, entre as tomadas, tentando fazer aquela mesma caneta funcionar.

Mifune estava submerso até o pescoço na água quente. Estivera na cena exasperante. Mencionei a esferográfica. Sim, disse ele, sei o que você quer dizer. Senti-me exatamente como aquela caneta... Mas você percebeu? Ele finalmente conseguiu fazê-la funcionar.

Era um dia frio de inverno de 1964, no cenário de estúdio de *O barba ruiva*. A película tinha estourado o orçamento e ultrapassado em muito o prazo da produção. Não eram tempos felizes, e Mifune, tendo outras obrigações contratuais, ainda estava de barba longa e impossibilitado de cumprir qualquer uma delas.

A essas alturas, já se sabia que eu estava escrevendo um livro sobre Kurosawa. Assim sendo, eu podia abordá-lo sempre que estivesse livre. Ele estava sentado numa cadeira de lona, de boné branco e óculos escuros, pois começara a ter problemas na vista. Parecia abatido.

Para puxar conversa, disse-lhe que sua aparência não mudara muito desde a primeira vez em que o vira. Sim, ele se lembrava da ocasião, há tempos, na época de *Trono manchado de sangue*, com o sr. Anderson.

— Não, disse eu, mais para trás, na época de *O anjo embriagado*, com o sr. Hayasaka, já há muito falecido.

Olhou-me e franziu a testa. Num *set* de Kurosawa, um erro recebe antes de tudo uma careta.

— Não me lembro disso.

Disse-lhe que não havia motivo para lembrar, mas que acontecera. Então, ele começou a quebrar a cabeça. Nada lhe veio, mas *eu* me lembrava dos pregos no castelo abandonado, da esferográfica que não queria funcionar, do infeliz Mifune de barba. Éramos – todos nós – problemas a serem resolvidos.

Em 1978, num dia de verão, eu estava nos estúdios da Toho em Seijo. Nenhum filme estava sendo rodado, mas Kurosawa estava presente, pois tinha ali seu escritório. Era onde se encontrava agora, trabalhando.

O trabalho consistia em desenhar e pintar. Estava sem dinheiro para filmar – tendo se tornado famoso por estourar orçamentos, prazos, recomendações, ordens de produtores e empresas produtoras – tudo para criar o filme perfeito, sem concessões.

Para fixar na memória o próximo filme que queria rodar, ele o estava fazendo à mão. Uma imagem após outra de samurais, batalhas, cavalos. Suas grandes mãos de artesão estavam pintando uma cena atrás da outra, com movimentos rápidos e seguros. Ele sempre soube exatamente o que queria fazer. O filme inteiro estava em sua cabeça e emergia através de seus dedos. Como não tinha dinheiro, faria o filme no papel. Que outro diretor – perguntava-me – faria isso, teria tal cuidado e estaria tão imune ao desespero?

Qual era o nome do filme impossível?, perguntei-me em voz alta. Bem, disseram-me, estavam pensando em chamá-lo de *Kagemusha*.

Dois anos mais tarde, em 23 de março de 1980 – era o septuagésimo aniversário de Kurosawa e havia uma festa num restaurante chinês perto de Seijo. Lá estavam a família, com filhos e netos, a equipe, alguns amigos. E presentes, muitos presentes. Mas o melhor presente de todos foi o dinheiro finalmente obtido. Graças aos lucros de *Guerra nas estrelas*, *Kagemusha* tornar-se-ia realidade.

Observando-o, lembrei-me do diretor de 38 anos no *set* de *O anjo embriagado*. Os anos intermediários não haviam feito muita diferença. Agora ele usava bonés, em vez de chapéus caídos, agora usava óculos escuros.

As mãos grandes e fortes estavam abrindo delicadamente os presentes de aniversário, com dedos precisos mas muito firmes com os nós teimosos. Pensei na vontade que havia criado aqueles filmes. Kurosawa se virou, sorriu e com uma de suas grandes mãos alisou os cabelos de um neto predileto.

Lembrei-me também daquela esferográfica há muito perdida, pressionada até esquecer que estava quebrada, até voltar a escrever.

Toshiro Mifune

Olho de novo para Mifune. Está com 65 anos. Mas parece quase igual ao que era aos 25. O rosto mudou, mas a pessoa é a mesma.

Sua risada, por exemplo. Os lábios se curvam, mas os olhos permanecem sérios. É uma risada polida, destinada a preencher os silêncios. É também uma risada social, que visa a evitar mal-entendidos. No mais, expressa concordância, preocupação, desconforto — qualidades diferentes do humor.

O humor de Mifune se baseia em depreciação — de si mesmo. Aprendeu cedo, talvez, que fazer pouco de si, ou parecer fazê-lo, é um modo de receber atenção. Quando fala de si, adota aquele tom sensato, justo, mas reservado que alguns homens empregam ao falar dos filhos. Abre os dedos e ergue as sobrancelhas quando menciona sua carreira, depois suspira — como se não fosse a sua. Isso tem seu encanto — algo que ele deve ter descoberto há muito tempo.

A risada é parte do encanto: indica que ele não está tomado por si mesmo, que não é vaidoso ou orgulhoso, que encara suas conquistas (ou o que seja, ele parece sugerir) com seriedade, mas não muita, e tende a considerar-se não mais que qualquer outra pessoa, alguém do mesmo nível, digamos, que eu ou você.

Suas maneiras têm utilidades. Quando um homem famoso, e Mifune é agora internacionalmente famoso, assume aquilo que se chama de *low profile*, o resultado é simpatia. Se o ator é também um homem de negócios, tal como Mifune, dono de sua própria produtora, o resultado também é produtivo — um homem de confiança.

Porém, não se deve considerar essa atitude como um verniz, uma fachada, algo que se usa deliberadamente. O eu que representamos não se torna menos real porque optamos por representá-lo; é algo que acabamos por incorporar. Mifune é um ator, mas, nesse sentido, todos somos atores. E as qualidades que ele encarna — esforçado, escrupuloso, confiável, *nesshin* (que dá o melhor de si) — são bastante reais.

Mas às vezes não bastam. Justamente em seus momentos mais razoáveis e diretos, o olhar se retrai, a risada soa vazia. Supõe-se que tais distrações são pessoais. Sente-se que são permanentes.

Mifune teve seus problemas. Sua empresa passou por altos e baixos. Seu processo de divórcio teve detalhes sórdidos. A namorada – 25 anos mais nova – deu-lhe um filho, houve indignação quando ele a levou, em 1974, a um jantar de Estado, com a presença de Gerald Ford e do imperador. O ator foi acusado pela imprensa de ato de lesa-majestade, de exibir a amante diante da presença imperial. Tudo isso e depois o rompimento com Kurosawa.

No entanto, como ele não mudou nos últimos quarenta anos, como os olhos retraídos e a risada vazia já existiam quando ele tinha 25 anos, os problemas – se é que o são – devem ser mais profundos, mais complicados.

Um dos problemas de Mifune é que ele quer fazer a coisa certa num mundo que está obviamente errado. Não faço idéia das razões do divórcio, mas acho possível que ele tenha enfurecido a mulher ao tentar ser agradável, fazer o bem, ser eternamente um bom rapaz.

O mundo não gosta de bons rapazes. Não muito. Eles sempre chegam por último, diz a sabedoria ocidental. E a sabedoria oriental age como se assim fosse. Eles são encantadores, divertidos, absolutamente confiáveis – mas e daí? Assim diz o mundo.

Mifune foi enganado em seus negócios, foi vítima de fraude e falsa representação, e, afinal, foi malcompreendido na mais importante relação emocional que já teve – com Kurosawa.

Kurosawa encontrou em Mifune seu ator ideal, tão aberto e inteligente, que compreendia de imediato e encarnava instantaneamente as intenções do diretor. Kurosawa, em sua autobiografia, relata o seguinte: Se lhe digo uma coisa, ele entende dez. Resolvi soltá-lo.

E talvez acreditasse que o fez. Mas era sempre o próprio Kurosawa quem moldava a interpretação.

Mifune trabalhou em quase 120 filmes até agora, mas apenas nos 16 que fez com Kurosawa mostra-se um ótimo ator. Foi o irascível Kurosawa que extraiu do afável Mifune tais interpretações – Kikuchiyo, em *Os sete samurais*, Nakajima, em *Anatomia do medo*, Sutekichi, em *Ralé*, Sanjuro, em *Yojimbo* e *Sanjuro*. Se não reconhecemos Mifune diante de nós nas sombras da tela é porque nem ele se reconhece – mas Kurosawa o reconhecia.

Talvez apenas um homem tão abnegado, tão completamente bom, como Mifune, pudesse oferecer por tanto tempo tudo aquilo que é preciso para ser objeto da atenção de Kurosawa. Esse objeto, naturalmente, jamais é visto pelo que é, mas pelo que é capaz de ser. Como todo bom diretor, Kurosawa vê as pessoas em termos do quanto podem ser úteis a seu projeto – seu filme do momento.

Acredita-se que o rompimento entre o diretor e o ator começou com *O barba ruiva*. Mifune, com sua própria barba por mais de dois anos, não podia assumir outro trabalho, embora tampouco pudesse atuar no filme, pois Kurosawa o adiava indefinidamente. Endividado, preocupado, Mifune, apesar de tudo, comportava-se bem.

No entanto, palavras foram ditas. E quando Kurosawa, como muitos diretores, percebe falhas de qualquer tipo, pressiona até conseguir quebrar tudo de uma vez. E conseguiu. A última vez que conversei com ele sobre a possibilidade de utilizar Mifune de novo – estava fazendo *Ran*, e Mifune tinha a idade certa para o papel – Kurosawa disse bruscamente que não queria nada com atores que apareciam em filmes como *Shogun*.

Mifune aparece cada vez mais em filmes como *Shogun* porque precisa de dinheiro. Precisa, também, trabalhar, como qualquer ator. E conhece seu papel de guerreiro feudal tão bem, que o faz com facilidade. Ademais, é um homem muito simpático, que acha difícil dizer não.

Talvez seja esta a preocupação constante por trás do olhar ausente e da risada vazia. É o olhar de uma pessoa que faz o máximo para ser bom, num mundo que não o é. Mifune não tem o ímpeto da perfeição, tem o ímpeto da virtude.

De resto, o homem é transparente. Seu escritório exibe placas nas paredes, troféus. É a sala de um executivo japonês qualquer. Poder-se-ia mesmo esperar fotos de clubes de golfe ou de carros de corrida. Sua sala de visitas tem inúmeros abajures de pingentes, uma mesa de café de ônix com pernas douradas, uma cadeira de estofamento alto como um trono, papel de parede em relevo, um tapete com estampa de diamantes, ridículos candelabros de cristal. Tudo com o gosto ordinário (ou a falta de gosto) dos novos-ricos japoneses, mas nada disso é Mifune.

Ele não se importa com o escritório ou casa. Foram outros que desenharam, escolheram e compraram por ele. Só se importa com trabalhar bem, ser verdadeiro, compreensivo.

Ser devoto à virtude é terrível. Por devoção à virtude, Mifune continua a ser como era antes. Ser bom é a ambição de um certo tipo de criança — a criança que superou a fase malvada, mas nunca atingiu a combinação dos dois, — a definição costumeira de maturidade.

O olhar distraído, a risada, o empenho em que a conversa mantenha seu curso sem sentido, a aquiescência, a compreensão, distante, mas presente. Ser completamente bom parece tão difícil quanto ser completamente mau.

Ser completamente qualquer coisa é difícil. Quando olho para Mifume de novo ele ri, brevemente, baixando os olhos para a mesa, parece que ouço seus pais dizendo que Toshi-bo é um bom menino. E posso ver Kurosawa, o pai malvado, dando as costas para esse bom filho que o amava.

Então Mifune de repente sorri. Não ri. Sorri. O sorriso é outra coisa. Sua face se ilumina, seu olhar retorna. Ele me olha como se me visse e se divertisse — comigo, consigo, com a vida. O sorriso é muitas coisas — é também um sinal de que por um momento Mifune esqueceu-se de Mifune.

Ruriko Otani

— Em que posso servi-lo?

Ela sorria, estendendo-me o cardápio com ambas as mãos diante de si. Conhecia-me. Era isso que dizia o sorriso. Um sorriso que ao mesmo tempo dava-me boas-vindas e fazia suposições.

Eu também a conhecia, mas não me lembrava de onde. Era uma mulher alta, recém-chegada à meia-idade, grandes olhos castanhos, uma pinta entre eles sobre a depressão do nariz e trajando um sári rosa. O cardápio era oferecido por mãos grandes e capazes.

Então comecei a me lembrar. Recebera-me das outras vezes com o mesmo sorriso, mas estava sempre de branco.

— Achei que era o senhor quando o vi entrar. Mas pensei: Bem, ele vai realmente se surpreender ao me ver aqui. É o último lugar onde esperaria me encontrar.

Associei a ela também um odor – um cheiro limpo e fresco... algo medicinal.

Medicinal... médico... hospital... pronto, localizei-a. Mês sim, mês não, por alguns anos, eu a encontrara e ela me saudava assim: Olá, sr. Richie. Vamos ver: sim, aqui está sua ficha. Está com pressa hoje? Eu poderia ligar lá embaixo e pedir para prepararem seu remédio agora. Assim, não terá de esperar.

Enfermeira-chefe na clínica de oftalmologia, um cargo importante. Enfermeira Otani, era assim que a chamavam. Auxiliava os médicos, dava ordens às outras enfermeiras, dirigia a clínica, mesmo assim, sempre tinha tempo para sorrir e perguntar como vai e em que posso ajudar.

Agora estava ali, de sári rosa, pulseiras de cobre e unhas carmesin. Descrevia-me a galinha *tandoori* especial tal como, um ano atrás, explicara-me sobre meu novo colírio para glaucoma.

— E vem com *lhasi* – aquele iogurte com pepino – e *nan*.

Conhecia tanto sobre cozinha indiana, agora, quanto entendera de medicina, e falava sobre o assunto com o mesmo jeito neutro de enfermeira.

As mesas iam sendo ocupadas. Era hora do almoço, e comida indiana tornou-se popular no Japão. Nada mais da Índia faz sucesso afora isso, o Japão se interessa tão pouco pela Índia quanto pelo resto da Ásia. Deve ser porque comida indiana é barata. Talvez seja por causa do arroz.

Olhou para os outros fregueses que a aguardavam como se olhasse para os pacientes na sala de espera do hospital. Parecia estar calculando quanto tempo iria gastar com cada um. Apressei-me em fazer o pedido, lembrando-me de que, na clínica, eu sempre tinha pressa em assinar o protocolo. Ela sorriu – um sorriso profissional, mas amplo.

Mais tarde, demorando-me com uma sobremesa de manga enlatada, ergui os olhos e a vi junto à mesa. Perguntou-me se queria algo mais, tal como no hospital perguntava-me em que mais podia servir-me. Os fregueses diminuíam, seu trabalho estava encerrado por enquanto, então perguntei-lhe o que acontecera.

Baixou os olhos para o sári rosa, repuxado em uma de suas pontas transparentes, e disse: Sim, tudo mudou. O senhor deve se lembrar de mim apenas em meu uniforme de enfermeira. Bem, já não o tenho mais. Devolvi tudo.

Em pequenas doses, fui informado do que acontecera. O senhor deve se lembrar do velho dr. Igarashi. Sim, era o chefe da clínica de oftalmologia do hospital. Estava bem velho, na verdade. E afinal se aposentou.

A enfermeira-chefe Otani, quinze anos no emprego, trabalhadora incansável, alegre, popular, foi chamada pelo chefe administrativo. Pensou que receberia um aviso de transferência. Não. Era um aviso de demissão.

— Mas não é justo, disse eu. Você trabalhou lá por muitos anos e era excelente na função.

Ela olhou para suas mãos fortes, de unhas vermelhas brilhantes, olhou-as como se olhasse as mãos de um estranho. Bem, sim, disse e sorriu. Mas, o senhor sabe, as coisas não são desse jeito. Não é o que importa.

Sim, eu sabia. O que a pessoa faz, mesmo o que conseqüentemente é, não importa. O que importa são suas relações, para quem ela trabalha.

— E o novo oftalmologista, bem, ele tinha seu próprio pessoal, sua própria enfermeira-chefe. O médico antigo não podia mais me ajudar. As outras moças, as outras enfermeiras foram transferidas, mas eu pertencia ao dr. Igarashi, era sua enfermeira-chefe, compreende? Estava associada a ele. Quando as pessoas me viam, lembravam do médico que tinha se aposentado, portanto, naturalmente, eu também deveria me aposentar. Senão, seria como se ele não tivesse absolutamente se aposentado. Compreendi tudo isso.

Eu não compreendi, sentado ali diante de minhas mangas enlatadas e olhando para aquela pessoa competente em seu tolo sári rosa e suas estúpidas unhas vermelhas. Eu sabia que coisas assim aconteciam, sabia até por quê, mas não as compreendia. Compreender pareceria aceitar.

Percebi então com o que se parecia, parada ali em sua roupa indiana, seus braceletes indianos. Parecia-se com uma viúva indiana. Marido morto. A caminho do *sati*. Um sacrifício estúpido. Seus finos olhos castanhos de repente pareceram bovinos.

— Você tem de processá-los, disse-lhe em minha maneira ocidental.

Ela sorriu quase com ternura. O senhor consegue me ver fazendo isso?

Não, não consigo. Só podia imaginá-la finalmente dispensada do cargo que cumprira com tanta aptidão, do trabalho que fazia tão bem. E tudo por causa de um estranho costume tribal que removia todos os membros da corte assim que o mestre morria.

Olhou-me, ainda sorrindo, nem um pouco envergonhada da calamidade, pois, afinal, não fora culpa dela. Observei-lhe a pinta.

— A pinta estaria no lugar certo para uma indiana, disse-lhe. Parece uma marca de casta.

— De classe alta, espero, acrescentou ela. E depois: Trabalhando com essa fantasia, sinto-me quase como uma estrangeira.

Sabia o que ela queria dizer e o que, consciente ou inconscientemente, isso implicava. Mas não queria estender-me sobre sua perda. Então disse: Sei o que você deve estar sentindo.

Ela corou, adquirindo um rosa delicado que combinava com o sári.

— Oh, não quis me referir ao senhor, disse.

— Eu entendi, respondi sorrindo, para mostrar que realmente entendera. Você sabe, sendo um estrangeiro, ou sentindo-se como estrangeiro, pode-se compreender muito mais.

— É mesmo?, perguntou em dúvida.

— Com um pouco de prática, sim.

Ela recolheu o prato de manga vazio.

— Bem, nesse caso, tenho tempo de sobra.

A seguir, voltando a ser como antes, retomando seus modos de enfermeira-chefe, disse-me: Nosso cardápio no almoço muda todos os dias, sabe? Amanhã é carneiro *sag*. Muito nutritivo, e bem em conta. Se vier diariamente, terá um prato diferente a cada vez. Seria ótimo para o senhor.

Kunio Kubo

Tendo sido campeão peso galo (e que vida: foto nos jornais, carregado nos ombros pela multidão, uma garota por noite), pediram-lhe para assumir a organização. Era pequena, na verdade apenas um grupo, não chegava a ser uma gangue, não se comparava a nenhuma *kumi* realmente grande, mas ele era amigo do velho Sunada que fora, afinal, um de seus primeiros patrocinadores, assim, devia-lhe algumas obrigações agora, não?

Foi assim que Kubo entrou para o submundo. Em seus tempos de pugilista, admitira ter circulado nesse meio. O ambiente esportivo está tão envolvido com esse mundo quanto estão as empresas construtoras e as facções políticas de extrema direita. Também conhecera várias dessas pessoas, pois os campeões de box atraíam dinheiro de apostas. Mas nunca entrara formalmente. Agora o estava fazendo.

— Pensei que soubesse tudo da *yakuza*, disse: Mas não sabia. Esperava que agissem como no cinema. Sabe, aquele código, entre os homens, de sinceridade, generosidade com o pobre, violência mas polidez. Talvez um dia tenha sido assim, mas agora mudou. A organização de uma gangue é como em qualquer empresa hoje em dia. Não sei por que aceitei ficar encarregado daquele pequeno grupo. Nunca tive cabeça para negócios. Se tivesse, nunca me teria tornado pugilista.

Os que escolheram Kubo, no entanto, sabiam o que estavam fazendo. Precisavam de alguém de popularidade, um bom testa-de-ferro, e queriam uma pessoa descartável, ou seja, não pertencente aos quadros da gangue. O ex-pugilista atrairia novos recrutas e, ao mesmo tempo, não interferiria nos laços antigos. E, quanto à motivação, bem, um pugilista do passado pode abrir uma academia de ginástica se tiver costas quentes ou pode se arriscar se não tiver.

O grupinho que Kubo agora estava dirigindo nominalmente era composto de jovens que queriam se enfronhar no submundo. A maneira de fazê-lo era infiltrar-se no território de outras pequenas gangues, provocando confronto, luta e afinal domínio. Os homens das gangues derrotadas sempre se rendiam pacificamente, assim, o grupo vencedor dobrava em tamanho e território. E assim por diante, gangue por gangue, bairro a bairro. Foi assim que as corporações realmente grandes — como a Wada-gumi e a Shimizu-gumi, em Shinjuku, ou a Kyokuto-gumi, em Ikebukuro — começaram após a guerra.

— Como um samurai, disse eu. Trocando de lado o tempo todo.

Kubo sorriu: Sim. Acho que é por isso que esses vagabundos *chimpira* gostam de falar da *yakuza* dos velhos tempos e de lealdade, e é por isso que vão ver velhos filmes de ação sempre que podem. Quem vem de lugar nenhum acha bom encontrar um lar e uma história.

Eu queria saber se era verdade a história dos dedos curtos, que eram cortados como punição, que a pessoa tinha que cortar seu próprio dedo como prova de sinceridade.

— Talvez. Nunca vi fazerem. Talvez seja apenas história de cinema. Houve um tempo em que uma das punições consistia em segurar o cara e arrancar-lhe a unha do dedão do pé com alicate. Não aparece, entende, quando o cara está de sapato. Um dedo mínimo faltando é bastante visível, certo? Por isso, existe a vela.

— O que é isso?

Era também usada para punir ou intimidar. O réu, completamente despido, era posto no meio de um círculo de membros; daí, acendiam uma vela. Aproximavam-na dele e, quando ele se afastava, empurravam-no para o centro de novo e ele se queimava. Virava-se para escapar, empurravam-no de volta e ele se queimava de novo. Queimavam-no em qualquer lugar. Debaixo dos braços, quando ele erguia as mãos para implorar. Ou debaixo das nádegas, ou os escrotos quando ele se inclinava pedindo perdão. Mas não o rosto. Queimaduras na face aparecem.

— O curioso é que era tudo em silêncio. Só se ouvia a lamúria do acusado. Ele tentava romper o círculo e fugir, mas era empurrado de volta onde a velinha o esperava. Nunca segurei a vela, mas já fui um dos que empurravam. Em cinco minutos, o coitado estava chorando, lágrimas rolavam-lhe pelo rosto, mas ninguém parava. Queimavam-no até ele se estender no chão e não mais se mover. Machuca, é verdade, mas só a pele. Sara e quase não deixa cicatriz. Disciplina era importante, entende, porque sem ela a organização se afrouxava, e uma organização frouxa não dá dinheiro.

Dinheiro. Algo que se ganha de várias maneiras. Proteção, intimidação, chantagem, ou se consegue a franquia de um produto – amendoim ou limão, digamos – e se faz todos os bares da região comprarem do mesmo produto a preço fixo. Mas a melhor maneira era a expansão. Conseguiam-se concessões das gangues vizinhas forçando-as, por exemplo, a entregarem seus bares ou lavanderias ou empresas de limpeza a seco.

Ele tinha alguma experiência nisso. Uma gangue maior quisera algumas concessões em sua área e tentara amedrontá-lo para que cedesse.

— Eu estava sozinho. Viera de boa fé, entende? Talvez tivesse assistido a muitos filmes de *yakuza*. Mas, mal cheguei, encostaram-me um revólver nas costas e mandaram-me tirar as calças e a cueca. Eu não sabia porquê. Fizeram-me ajoelhar e, sempre com o revólver nas minhas costas, tentaram me forçar a concordar. Não cedi.

Então o líder do outro grupo perdeu a cabeça. Acenou para dois homens parados um de cada lado. Eles sacaram facas – *katana*, chamavam-nas, embora não fossem espadas. Devagar enfiaram aquelas duas lâminas de seis polegadas no homem semi-nu, de joelhos.

Cada um de um lado, meteram-nas em suas nádegas, empurrando devagar até o cabo encostar na pele.

— Não me mexi. Sentia frio mais do que dor. Só doeu mais tarde. Se eu tivesse me mexido talvez eles tivessem atirado também. Com as facas enfiadas em mim, perguntaram de novo e não respondi. Então eles tiraram as lâminas, me levantaram, puseram ataduras nos cortes, meteram-me nas calças e me mostraram o caminho da rua.

Não conseguiram as concessões e Kubo salvara sua própria gangue de um possível domínio alheio. Quanto às feridas, a do lado direito estava limpa e ficou boa. O outro cara, no entanto, tinha virado a faca e feito um buraco.

— Aqui, olhe.

Kubo se levantou e abaixou calças e cueca. Havia uma grande cicatriz em sua nádega esquerda.

— Foi sorte não infeccionar. Algumas dessas *katana* podem estar bem sujas.

Isso foi em 1960, numa tarde de verão, Kubo de pé ali, sorrindo sem jeito das histórias que me contava, aquele sorriso desmaiado de desculpas que as pessoas dão quando falam de si, e me olhava com a simplicidade daqueles que trabalharam com o corpo para sobreviver.

Vestiu a cueca, puxou o zíper das calças. Era ainda o corpo de um pugilista, mas já andava falhando. Por isso é que ele estava naquele negócio tão perigoso.

— Vou sair, tão logo consiga juntar algum dinheiro.

Ele se tornaria honesto e lavaria as mãos (os pés, no Japão) daquilo tudo, mas eu me perguntava se conseguiria escapar tão facilmente. Lembrei-lhe a recente reportagem no jornal de um caso em Kamata de um jovem rufião surrado até a morte com tábuas, num círculo de ex-amigos, porque tentara sair.

— Não, eu tenho influência. Tenho aquele cara. Ele vai me proteger. Vou esperar mais um pouco e depois sair.

— Bem, tenha cuidado com as unhas do dedão do pé, disse-lhe eu.

Mais tarde, grandes negociações tomaram conta do Japão. Houve muitas fusões, muitas aquisições, e surgiram os atuais gigantes da indústria. Tornaram-se nomes corriqueiros no mundo inteiro.

O submundo também ganhou forma. Gangues pequenas foram eliminadas. Ocorreu uma aglutinação maciça conforme se injetava dinheiro nas organizações. Os atuais gigantes do submundo devolveram solidez econômica à profissão, e os *yakuza* passaram a usar camisa branca, gravata e cartão de visitas com endereço em Ginza. Amendoins e limões foram esquecidos, à medida que as empresas, cujos respeitáveis nomes agora terminavam com Ltd. ou Inc. ou K.K., expandiam seus mercados para incluir outras empresas realmente lucrativas.

Passaram-se quase oito anos até encontrar-me de novo com Kubo. Certa tarde de verão, ele apareceu. De início, não o reconheci. Estava de bigode e cabelo curto. Além disso, não tinha a mão esquerda.

— Sim, disse, com aquele sorriso de desculpas. Faz muito tempo. Não, não. Não estou precisando de nada. É que a gente nunca mais se viu. E você se interessava por mim no passado.

Muito acontecera. Ele se casara, por exemplo. Boa moça. E encontrara um novo trabalho. Vendedor, algo assim. E quase teve um filho também, mas ocorreu um aborto. Aqui estava seu cartão. Deu-me. Não era um endereço em Ginza. Kubo morava no norte industrial.

Baixando os olhos para si mesmo como para um estranho, disse: Você é a única pessoa com quem ainda estou em contato que sabe do meu passado, que me conheceu no tempo em que eu era campeão. Talvez seja o único que se lembra disso. Imagine.

Abanou a cabeça, resignadamente admirado do destino. Seu corpo agora parecia menor, voltado para si mesmo, e a mão repousava no colo.

— Ah, isto? Não, não, não – não é o que está pensando. Tive um emprego na construção e não tirei minha mão a tempo do bate-estacas. É verdade. Realmente.

Apanhou o copo com a mão direita e sorriu. Apenas o sorriso não havia mudado.

— Está tudo bem agora. Oh, é duro às vezes, mas pelo menos não tenho mais ninguém me perseguindo. Houve um tempo em que a coisa andou mal.

Depois, nada mais por outros cinco anos até que, um dia, o telefone tocou. Era uma mulher. Parecia preocupada e vexada. Não nos conhecemos, mas... ela estava examinando as coisas dele e encontrou meu cartão de visitas, e pensou em dar uma ligada e perguntar, pedia sinceras desculpas, mas eu saberia dizer onde estaria Kunio Kubo? Era sua mulher, entende? Eu o teria visto ou tido notícias dele no último ano ou coisa assim? Poderia ajudá-la?

Minoru Sakai

Estudante, mão na frente outra atrás, Minoru respondeu ao anúncio. Você também pode ganhar o bastante para levar uma vida moderna, dizia. Horário flexível. Gorjetas. E, disse o jovem gentil que o entrevistou, se trabalhar bem, até favores.

Minoru deveria se apresentar toda noite no clube Empire. Ali, iria prestar assessoria até terminar o período de experiência, quando se tornaria um dos estáveis, como Hiroshi, Saburo, Ichiro.

Prestar assessoria significava ir correndo comprar um maço de Kents para a esposa do presidente da empresa, ou descascar um mamão caro na minúscula cozinha, ou sentar-se com os outros a uma das mesas, com um ar animado e rindo das piadas.

Mas a assessoria ia só até aí. Minoru se apiedara de uma viúva, sentada sozinha num canto. Assim que a tirou para dançar, Ichiro foi para cima dele, furioso, arrastando-o de volta para a cozinha, onde uivou que mais uma brincadeira dessas e ele seria posto no olho da rua, que a viúva pertencia a ele, Ichiro, que estava lhe passando uma cantada, e se Minoru achava que podia ir chegando e se atirando desse jeito, era bom pensar duas vezes. Comportar-se assim, um mero ajudante!

Desde então, Minoru não mais se apiedou. Admirava anéis e penteados, exclamava diante de polaroids de crianças gordas, fazia companhia a clientes impacientes enquanto os estáveis estavam ocupados; e, no fim, trazia numa bandejinha a vultuosa conta.

Os estáveis ficavam com quase todo o dinheiro. Eram requisitados. Minoru olhava para o desenxabido e vago Ichiro e se perguntava por quê. Porque, explicaram-lhe, quando novas clientes apareciam, sempre perguntavam quem fazia sucesso. Diziam-lhe ser Ichiro, então requisitavam-no. Conseqüentemente, Ichiro se tornara ainda mais requisitado.

Quanto aos ajudantes, ganhavam as gorjetas, as notas de mil ienes deixadas na mesa ou sub-repticiamente enfiadas no bolso do peito pelas clientes que partiam. Não era muito. Minoru queria saber como teria o bastante para financiar uma vida moderna de verdade com essa ninharia.

Mas perseverou. Precisava do dinheiro, daquelas esmolas. Assim, sentava-se à cabeceira das mesas, rindo quando julgava apropriado, evitando os dedos de uma tal sra. Watanabe toda quinta-feira. Logo a protetora certa apareceria. Logo ele também seria requisitado.

À tarde, em vez de ir à aula, diziam-lhe para dar plantão. Era o que os outros faziam. Ichiro também começara assim.

Diziam-lhe para ir passear em Shibuya ou Ginza e localizar pessoas vulneráveis. Começava-se dizendo: Senti-me atraído por você. Sei que não devia ousar, mas você parece o tipo de mulher que entenderia. Embora eu não passe de um estudante e ainda tenha tudo a aprender, atrevo-me a perguntar se gostaria de ir tomar um chá comigo.

Essa abordagem direta nem sempre era bem-sucedida, mas os rapazes estavam convencidos de que uma desonesta exibição inicial de honestidade era o melhor. Muitas vezes, as mulheres só aceitavam uma aventura se oferecida com modéstia e completa falsidade.

Café e bolos eram as primeiras e últimas ofertas pelas quais os jovens pagavam. O passo seguinte era dizer: É interessante o lugar onde trabalho meio período. Um tipo de *snack bar* que nós estudantes ajudamos a gerenciar.

Então a mulher do executivo, a viúva, a mais velha, a solteirona às vezes realmente aparecia. Se não desanimasse diante da conta, era considerada fisgada. Era também considerada a protetora do jovem que tinha executado a tarefa pedestre inicial. Por muito mais dinheiro poderia fazer uso de outros serviços. Estes, gabava-se Ichiro, podiam render desde abotoaduras e ternos londrinos até Porsches.

Ichiro era mesmo um especialista. Tinha três protetoras — às segundas, quartas e sextas — e era tão habilidoso, que elas nunca haviam se cruzado. Após o expediente, gostava de falar de seu negócio, inclinando-se para frente, mãos sobrepostas, compartilhando seu conhecimento com os estagiários.

— Vocês têm de ir com calma. Analisar a clientela. Com algumas, vocês têm de se deixar seduzir. Com outras, ao contrário, têm de pressionar, implorar. Outras ainda precisam ser estupradas. Por quê? Porque é o que a cliente quer.

— E se você estuprar alguém que deveria ter te seduzido?, perguntou Minoru, que achava que podia ser seduzido, mas tinha certeza de que nunca poderia estuprar.

Ichiro bateu de leve na testa lisa: Inspiração! Está tudo aqui. Você tem ou não tem. Trata-se de um negócio, rapaz.

Ergueu a mão de unhas tratadas depois olhou para Minoru: Agora você, você não tem. Nunca terá. Com certeza vai se apaixonar. Fazer até de graça.

Minoru concordou. Provavelmente, sim. Depois, refletindo, perguntou. Mas e o amor? Nunca amei, mas ouvi dizer que é comum. É o que homens e mulheres sentem quando estão juntos, e depois vem o sexo.

Ichiro pareceu escandalizado. Olhe, disse com seriedade: Isso é negócio. Somos uma empresa como outra qualquer. Fazemos nosso serviço, trabalhamos juntos, promovemos o produto.

A seguir suavizou, sorriu, arregaçou a manga e disse: Mas é uma arte também, sabe? É sério. Ir devagar, eis o segredo. Com dedicação, como um artesão. E fazer com classe. Uma série de pequenas coisas que uma pessoa como você nunca imaginaria. Uma carícia aqui, uma lambidinha ali.

Minoru balançou a cabeça admirado. Nunca pensara em coisas assim.

— Você as leva até onde quer e as mantém ali, como que flutuando. É como um jogo, mas sério. Elas estão pagando uma grana. Você só tem que garantir que continuem pagando.

Saburo sorriu, coçou a cabeça: Eu gozaria, disse e riu.

Na prática, essas excurções externas traziam poucas protetoras. A maior parte das clientes eram garotas de programa e as matronas que gerenciavam os bares. Cansadas de serem bolinadas toda noite, vinham bolinar elas mesmas. Havia uma que usava peruca e tinha caninos afiados, de quem os rapazes costumavam se esconder, amontoando-se na cozinha e deixando Hiroshi se virar.

Quase sempre, no entanto, as clientes eram bem-comportadas. E as que vinham de outros bares, reparou Minoru, pareciam quase sempre mais interessadas nelas mesmas que nos rapazes. Só que não era um interesse amigável. O que é que a coroa naquela mesa está comendo? É fruta? Maçãs, laranjas? Bem, rapaz, traga-me alguma fruta de verdade. Sim, kiwi, papaia, manga.

— E daí?, disse Ichiro. Enquanto estiverem se divertindo e voltarem sempre, tudo bem. E se Madame Kazu quiser te arrastar para o banheiro, você se deixa arrastar para o banheiro.

Madame Kazu era a dos dentes afiados.

Após o expediente, os rapazes se reuniam em torno de Ichiro e conversavam de mimos secretos. Saburo expôs um par de abotoaduras, com o comentário: Safiras, ela disse. Vidro, eu diria. Risinhos abafados dos outros. A seguir, Hiroshi arrastou para frente um brilhante par de mocassins: Cordovan, direto da Espanha, ela disse. É mais provável que seja cavalo, direto de Gumma.

Mais risadinhas. Então, Ichiro tirou um diamante do dedo e o examinou desconfiado: Amarelo sul-africano, ela disse. Parece mais amarelo-xixi, na minha opinião.

Todos racharam de rir nessa hora, porque a piada era de Ichiro. Então, Minoru, tomando coragem, olhou para o anel em seu dedo: Prata, ela disse, ha-ha — mais parece latão, na minha opinião!

Ninguém riu e Ichiro voltou-se em súbita fúria: Onde você conseguiu esse anel? Qual delas lhe deu? Escute, rapaz, se entrar no meu território, está morto. Vamos, quem foi?

Minoru teve de admitir que o havia encontrado na frente da loja de departamentos Isetan, e todos riram incontrolavelmente.

Noite após noite Minoru observava os outros rapazes jogando conversa fora, meneando a cabeça, agitando as mãos. Esse é o modo, pensou, como as garçonetes de bar, na tv, se comportam quanto estão só entre elas. Estão sempre conversando sobre os fregueses e seus presentes.

Talvez homens e mulheres não sejam tão diferentes, afinal, pensou. Olhou à volta, para Hiroshi em sua jaqueta de veludo, seu cabelo curto com permanente. Talvez fosse só o que tinham aprendido, o que lhes tinham ensinado, que fazia com que homens e mulheres fossem diferentes. Quando faziam o mesmo serviço – garotos ou garotas de programa – pareciam tornar-se novamente iguais.

Revirou esse novo pensamento na cabeça enquanto observava. A campainha soou. Clientes? A essa hora? Imediatamente os rapazes se puseram em ação. Ichiro girou para olhar-se no espelho. Hiroshi esvaziou os cinzeiros e saltitou para a cozinha. Saburo arrumou as cadeiras e alisou as toalhas.

Depois, com um olhar rápido de dona-de-casa, Ichiro testou seu sorriso antes de destrancar a porta e abri-la com graça ensaiada. Minoru ajeitou a gravata, sorriu, endiretou-se numa posição ligeiramente sem graça, pois já aprendera que a inocência, real ou fingida, atrai.

Nunca terminou a escola, e sua mãe, no interior, está contente com o emprego bem pago que ele tem, embora não saiba do que se trata. A viúva e, a seguir, a esposa entediada de um executivo da Yamaha o ajudaram a abrir seu próprio bar. É muito caro e faz muito sucesso.

Recentemente, Minoru publicou uma série de anúncios pedindo novos ajudantes. Você também pode levar uma vida moderna, diziam os anúncios. Horário flexível, gorjetas, favores. E, fora do expediente, ele reúne esses rostos frescos, jovens, ainda informes a seu redor e compartilha com eles os segredos do ofício, tal como lhe foi ensinado.

Oharu Kitano

— Oh, não, dizia ela: Atrapalha o caimento se usar calcinha, por isso nunca usamos. Eu visto simplesmente um *koshimaki* por baixo disto.

Indicou seu quimono, de um verde tão escuro que era quase preto, com uma faixa marron pálido amarrada por um cordão torcido lilás.

— Que cor é o seu *o-koshimaki*?, perguntei polidamente, referindo-me à tira de pano em forma de sarongue, envolvendo a pele de seu torso.

— Vermelho, respondeu, explicando a seguir. É o tradicional. Mas hoje em dia as acompanhantes mais jovens usam o que bem entendem, até branco – imagine.

Uma acompanhante, assim referia-se Oharu a si mesma. Não uma gueixa, embora provavelmente soubesse cantar, tocar *shamisen*, dançar; não uma garçonete, certamente, embora servisse saquê e ajudasse no atendimento. Estávamos à mesa num elegante *ryotei* de Akasaka – uma acompanhante para cada freguês.

Oharu era mais velha que todas as outras e muito bonita. Também muito inteligente, eu achava. As demais garotas faziam o serviço rindo e cobrindo a boca sorridente com a mão, mas Oharu e eu estávamos tendo uma conversa interessante.

— Certa vez banhei-me em companhia de Toshiro Mifune, contei-lhe. Ele usava minhocão sob a armadura.

— Que interessante, disse Oharu. E que anacrônico da parte dele.

No passado, parece que os samurais nada usavam sob seus quimonos e apenas um par de cuecas de linho sob a armadura.

— Mas e o *fundoshi*?, quis saber, referindo-me à tradicional tanga.

Bem, o *fundoshi* amarrado com barbantes só surgiu no início da era Meiji, tendo sido desenhado para o novo exército por razões de higiene, esclareceu-me ela. O velho *rokkushaku* não apenas apertava terrivelmente como era demasiado plebeu. Somente carregadores, mensageiros e pescadores o usavam.

— Então os aristocratas não usavam nada por baixo da roupa?, perguntei, contente por estar conversando com pessoa tão bem informada.

— É o que parece, disse Oharu, com um semi-sorriso: Devia também ser conveniente. As cortesãs de então usavam aqueles quimonos estilo Heian de várias camadas. Você sabe, com doze panos. Imagine o trabalho que daria a roupa de baixo na hora de ir ao banheiro!...

Ela graciosamente imitou uma pessoa levantando todas aquelas saias de quimono, indicando como seria muito mais fácil simplesmente se acocorar.

Fiquei curioso em saber como ela chegara a conhecer tanto sobre o assunto. É claro que as acompanhantes tradicionais sabiam o que dizer para divertir ou interessar o freguês. Provavelmente ela poderia conversar com igual desenvoltura sobre a bolsa de valores ou a atual temporada de beisebol.

— Sim, disse eu. Vejo que é mais fácil.

— Principalmente com um serviço como o meu, em que é preciso beber todas as noites, comentou com um sorriso.

As outras garotas estavam ficando alteradas agora, brincando de dar tapinhas nos homens, rindo alto, acusando-os de só pensar *naquilo*.

Já Oharu e eu mantínhamos uma conversa séria e absorvente sobre roupas íntimas na história japonesa, ou sobre a ausência delas. Eu estava me divertindo, e ela também. Não havia insinuações elaboradas, flertes, timidez. Éramos simplesmente dois adultos conversando sobre um assunto que não se mencionava com freqüência.

— Já lhe disseram por quê?, perguntou, servindo-me mais saquê.

— Por que não se usava roupa íntima?

— Não, por que hoje roupa íntima é tão comum, atrapalhando ou não a caída do quimono.

— Proteção contra golpes de ar?, perguntei, pensando no inverno.

Ela sorriu. Um pouco de desconforto nunca fora empecilho para a moda. Não, muito pior.

Inclinou-se para frente, ainda sorrindo, e contou-me sobre um evento notório de 1937 que havia introduzido a calcinha no Japão.

Houve um incêndio na loja de departamentos Shirokiya, em Nihonbashi, e várias vendedoras de quimono se refugiaram no telhado. O fogo aumentou, ficou fora de controle, e a única forma de escapar era saltar para as redes de segurança estendidas pelos bombeiros lá embaixo. As moças, embora encurraladas, se recusaram a pular. Todas estavam de quimono. Estes certamente se abririam durante a queda, e todos saberiam que elas nada usavam por baixo. Estariam expostas ao olhar público, e todas preferiram a morte à desonra.

— Pelo menos, esta é a história, Oharu concluiu: O resultado é que todas as mulheres do país passaram a usar calcinha de estilo ocidental.

Eu disse sem pensar: O que *você* teria feito se este lugar pegasse fogo? Você se exporia?

Lançou-me um olhar demorado, como se estivesse me vendo pela primeira vez. Era o olhar de quem toma alguém por outra pessoa e a seguir educadamente se retrai. O semi-sorriso desapareceu.

Depois se abriu cheio de brilho conforme ela se inclinou para frente. Aplicou-me um tapa no joelho, riu e, com uma voz alta que eu ouvia pela primeira vez, disse: Como você é tolo. Estamos no térreo. Se eu saltasse, só poderia cair no tanque de carpas!

Nesse momento encarava-me a típica pretensa gueixa, que ria alto a cada provocação e logo estaria exibindo sua destreza em descascar uma tangerina.

— As estrangeiras às vezes andam por aí sem nada por baixo, eu disse, tentando desesperadamente recuperar aquela dama circunspecta que até há pouco estivera sentada diante de mim. Significa, disse por dizer, que querem se afirmar.

— Oh, *yada*, gritou ela, personificando alguém muito mais jovem. Você é terrível. *Etchi*.

Esta última palavra é a pronúncia japonesa da letra "h" em inglês e refere-se ao termo *hentai*, o que no dicionário significa "pervertido", mas, em sua forma mais suave e abreviada, quer dizer apenas "impróprio", com uma certa ênfase. É também dita em voz alta, como foi o caso aqui, acompanhada de riso e uma expressão jocosa.

Olhei-a magoado.

Fizera eu algo tão horrível para ser punido dessa maneira? Sim, fizera.

Ela quisera, talvez, escapar de seu papel costumeiro, quisera apenas conversar sobre algo, deixar de ser infantil. Talvez tenha pensado que eu fosse inteligente o bastante para entender. E eu mostrara o contrário. Tendo indicado o que esperava dela, ela acedeu. Então, o discurso livre de dois adultos, a conversa sem outros propósitos, a troca de informações, questionáveis que fossem, encerraram-se abruptamente e voltamos para onde eu supunha que deveríamos estar.

Ela apanhou a garrafa e ofereceu-me saquê com um sorriso afetado, dizendo: Vamos ter que beber a valer para alcançar aquele pessoal ali.

— Não quero alcançá-los.

— Oh, *yada*.

Aquela mulher grave, segura, brincalhona que sabia conversar sobre todo tipo de assunto com imparcial inteligência – seu nome era Oharu, sobrenome Kitano, informação que obtive da gerente do *ryotei* – nunca mais apareceu.

Taro Furukaki

Tímido, simples, vestindo um velho suéter, falando com o sotaque de seu professor particular, Oxford talvez, mas às vezes com uma cadência texana inventada, talvez copiada de filmes – querendo ser divertido, com um sorriso preguiçoso, olhos inquisitivos. Quando irritado, falava japonês – o tosco dialeto Yamanote de Tóquio.

O expatriado japonês bem-sucedido é mais raro que qualquer outro expatriado. Quase todos desejam ansiosamente retornar à pátria. Alguns não conseguem esperar – suicidam-se em Queens ou Larchmont. Não era o caso de Taro. Ele era o tipo de japonês que floresce no estrangeiro – um Fujita que não pintava. E, como a maioria dos demais expatriados bem-sucedidos, não tinha em alta conta o lugar de onde viera.

Taro não falava muito do assunto. Na escola, quando nos encontrávamos, raramente mencionava o Japão. A conversa costumava girar em torno de seus ídolos. Dentre eles, estavam Madeleine Grey nas *Chansons madécasses*, Jane Bathori cantando "Le Bestiaire" e Claire Croiza, "Jazz dans la nuit".

Eram paixões cultivadas desde a infância. Eram francesas porque sua infância fora francesa, embora passada no Japão. O pai era francófilo, tornando-se de fato embaixador na França, e Taro permaneceu leal à França daqueles anos passados na antiga casa Denenchofu, só com as criadas. Era fiel a Ravel, Poulenc, Roussel.

Mesmo na escola, nos Estados Unidos, manteve-se fiel. Achei curioso, pois raramente mencionava o pai e, quando o fazia, era em japonês. Não parecia gostar dele, e troçava dos poemas em francês que o diplomata escrevera e publicara. Não sei o que fizera com a Ordem da Legião de Honra e a Ordem de Primeira Classe do Tesouro Sagrado que o pai afinal recebera dos dois governos. Sei que não tocaria no assunto senão à força e então apenas em japonês. Não aprovava – chegava a parecer – a carreira séria e bem-sucedida do pai. A conseqüência – ou talvez a razão – disso é que o próprio Taro se recusava a ser sério do mesmo modo. Um de seus encantos, de fato, era sua falta de seriedade.

Nós dois admirávamos o inútil e o efêmero. Imaginávamos temporadas de ópera incluindo obras que nunca haviam sido sequer iniciadas. Dentre elas, o *Fausto*, de Beethoven, o *Lear*, de Verdi, *A vida de Buddha*, de Wagner. Convidávamos ainda Proust para um filme da Warner Brothers – Swann seria Joseph Cotten, Odette seria Bette Davis, Charlus seria Sydney Greenstreet e Jupien seria, obviamente, Peter Lorre.

O que Taro faria ao terminar a escola – eterna queixa da família Furukaki – era uma questão que não o preocupava. Algo haveria de acontecer.

E aconteceu. Terminada a escola, viajou, conheceu uma garota por quem se apaixonou e com quem se casou; a moça deu-lhe um filho. Algo mais aconteceu: os problemas de Taro começaram.

Quando o reencontrei em Tóquio, não sabia desses problemas e ninguém me contou. Seu pai nada mencionou, nem a esposa. Eu estava, portanto, despreparado quando, certa noite, minha mulher e eu os convidamos para jantar e Taro se recusou a abrir a boca. Era estranho, um amigo de repente mudo. Tentei conversar sobre as coisas que conhecíamos. Cheguei a falar do "Jazz dans la nuit". Silêncio, lábios apertados, olhos hostis.

No dia seguinte, sua esposa ligou para explicar. Ele estava sob cuidados médicos. Taro precisava deixar o Japão, disse o médico, voltar para o estrangeiro. Mas eles não podiam, não tinham dinheiro. Taro estava agora trabalhando num emprego que o pai lhe arrumara numa estação de rádio.

Desde então, encontrá-lo era um assunto sério, ou teria sido, se ele estivesse presente. Mas ele era como uma casa inabitada. Exceto uma vez.

Eu estava em sua casa. Ouvíamos discos, coisas das quais ele gostava. Tínhamos acabado de escutar o *Dom Quixote*, de Ravel. Eu lhe trouxera de presente a nova gravação do *Rouxinol*, de Stravinsky, uma ópera que há tempos ele queria escutar.

Taro de repente se levantou, vasculhou a estante e pôs um disco, escondendo a capa. Era contemporâneo, para piano e orquestra. O que era?, perguntou – eram as primeiras palavras que ouvia dele naquele dia.

Ouvi, mas não consegui identificar. Disse-lhe isso. Taro sorriu, o primeiro sorriso daquele dia, mas não era um sorriso agradável, não era o sorriso de Taro. Então: Você – você que sabe tanto. Sabe tudo sobre Stravinsky, certo? Bem, era Stravisnky. Os *Movimentos para piano e orquestra*. Eis a capa. Está vendo? Não estou mentindo. Então você não é tão esperto. Não é esperto mesmo... E mergulhou de novo no silêncio.

O que acontecera? Teria eu repentinamente, de algum modo, passado para o outro lado? Teria me tornado um inimigo? Ou o mundo inteiro teria mudado de lado? Teria somente Taro ficado ali, trancado em sua infância, ouvindo os pálidos acordes das canções de Jane Bathori?

Mais tarde, sua esposa contou-me que ele deixara de conversar mesmo com ela. Ficava olhando para a parede, mas como se estivesse vendo algo. Às vezes sorria, e voltava então a ser o antigo Taro. Costumava entoar uma melodia, mas ela não sabia o que era. Quando sua família veio visitá-lo, ele se escondeu no banheiro. O banheiro era os Estados Unidos; ficava bem longe. Eles não poderiam ir até lá.

Então, certo dia saiu de casa. Costumava fazê-lo com freqüência. Saía para caminhar. Nesse dia, foi caminhar numa rua que cruzava com a linha de trem. Taro passou pelo cruzamento justo quando vinha o trem. O trem não parou. Nem Taro.

O óbito foi registrado como acidente. Não parecia um suicídio. Uma cronometragem tão perfeita, a vítima e o trem deslocando-se em suas próprias velocidades para seu destino, não pareceriam estar a serviço de um suicídio. Foi simplesmente assim: ao ver o trem, Taro não parou. Mas talvez não o tivesse visto. Freqüentemente não via nada, disse-me sua mulher, como se estivesse olhando para um mundo só seu, ou ouvindo vozes que ela nunca escutaria.

Toru Takemitsu

Um cartão postal – um grande Yves Klein azul – dizia que a quimioterapia parecia estar funcionando e que ele deveria estar em casa no início do mês. Pousei-o na escrivaninha e recordei.

As pequenas mãos em concha sobre o teclado, um indicador esticando-se para apertar uma tecla preta, enquanto o polegar segurava uma branca, e delicadamente, como num teste do segredo de um cofre, o som de Satie emergiu.

Lembro-me de Toru quando jovem, nos idos de 1955 mais ou menos, tocando aquele velho piano de cauda na sala Sogetsu, onde as pessoas se encontravam para ver uma nova exposição, assistir a um novo filme ou ouvir uma nova música. Aparecia Hiroshi Teshigahara, que mais tarde filmaria *A mulher das dunas* para o qual Toru faria a trilha musical, e cujo pai era o dono da sala; aparecia Kuniharu Akiyama, que se tornaria um refinado crítico de música antes de acabar morrendo de câncer no estômago; e aparecia Toru.

Escutávamos como ele conjugava as notas, modelando-as como em barro, prendendo, aquecendo os tons. Aquelas obras de pequena ossatura pareciam adaptar-se às suas mãos. Eu não poderia imaginar Liszt – ou mesmo Messiaen, que eu começava a apreciar – vindo delas. Tinha de ser algo econômico, mais discreto.

Ele ainda era estudante – corpo pequeno, cabeça grande. Sentamo-nos ao redor do piano na sala Sogetsu para ouvir. Satie deslizou sobre as teclas como um gatinho, e lá fora as cigarras cantavam como se o verão fosse durar para sempre.

Tendo-nos feito ouvir o suficiente, as mãos escorregaram do teclado e se transformaram numa ocarina. Das mãos fechadas, com os polegares fazendo a tampa de um bocal, saiu "The Tennessee Waltz". (Lembro-me dele, anos mais tarde, num bar chamado A Concha, fechando as mãos em concha e fazendo seu arranjo de ocarina para "Red River Valley", para o deleite de Francis Coppola. Mais tarde, ficamos presos no trânsito e ele ainda executou para mim "Don't Get Around Much Anymore".)

Às vezes, a pedidos, ele voltava ao piano e tocava algo de sua autoria, com um jeito desconfiado, mesmo assim seguro. Já não me lembro o que era, nem o que senti quando ouvi sua música pela primeira vez. O *Requiem para cordas* estava ainda em gestação e não apareceria senão anos depois. Ainda não levara a partitura de *Jeux* para as montanhas para fazer-lhe companhia enquanto compunha *Passos de novembro*.

Lá, além de Debussy, havia o toca-disco do vizinho (que tocava o tema de *O lago dos cisnes*) e o ruído da água, o sussurro do vento. Todos esses sons de algum modo se incorporaram na partitura que ele finalmente produziu. Mas ficaram tão entranhados que não se ouviam mais. O ímpeto do *sakuhachi*, o tinido do *biwa* não parecem dever nada a Tchaikovsky, embora de algum modo seja a mesma paisagem, as mesmas estepes. Takemitsu não gostava de coisas que flutuavam na superfície. Certa vez ouviu um outro compositor japonês discorrer longamente sobre as possibilidades musicais dos ruídos dos insetos, inclusive o da cigarra comum (*semi*). Toru virou-se para Peter Grilli, sentado a seu lado, e disse: semimúsica.

Recordando-me agora daquelas mãos pequeninas naquele distante teclado, surpreendo-me com o fato de que movimentos tão modestos tenham criado emoções tão grandes. Agora, escuto e concluo estar diante de algo vasto. Nas obras tardias, o pequeno ampliou-se enormemente – um floco de neve do tamanho de um palácio, uma anêmona marinha flutando sobre nós como a nave-mãe – um mundo natural expandido, vivo, internamente coerente, completo em sua complexidade.

Três décadas após aquela primeira vez, sentei-me no teatro para ouvir o concerto para violino de Takemitsu. Tem um título, *Far Voices, Calling Far* (Yeats? Joyce?), mais atraente pelo som que pelo sentido. O fantasma de Satie (*Embryons desséchés, Véritables préludes flasques*) paira sobre a partitura. O violino sobe, depois alça vôo, enquanto a orquestra despenca da beira do penhasco. A seguir, lá debaixo, como o mar, os instrumentos ressurgem e, como se as leis da física tivessem sido reinventadas para os ouvidos, esticam-se para apanhar numa rede a linha que voa. Depois, silêncio... até que mais tarde produz-se "Don't Get Around Much Anymore", em sua ocarina manual, evocando um olhar de pura delícia para o rosto de Richard Brautigan, um rosto que raramente sorria e afinal deixou de sorrir para sempre.

Agora já faz muito tempo. Interrompo o CD do concerto de violino, olho para o Klein e penso em Toru no hospital nos últimos dias, com raios atravessando seu corpo diminuto, atingindo o cerne da doença. E recordo-me do velório, quando admirei a pequenez do caixão, depois recordo seu rosto quando se inclinou sobre o teclado, abrindo um sorriso e balançando a cabeça em silenciosa satisfação ao encontrar a combinação correta, as alavancas giraram, a porta se abriu.

Meiko Watanabe

Às vezes eu comprava flores na loja em que ela trabalhava, uma lojinha sem muita variedade, mas conveniente, já que perto de casa. Era uma mulher simpática, rosto franco, em seus trinta anos. Seu sorriso costumava ser tão instantâneo, que me surpreendia às vezes, ao passar, vê-la de cara fechada nos fundos da loja.

Na mudança de estação, como eu comprasse íris, ásteres, crisântemos, começamos a nos cumprimentar a minha passagem — eu, a caminho do trabalho, ela, já ocupada em cortar e fazer arranjos.

Erguia os olhos, tesoura numa das mãos, uma flor de haste longa na outra, e acenava com a cabeça, sorria, dava-me bom dia. Mas só às vezes.

Outras vezes, vendo-a inclinada sobre as flores, eu sorria e me preparava para falar. No entanto, quando eu passava, ela só me lançava um olhar vazio, voltando de imediato ao trabalho. Na vez seguinte, quando me preparava para passar sem abrir a boca, ela me olhava, acenava, sorria e desejava muito bom dia.

Perguntava-me qual seria a razão disso. Teria eu feito algo que a levasse a se comportar assim? Tais eram os pensamentos típicos, culpados, que logo me vinham à mente.

Ou será que todos os estrangeiros tinham a mesma aparência, como sempre me diziam, e ela apenas intermitentemente me reconhecia? Ou então, talvez, haveria algo de errado com ela — algum tipo de problema mental, só ocasionalmente ela era ela mesma e, conseqüentemente, só de vez em quando eu era eu mesmo para ela?

O mistério persistia. Não entendia seu comportamento e, embora derivasse de uma pessoa sem qualquer papel em minha vida, alguém cujas ações não deveriam fazer diferença alguma para mim, comecei, encontrando-me só, a pensar nela, a elucubrar sobre possíveis razões de seu comportamento.

Cada vez mais, comecei a achar que de algum modo era minha culpa, que eu estava fazendo, sem qualquer intenção, algo que a ofendia. Quando não o fazia, ela vinha com flores nas duas mãos, sorrindo cheia de gratidão por eu estar me comportando bem. Quando via, no entanto, que eu novamente incorria no erro — qualquer que fosse — escondia as mãos no avental e se recolhia em silêncio, de novo decepcionada comigo e demonstrando-o ao encarar-me zangada ou lançar-me um breve olhar de má vontade.

Perguntava-me se deveria pedir-lhe explicações. Mas como tocar no assunto? Em inglês, suponho que alguém poderia aproximar-se de uma florista e perguntar-lhe por que estaria se comportando de modo tão estranho. Diziam-se coisas decerto mais peculiares do que esta em meu país de origem. Mas não podia imaginar como fazê-lo no Japão – não conseguia sequer pensar nas palavras que comporiam a hipotética questão. Além disso, agora já me convencera de que, por inocente que fosse, eu estava fazendo algo que merecia tal reação. A atitude estranha de algum modo era a minha.

Ao chegar a essa conclusão, descobri que a florista estava me obsedando. Pensava nela antes de dormir. Apanhei-me pensando nela durante o dia. Se fosse completamente amigável ou completamente hostil, eu não teria lhe dedicado um pensamento sequer.

Era a incoerência que me enredava. Como pescadores e jogadores, eu fora fisgado pela circunstância do acaso. Nunca sabia o que me esperava e tentava descobrir. Era isso, pensava eu, que enlouquecia os ratos. O infeliz roedor empurra a barra; ora recebe um naco de comida, ora um choque elétrico, nunca sabe o que esperar. Se soubesse quando seria saciado ou eletrocutado, deixaria de empurrar a barra.

Eu poderia evidentemente atravessar a rua ou fazer outro caminho para o metrô matinal. Mas não. Até ansiava pelo encontro diário na floricultura. O que seria hoje, reconhecimento ou rejeição, naco de comida ou choque elétrico?

Então, num belo dia de primavera, estando eu numa outra área da cidade, aconteceu de passar diante de uma floricultura e, olhando dentro, de repente lembrei-me de algo que antes não chegara a notar. Quando a florista estava amigável, vestia um suéter verde. Mas quando o trocava por um suéter vermelho, tornava-se hostil.

E daí?, perguntava-me. Qual seria a relação entre o suéter e sua atitude comigo? Será que corria para trocar de vermelho para verde ou de verde para vermelho quando me via apontar na rua? Será que estava tentando me passar uma mensagem: não sorria ou fale se me vir de vermelho — era isso que me dizia?

Se fosse, por quê? Ponderei a questão. Ganhou uma importância incomum. Agora eu já não podia ver flores sem pensar na desconcertante mulher, sorrindo, mãos carregadas de flores, ou zangada, mãos dentro do avental. Começava a perder as esperanças de algum dia resolver o mistério do qual de algum modo eu era a causa.

Não muito tempo depois, passava novamente diante da floricultura. Aha, ela está de suéter vermelho hoje. Muito bem, não vou sorrir nem falar, só lançar um olhar frio.

Ao lançar esse olhar frio, percebi que ela estava cortando a haste das flores, e que era difícil fazê-lo, segurando as hastes com o antebraço e cortando com uma só mão. Pois ela possuía apenas uma mão. O outro braço terminava no pulso.

Chegando à esquina, parei e pensei, recordando-a claramente em seu suéter verde, ambas as mãos carregadas de flores. Ela tinha duas mãos naquele tempo. Houvera um acidente repentino, recente? Teria acontecido num momento de distração — talvez quando ela pensava no meu estranho comportamento?

Mas não. O coto parecia ter cicatrizado há anos. Lembrei-me de que nos dias do suéter vermelho costumava esconder as duas mãos no avental. Eis a resposta — estava escondendo o coto. Mas nos dias do suéter verde — o que acontecia? Por que não havia coto?

Agora verdadeiramente curioso, perguntei à senhora da tabacaria. Ela sabia tudo sobre a vizinhança e certamente teria condições de satisfazer minha curiosidade a esse respeito.

— Oh, aquelas, respondeu quando eu perguntei: Meiko e Reiko. A mãe é doente. Não espanta, já passou dos oitenta. Elas se revezam tomando conta da mãe.

Olhei-a desolado. O mistério subitamente desmoronara. Nada mais me atraía em minhas caminhadas para o metrô.

Na manhã seguinte, lá estava Reiko de vermelho. Olhei para seu coto. Talvez tivesse perdido a mão na guerra. Talvez nós fôssemos afinal os culpados, e ela concentrava seu ódio em mim por ter arruinado sua vida. Daí os olhares sombrios. Meiko, que não sofrera tanto, permanecia amigável. Mas como saber? Se não se podia perguntar às pessoas por que tinham um comportamento estranho, certamente não se podia perguntar como teriam perdido a mão.

De novo recorri à senhora da tabacaria.

— Mas quantos anos o senhor acha que elas têm? A guerra aconteceu há quarenta anos, o senhor bem sabe. Elas ainda nem tinham nascido naquela época, embora nós sim, o senhor e eu. Não, só sei que sofreu um acidente de automóvel.

Os últimos fragmentos de mistério evaporaram. O mau humor de Reiko era apenas uma compreensível reação a sua sina. E a simpática receptividade de Meiko resultava do fato de ter duas mãos e ser saudável. E minhas suspeitas egocêntricas e paranóicas eram porque sou o tipo da pessoa que sou, e talvez por isso tenha escolhido viver neste país – um alienígena entre nativos.

Sessue Hayakawa

— Não "Sessue". Escreviam assim em Hollywood. Nunca me agradou. Na verdade, é "Sesshu" — como o famoso pintor. Sabe, o velho.

Fez uma pausa. Era um homem grande, de quimono formal com a insígnia da família: Na realidade, prosseguiu, Kintaro Hayakawa é meu nome de nascimento... Kintaro — que nome! Riu à socapa e ergueu o copo: Nasci em Meiji 19, há muito tempo.

Embora estivéssemos falando inglês, Hayakawa chamou o ano de 1886 do modo tradicional japonês. Desde seu retorno ao Japão em 1949 tornara-se muito japonês: quimono, bonsai, zen também.

Deveria estar bebendo saquê, mas *whiskey-on-the-rocks*, essa invenção americana, estava em vias de se tornar japonês, e estava bebendo no antigo Hotel Imperial que, naquele tempo, era tido como inteiramente japonês.

— Vão demolir o hotel, você sabe, disse ele, olhando em volta para as paredes de pedra: Vão construir algum arranha-céu para abrigar um hotel caça-níquel no lugar. E este ainda nem tem 50 anos... Eu, porém, já tenho, acrescentou e riu de novo: Quantos anos você me dá?

Eu sabia a idade dele. Tinha oitenta anos, mas parecia mais jovem e agia como se fosse. Assim, meneei a cabeça como se estivesse na dúvida.

— Bem, já passei dos setenta. Eis por que me lembro de quando o Imperial abriu.

Foi em 1922, quando Hayakawa era tão famoso nos Estados Unidos que interpretava a si mesmo num filme, um ídolo de matinê numa fita chamada *Night Life in Hollywood*. Mas não mencionei isso. Ele não gostava de falar sobre aquelas quatro décadas na Califórnia.

No entanto, fora um dos atores de maior sucesso dos primeiros tempos de Hollywood. Mudara-se para os Estados Unidos em 1906 e estreara em *Typhoon*, um filme de Ince, de 1914; depois, fez mais quarenta filmes. Tornou-se um dos astros mais populares dos primeiros tempos: um galã romântico, o primeiro dentre os exóticos estrangeiros – Valentino viria depois – a excitar a mulherada americana, bem protegido pela tela de cinema.

Eu vira alguns daqueles filmes. Nos primeiros (*The Cheat*, de De Mille, por exemplo), ele era um japonês astuto, mas muito antes já se tornara um William S. Hart oriental, sempre de olhar de aço, corajoso, forte, diferente dos outros apenas por ter olhos asiáticos. Não interpretava um japonês nesse filme; fazia um japonês representando um americano. Talvez isso aumentasse sua popularidade. Talvez também acentuasse sua falta de interesse por essa surpreendente carreira. Ah, isso, disse, quando toquei no assunto. Não queria falar sobre isso.

O que queria, sim, era discutir sua nova carreira como ator japonês. Embora tivesse voltado a representar um outro estrangeiro, Jean Valjean, numa versão local cara de *Les misérables*, logo passara a fazer personagens japoneses: o herói do tempo da guerra, Tomoyuki Yamashita, e o comandante do campo de prisioneiros em *A ponte do rio Kwai*.

Infelizmente, porém, sua nova carreira japonesa não teve sucesso. O público japonês após a Segunda Guerra, ao contrário do público americano após a Primeira Guerra, não o adotou. Não que tivessem esquecido seu sucesso americano; o problema é que não tinham esquecido. Isso acontece com freqüência. Alguém vai para o estrangeiro, faz sucesso e encontra ressentimento ao voltar para casa. Um dos nossos nos desertou.

Seria esta a razão pela qual – perguntava-me – Hayakawa era agora tão assiduamente japonês? Talvez, mas ao mesmo tempo trata-se de um padrão: uma pessoa, quando jovem, parte para o exterior, depois, mais tarde na vida, volta e transforma-se em seu pai. Nisto, Hayakawa não se diferenciava dos outros. Pensei em Tanizaki, Kawabata, Yukio Mishima, todos que tinham notoriamente "voltado" ao Japão.

— Sim, já passei dos setenta, repetiu: Aliás, você viu um certo filme de Eizo Tanaka, chamado *Kyoya no erimise (A loja de colarinhos de Kyo)*?

A conversa invariavelmente tomava esse rumo. Ele sempre queria falar de filmes japoneses, daqueles rodados exatamente no período em que estava fazendo seus filmes americanos. Suponho ser esta a razão pela qual sempre me convidava para beber ou jantar — eu sabia mais sobre a história do cinema japonês do que ele.

Disse-lhe que não tinha visto, que talvez não existisse mais cópia — que era o primeiro filme do então novo estilo realista.

— Sim, disse ele, 1922 — sem sequer se lembrar de que seu próprio *Night Life in Hollywood* fora feito no mesmo ano.

Quanto a mim, queria saber mais sobre aqueles anos de Hollywood, quando ele dirigia um Pierce Arrow folheado a ouro e perdeu um milhão de dólares numa noite no cassino em Monte Carlo. Queria que explicasse — como certa vez fizera, com a modéstia tradicional — como seu enorme sucesso social se devia ao fato de ter comprado um carregamento de uísque logo antes da Lei Seca. Mas agora só se interessava pelo que os diretores japoneses tinham feito quando ele era jovem e um ídolo de matinê numa terra distante.

— Estou certo de que você viu *Rojo no reikon (Almas na estrada)*, continuou, mencionando outro filme japonês dos primórdios.

Disse-lhe que sim.

— Filme notável, simplesmente notável — uma obra muito à frente de seu tempo, creio que você irá concordar.

Concordei, e conversamos noite adentro, eu e o ator outrora famoso, ignorando sua própria carreira, seu próprio passado.

Agora o Hotel Imperial desapareceu, embora o bar tenha sido preservado — apesar de reformado e encravado num dos cantos da nova e enorme estrutura de vidro e aço. E Hayakawa se foi também, embora o National Film Center tenha adquirido recentemente *The Red Lantern*, e ali está ele, intrépido, de novo o grande salvador.

Daisetz Suzuki

Fosse apenas pela aparência, ele não teria tido outra saída senão abraçar o zen. De testa alta, sobrancelhas grossas, verrugas, sorriso infantil, parecia um daqueles acólitos – Jittoku, por exemplo – que em muitas pinturas de rolo e tela ri e saltita enquanto varre o jardim ou alimenta os *roshi*. Sempre de quimono, sempre o mesmo, parecia um jovem discípulo repentinamente transformado em patriarca. Atrás dos olhos do sacerdote atento, perscrutava a criança brincalhona.

Mas, embora forte a aparência sacerdotal, era um leigo. Ele insistia nisso. Era um professor, mas não um *roshi*. Disse certa vez que, embora soubesse tudo sobre alpinismo, nunca escalara o monte Sumera. Mas claro que sabia que não se escalavam montanhas apenas com o olhar. Muita gente – dizia – pensava que o zen era um misticismo que envolvia visões da eternidade. Não era assim.

Dr. Suzuki freqüentemente definia as coisas pelo que não eram. Suas descrições do zen eram quase inteiramente negativas. "Escalar montanhas é um trabalho pesado": eis a única descrição positiva que jamais ouvi dele, dita com um olhar em minha direção.

Eu nunca fizera aquele tipo de trabalho e, segundo entendi, ficou estabelecido entre nós que não iria fazê-lo. Nosso trato, se é que tínhamos algum, era que ele também não faria, não se considerando meditação *zazen* como trabalho. Embora ele tivesse meditado com freqüência e continuasse a fazê-lo de vez em quando, não esperava qualquer iluminação, definindo seu dever e seu próprio trabalho pesado de outra forma. Especificamente, consistia em explicar o que era e não era zen – especialmente o último. Era um professor leigo.

Assim, enquanto outros se sentavam na postura de lótus na sala de meditação, eu me sentava confortavelmente no sofá com ele. Ali, ele falava e eu ouvia, esperando extrair algum aprendizado. Afinal, o dr. Suzuki criou em mim um apetite definitivo por algo que sabia que eu nunca poderia degustar.

Isso foi em 1947 no Engakuji, em Kamakura. Ele tinha então 76 anos e havia estabelecido sua biblioteca zen do outro lado do vale. Ocasionalmente, também cultivava uma pequena horta que ajudava em sua alimentação. Eu, um membro das forças que ocupavam o país, vinha de Tóquio todo domingo com bolachas de bicarbonato, queijo industrializado, barras de amendoim – coisas que conseguia no PX [loja de produtos importados para os soldados americanos] à guisa de oferendas a meu *sensei*.

Sensei as recebia cortesmente e desaparecia com elas nos fundos da casa. Ao reaparecer, oferecia-me uma xícara de chá e um enigma *koan*, cuja "resposta" eu deveria afinal apresentar. Era sempre a mesma xícara e sempre o mesmo *koan* – aquele sobre o gato de Nansen.

A seguir, conversávamos. Ou melhor, ele falava e eu ouvia. Era sempre sobre zen, e eu nunca entendi uma palavra. Ou melhor, entendia unicamente as palavras. Cada palavra, mesmo cada frase, fazia sentido, mas nenhum dos parágrafos fazia.

Os discursos a que eu estava acostumado sempre tinham alguma racionalidade, mas o do dr. Suzuki era outra coisa. O processo parecia associativo. Ao ouvi-lo, compreendia que havia modos de pensar diferentes dos que eu sempre conhecera e considerara verdadeiros. Aprendi – descoberta importante – que a lógica é uma criação da mente e apenas uma de muitas possibilidades.

Não saía do lugar com meu *koan*, evidentemente. Nansen viu dois monges brigando por causa de um gato. Segurou o gato no alto e disse que, se eles soubessem a resposta, o gato seria salvo. Eles não conseguiram responder, e Nansen cortou o gato em dois. Mais tarde, contou o incidente a outro sacerdote. Este tirou suas sandálias, colocou-as sobre a cabeça e partiu. Nansen então disse que, se o sacerdote tivesse estado lá, teria salvo o gato. Como é típico de minha disposição, minha primeira e única reação foi preocupar-me com o desafortunado felino.

Nossas conversas continuaram por inúmeros domingos. Acostumei-me à viagem de trem, afeiçoara-me à caminhada através da criptoméria do templo, viciara-me nos discursos semanais. Então, num daqueles domingos, o dr. Suzuki decidiu que deveríamos nos separar.

Compreendi as razões prováveis disso, mesmo assim fiquei desolado. Achava que tinha me tornado um discípulo. Ele se levantou, um homem baixo, de óculos de metal e sobrancelhas de pêlos longos, e tirou um quadro da parede. Era de uma Kannon sentada, tinta preta em papel, emoldurado em vime, um quadro oval de grande beleza. Era também Hakuin genuíno. Disse-me para levá-lo e conservá-lo comigo por certo período.

Não me disse por que nem por quanto tempo — nunca falava sobre tais coisas. Compreendi que estava me emprestando o Hakuin e que, ao cabo, deveria devolvê-lo. Feliz, levei-o para casa, pendurei-o na parede e, como acontece com tudo, acostumei-me a ele e o esqueci.

Meu ano de visitas encerrou-se. Freqüentara o templo com a esperança de que algo me acontecesse, convencido de que a simples visita bastava. Afinal, ali estava o melhor do budismo, do zen — a sala de meditação, o assoalho de tábuas brilhantes, o odor de incenso, a quietude, o silêncio. Benefícios viriam com minhas simples visitas.

O dr. Suzuki compreendeu tudo isso, evidentemente. Tinha prática em conversar sobre zen com aqueles sem aptidão para isso. Era uma qualidade que de algum modo ensinava àqueles com quem conversava. Escrevera sobre sua experiência *kensho*, o primeiro raio de iluminação, mas nunca tivera qualquer pretensão a um *satori* completo.

Depois, passado cerca de meio ano, voltei num domingo carregando o Hakuin. De novo nos sentamos. Minha xícara de chá estava lá, embora o gato de Nansen não tenha dado o ar da graça.

— Você é muito deste mundo, muito desta carne, meu *sensei* observou delicadamente. Depois sorriu. Aquele sorriso era um modo de assentir com os caminhos do mundo. Antes de eu partir, deu-me um convite para uma festa de casamento.

Ele próprio fora casado, com Beatrice Lane, uma colaboradora próxima em seu trabalho, que morrera em 1939. Haviam adotado um filho em 1916, Alan Masaru. Era ele quem estava se casando.

Fiquei ansioso por ir àquela cerimônia simples, realizada nas sombras veneráveis da criptoméria, com um sacerdote shinto talvez importado para a ocasião, o som do *sho* cerimonial e uma refeição budista frugal no discreto encerramento.

Mas ao apresentar-me no Engakuji naquela tarde, qual não foi minha surpresa. Havia refletores iluminando o alto arvoredo e caminhões de som tornando a noite horrível com seus urros. E havia a imprensa, mantida no lugar por cordas, afastada da sala de meditação, mas a postos com seus flashes e luzes de magnésio.

A noiva, contaram-me, era uma estrela da música popular, e sua gravadora acreditou que um casamento extravagante num antigo templo zen não prejudicaria sua carreira. Ali estava o feliz casal, sob o grante portal (1285), ele de calça listada e colete, ela com um vestido de noiva completamente ocidental, de véu e cauda. Eles posavam enquanto os flashes estouravam e o magnésio iluminava. Então um caminhão de som pôs Wagner para berrar e o grande sino do templo (1301, um tesouro nacional) badalou, enquanto os refletores sob os galhos altos da imponente criptoméria varriam a fachada do *shariden* (1290) numa boa imitação de uma *première* hollywoodiana.

Fiquei furioso, é claro. Parte dessa fúria era mero imperativo territorial. Acreditava que tudo aquilo era de algum modo meu, e agora estava sendo invadido por coisas das quais eu fugira no Ocidente. Outra parte, porém, era simples ultraje pelo fato de que algo tão venerável pudesse ser aviltado por um comercialismo grosseiro, pela exploração da mídia. Uma outra parte ainda era uma indignada compaixão pelo pobre dr. Suzuki e o que estavam fazendo com ele.

Essas várias reações eram inteiramente vãs. Não fora um conluio de sacerdotes viciosamente terrenos que havia organizado aquilo; fora o próprio dr. Suzuki. Ele obtivera permissão das autoridades do templo. Aprovara os refletores e o caminhão de som. Sugerira que o jovem casal fosse fotografado sob o grande portal. Esta parecia ser a vontade de seu filho e sua nova nora.

E por que não? Vi-o uma única vez nessa noite cintilante e estava sorrindo — talvez assentindo com os caminhos do mundo. Não foi isso que pensei então, mas é o que penso agora.

A razão é que, muito depois do casamento e muito depois de sua morte, li uma publicação póstuma sua, uma coletânea de versos compostos por um dos *myokonin*. Estes eram leigos, normalmente de origem humilde, freqüentemente analfabetos, que expunham no que escreviam (ou falavam) uma compreensão empírica profunda das obras do Amida Buda.

Na seita Jodo Shin do budismo – que se distancia bastante das sutilezas do zen – esses leigos repetiam uma oração incessantemente, sempre a mesma, dando graças pelo nascimento de Buda na Terra Pura. Esses budistas batistas, que eram, ganharam do dr. Suzuki admiração irrestrita. Segundo Suzuki, tinham um lugar de grande importância na história religiosa japonesa. Naqueles crentes iletrados e simples, descobriu profundas expressões de iluminação.

Relembrando os refletores e os caminhões de som e a noiva e o noivo sob o grande portal, comecei a compreender. Meus sentimentos de ultraje e compaixão não passavam de representação de um modo de pensar. Os mesmos acontecimentos podiam despertar e despertaram sentimentos bem diferentes e igualmente justificáveis. Eram, de fato, modos de pensar diferentes dos que eu sempre conhecera e considerara verdadeiros.

Tadanori Yokoo

Lembrar os anos 60 em Tóquio é lembrar Tadanori Yokoo, o artista cujo estilo sintetizou aquela época: história em quadrinhos de contornos fortes, cores brilhantes de jardim da infância e a gíria popular de tempos anteriores — a frivolidade do começo dos anos 20. Hanafuda jogando baralho, a bandeira do hinomaru e do sol levante, o grande pêssego cor-de-rosa de Momotaro; Buster Brown, Betty Boop, pasta de dentes Lion, cigarros Golden Bat. E tempos anteriores ainda, as cerejeiras em flor e os portais *torii* de Hiroshige.

O que vemos — diminuído e intrincado como uma cidade vista pelo lado errado do telescópio — não é nada que Yokoo jamais tenha visto diretamente. Ainda não havia nascido quando Betty Boop abrilhantava as telas. Filho do pós-guerra, mal tinha entrado nos vinte anos quando começou a criar o Golden Bat pós-atômico. É através de um telescópio retrospectivo que ele nos mostra o mundo maravilhoso do Japão antes da guerra, no tempo em que o país ainda sabia o que era e acreditava que tudo ia dar certo.

O fato de que as coisas notoriamente não tenham ocorrido desse modo torna mais vibrante o mundo inicial de Yokoo. Tão inocente, tão inconseqüente, e condenado. Toda aquela gente frívola iria desaparecer nas chamas.

Yokoo lançou um novo modo de olhar para as coisas, ao mesmo tempo irônico e carinhoso. Tome-se o monte Fuji, por exemplo. A montanha verdadeira foi observada, pintada, discutida, até se tornar invisível. Yokoo tornou-a visível novamente. Conseguiu isso pela mudança de foco que distinguiu toda sua obra nos anos 60. Sua imagem descrevia, não uma montanha, mas uma atitude para com a montanha. Seu Fuji pequeno, decorativo, onipresente, embora uma caricatura, não diminuía a montanha. O que ele caricaturava era nossa pré-concepção do Fuji — sagrado, perfeito, símbolo do Japão etc. O Fuji de Yokoo, uma montanha como um *sundae*, sugeria um novo modo de vê-la.

Dê um passo para trás, o artista parecia dizer. Olhe de novo com olhos inocentes. Veja as coisas agora como as viu quando era criança.

Os olhos de Yokoo são os de um jovem que vê objetos em sua pureza, antes que a pátina do uso, do hábito, da maturidade os tenha tornado insensíveis.

Fazê-lo é questionar. Os anos 60 foram, no Japão como em outros lugares do mundo, um tempo de questionamento e dissidência. Para quem olha a partir dos anos 90, doutrinários e inertes, um período que aceita tudo como dado, os anos 60 parecem improváveis, mas foi naquela época que um Japão pensante questionou praticamente tudo.

Questionar é ter duas opiniões – é preferir o plural ao monolítico. O famoso cantor Hibari Misora ("a Shirley Temple do Japão") de fraque, o trem-bala *shinkansen* numa moldura oval e, em toda parte, a boca como marca registrada – apenas a boca, não o rosto, com os dentes à mostra, a língua de fora. Até onde vai a seriedade de Yokoo? Estaria ele nos mostrando algo para nossa admiração? Ou estaria zombando? Mas se estivesse zombando, então por que não sorri? Em vez disso, observa-nos silenciosamente, enquanto tentamos nos decidir.

Olhemos para algumas fotos do artista. Está posando. Bem, todo mundo posa, mais ou menos, quando fotografado. Mas teríamos consciência da pose? Muitos de nós, não. Ele, porém, deve ter – ou não?

De pé ao lado de Koji Tsurata, astro de filmes machistas, a camiseta e a jaqueta de couro dele mesmo parecem um comentário irônico em si. O mesmo ocorre quando a *chanteuse* travestida Akihiro Miwa o está maquiando como garota. Às vezes a ironia é bastante direta: Yokoo em estilo Woody Allen, desajeitado na camisa havaiana, ou como piloto kamikaze puritano usando um distintivo *I Like Sex*, ou como paródia do noivo em seu próprio (e real) casamento. Outras vezes, no entanto, a ironia deriva do contraste entre o escrutínio vazio e descompromissado de Yokoo e a imagem forte e não questionadora de quem quer que esteja com ele. Com o musculoso Yukio Mishima de tanga, Yokoo é apenas o colegial de uniforme negro.

Como Mishima, Yokoo está sempre experimentando papéis, mas, ao contrário dele, não parece acreditar em nenhum. A sucessão de modelos de personagens, de paixões iconográficas é longa: de Mishima,

Tsuruta, os Beatles e o ator de filme de ação Ken Takakura, até Lisa Lyon, halterofilista feminina. Mas com Yokoo, o "eu" permanece fluido. Quando "representou" a si mesmo no filme *Diário de um ladrão de Shinjuku*, de Nagisa Oshima, não havia ninguém ali: era um buraco na tela.

Algo desse efeito se deve à aparência de Yokoo, a seu próprio caráter ordinário, à qualidade nada excepcional de seu rosto e corpo. Conhecemos sua atividade, mas ele não parece exercê-la. Mesmo quando alguém o fotografava aguando um túmulo, parecia que ele estava fazendo um comentário de como aguar túmulos.

Seu tipo genérico subitamente se revela, contudo, quando se veste e maquia para o teatro kabuki. De repente o reconhecemos: é o clássico *nimaime* – simpático, irresoluto, acomodado e curiosamente sem traços. No entanto, os olhos que se destacam do rosto branco são extraordinariamente animados de inteligência. Ele sabe que se parece com algum tipo bobalhão do kabuki e nos convida a compartilhar desse saber, a aplaudi-lo, a rir na sua cara.

Isto é ironia. Yokoo nunca pode ser sério porque parece saber demais para jamais "ser" alguma coisa. Está tão ocupado em "se tornar" que não pode "ser". Em sua arte, isso resulta numa passagem da história em quadrinhos de traços fortes de 1965 para o borrão sem contornos de 1985, com incursões em desenhos de maiôs e relógios de pulso, capas de disco, aventais de sumô e cartazes para estilistas como Issei Miyake. O cerne permanece fluido.

Nisto, ele se diferencia de outras figuras pop, como Warhol e Hockney. O primeiro nunca mudava e o segundo mudava previsivelmente. Yokoo, porém, compartilha muito com eles: a atitude irônica e, ao mesmo tempo, as inclinações românticas. Apenas o olhar do jovem inocente e não instruído, dizem os românticos, pode perceber a "verdade". Como um Rousseau tardio, Yokoo indica que apenas a juventude intocada vê corretamente as coisas. O mundo adulto corrompe porque borra a visão juvenil. Esta era a mensagem que prevalecia nos anos 60, uma época em que os estudantes jogavam fora os livros e iam para as ruas, em que o Tratado de Segurança Nipo-Americano era um assunto importante, em que os adeptos da paz e do amor punham flores nos canos das espingardas.

Agora, nos derrotados anos 90, Yokoo insiste em ostentar saudades da inocência perdida. Se algo realmente define o conteúdo de sua obra, é uma inegável nostalgia, e talvez seja isto que o torne tão japonês. Ele espelha perfeitamente sua geração – para a qual a história está nitidamente dividida em duas: antes e depois da guerra.

Agora, evidentemente, Yokoo é o grande *sensei*. O Japão oficial, mesmo governamental e sua subserviente academia não apenas o aceitam, mas o cortejam. Yokoo viveu para testemunhar seus nus obscenos usados para vender corpetes femininos, seu pequeno Fuji para vender sorvete. Sua iconografia virou "estilo Tóquio" e está sendo usada para promover os próprios produtos que originalmente questionara.

Mas Yokoo, a seu modo, permaneceu fiel a si mesmo. A criança ainda está lá, de dedos lambuzados, trabalhando em sua idéia do mundo.

Tatsumi Hijikata

    Abriu-se o evento. Um grupo de acadêmicos reunira-se para discutir e homenagear a obra de Hijikata, agora conhecido como fundador de uma importante forma de dança contemporânea, o butô. Também deveríamos lembrar sua morte, ocorrida pouco antes naquele inverno de 1986.
    Um crítico de dança famoso estava com a palavra. A platéia, estudantes na maioria, escutava. Eu, também na mesa, devendo me pronunciar mais tarde, observava aqueles rostos em formação e imaginava o que Hijikata teria pensado daquilo. Ele nunca se interessara muito por explicações.
    Lembrei-me dele mal entrado nos trinta anos, quando teria apenas mais trinta pela frente e já pensava na morte, procurava por ela, incorporando-a em suas obras.
    — Veja, disse certa vez, caindo gradualmente, com os joelhos se aproximando do peito, braços cruzados, punhos torcidos, dedos abertos: É como morrer.
    Então os dedos entortados se viraram para fora, esticaram-se, crescendo como raízes ou galhos; a cabeça girou, olhos cegos voltaram-se para cima, as pernas se alongaram, desdobrando-se da posição agachada.
    Era assim que expressava o sentimento do extremo norte, da Akita nevada de onde Hijikata, filho de camponês, viera. Durante o longo inverno, a pessoa encolhia para dentro do corpo, tornava-o o menor possível para evitar o frio. Depois, na primavera, estendia-se para o sol, para apanhar calor. Sua dança era sobre isso.
    — A visão artística de Hijikata nos apresenta as seguintes alternativas: seria uma gente pré-histórica, anterior aos benefícios da civilização, ou um povo pós-atômico, depois que as bombas devolveram todos ao estado primitivo?
    O acadêmico prosseguia. O butô estava se tornando um importante desenvolvimento estético do pós-guerra. Tentei me lembrar se o próprio Hijikata alguma vez fizera tais reivindicações.
    Apenas uma vez, que eu me lembrasse. Estivéramos bebendo numa pequena taberna camponesa perto do mar. Era fim de

verão. O arroz estava maduro, fazendo-o talvez recordar os campos nortistas.

— Tudo vem daí, disse: As várzeas... Você não imagina como meus pais se cansavam. Cansavam-se tanto trabalhando nas várzeas que não conseguiam se mexer. Mas tinham de fazê-lo. Mexer doía. Mas tinham que se mexer, porque precisavam trabalhar. Nenhuma energia, nada que os movesse, mas eles se moviam.

Eu já vira algo de sua obra naquela época: o notável *Kinjiki*, de 1959, no qual todos os movimentos expressavam dor, todo mundo parecia estar amarrado ao palco e debatendo-se contra as amarras, e a morte aparecia em cena.

Dor, exaustão, morte – eis os elementos de sua dança. Mas não eram dramatizados, apenas estavam ali. Não era algo para a dança expressar, mas algo para o corpo mostrar.

E lembro-me de Hijikata num café de Ginza – um café há muito demolido – dizendo naquele seu jeito às vezes dogmático: Não se pode apenas usar o corpo. Ele tem sua própria vida, entende, uma mente própria.

— E agora podemos começar a codificar os movimentos. Em primeiro lugar, há o que se pode chamar de posição de cócoras. E aqui é preciso observar que esta de tal forma se assemelha a um movimento usado por Harald Kreutzberg, que é de se perguntar se *sensei* Hijikata não teria de algum modo se deixado influenciar pelo coreógrafo alemão.

Era o segundo acadêmico que acabava de começar. Eu seria o próximo.

O corpo de Hijikata era nortista, pele branca, cabelos negros contrastantes. Não o corpo robusto do camponês japonês que às vezes se encontra, mas o corpo magro do trabalhador rural, todo de tendões e músculos finos.

Lembro-me de sua posição de cócoras, e não apenas no palco. Naquele tempo, muitos japoneses ainda sabiam ficar nessa posição – era a postura normal de descanso à beira da estrada. Hijikata costumava ficar de cócoras para observar algo, para ler uma passagem de livro, para conversar.

Dor, exaustão, posição de cócoras. O corpo japonês se constitui perto da terra. Seu centro de gravidade é baixo. Apenas japoneses poderiam desempenhar o butô. É uma dança baixa, centrada — como se a morada do pensamento não fosse o crânio, mas o umbigo.

O umbigo! De repente lembrei-me de algo mais, sentado ali, olhando aqueles rostos jovens em formação.

Estávamos numa hospedaria à beira-mar. Eu estava fazendo um filme e Hijikata viera ajudar — não com uma coreografia, devia apenas controlar um grupo de crianças, uns quinze garotinhos. A trama incluía os meninos matando um bode sem querer, ao brincarem de guerra, e a seguir fazendo seu enterro. Depois, deveriam esquecer tudo e voltar a ser crianças. Um deles, no entanto, fica para ver o mar desenterrar o cadáver. O filme se chamava *Jogos de guerra*.

Entre as dificuldades estava a cena em que eu queria que os meninos, de olhos arregalados ao conhecerem a morte, aos poucos esquecessem o que haviam visto. Eles começam a rir, a brincar novamente, a voltar a ser crianças se divertindo na praia.

E agora me lembrava de como Hijikata, ele mesmo tão penetrado pela morte, fez a cena, naquele dia de verão há 25 anos. Devagar — bem distante do alcance da minha câmera — baixou os shorts para expor o umbigo. A seguir, sempre devagar, arqueou as costas, fazendo a barriga saltar.

Os meninos ergueram os olhos do monte onde tinham enterrado a morte, com rostos solenes, e viram aquele homem estranho com os shorts abaixados e a barriga saltada. Levaram um susto, mas, tomados pela importância do enterro do bode, não sorriram. Olharam para ele, depois desviaram os olhos.

E ali estão até hoje, no filme: os garotos — hoje pais de crianças como eles — erguem os olhos, de lado, distraídos, depois olham para baixo de novo. É como se a experiência da morte os tivesse confundido, como se não conseguissem se desligar dela.

Depois Hijikata desabotoou o primeiro botão. Os shorts escorregaram mais. Com o dedo, apontou para seu umbigo e de repente sorriu, exibindo todos os dentes, o sorriso de um garotinho.

As crianças olharam para ele, depois entre si. Um deles abriu um sorriso, porque achou o cara engraçado. Cutucou o garoto a seu lado, chamando-lhe a atenção.

No filme, o menino olha para cima e, como se o pensamento da morte fosse demais para ele, abre um sorriso. No momento seguinte, cutuca o menino a seu lado. Este também ergue os olhos. Parece estar dizendo: Tudo bem, é só um animal morto.

Depois, Hijikata começou a saltitar. Era um tipo de dança de festival, uma celebração do plantio do arroz, quando o agricultor está descadeirado, estafado. Os meninos reconheceram alguma coisa. Dois ou três começaram a requebrar, como que para romper as amarras com o monte diante deles. De repente, muitos outros começaram a rir, como se tivessem encontrado um modo de fugir do fato de que a morte jazia a seus pés.

O saltitante Hijikata apontou para o umbigo dos meninos, um após outro, fazendo uma conexão, destacando uma semelhança, indicando uma ordem natural. Se seu umbigo era engraçado, então o deles também era.

Logo todos os meninos estavam rindo e apontando um para o outro, de boca aberta, olhos semicerrados de alegria, e Hijikata, mantendo-se fora do alcance da câmera, dançava com os shorts caindo, o espírito do festival, o umbigo como um grande olho cômico.

No filme, os meninos começam a rir e sua risada é contagiante. Apontam um ao outro, passando a gargalhar tanto que parecem frenéticos de alegria, tão grande é o alívio por terem se livrado da morte.

Da morte camponesa para a vida camponesa – não é apenas dor, mas liberação o que compõe a arte de Hijikata. Vejo-o agora, pulando com um pé só, depois com o outro, braços em ângulos bizarros, toda uma enorme energia rural desaguando nos passos da dança do festival.

— Assim, homenageamos o fundador de uma nova forma de dança japonesa, o butô. Não se desenvolveu sem controvérsia, e de fato muitos de seus elementos iniciais foram hoje deixados de lado para oferecer a nossos bailarinos e coreógrafos um novo conjunto de movimentos pelos quais possam se exprimir. Nisto, evidentemente, a influência de Tatsumi Hijikata foi seminal – criar, como ele criou, um novo vocabulário de pura expressão japonesa. Obrigado.

Sentou-se. O aplauso polido continuou por um instante, depois parou.

O moderador me apresentou.

Ainda vendo os garotinhos desaparecerem pela praia, ainda vendo Hijikata saltitar sozinho contra o mar, levantei-me para falar.

Utaemon Nakamura

Yatsuhashi aparece por trás das flores de cerejeira artificiais, acompanhado pelos outros *onnagata* – todos igualmente homens – fazendo o papel de serviçais da grande *oiran*, e seguido pela *entourage* de garotos de tamanco, segurando sombrinhas, e das aprendizes de bochechas pintadas. Do alto de suas sandálias de plataforma, representa o passeio elegante, o *oiran dochu*, a orgulhosa procissão de cortesãs que abre a peça de kabuki *Kagotsurube*.

É sempre Utaemon quem representa essa pérfida *oiran*, a mais célebre de todas as cortesãs do antigo Yoshiwara. É ele que, daqui a duas horas, será abatido pela espada do homem que se deixa rejeitar pela última vez.

Sem expressão, com a boca franzida do jeito amuado dos *onnagata*, um rosto eternamente complacente; o corpo, uma massa de quimono escarlate com uma larga faixa de laço borboleta e uma peruca alta com o penteado seguro por dois grandes espetos de âmbar, uma mulher num casulo magnífico, Utaemon, quase lento demais, imponente demais para ser completamente humano, coloca um pé diante do outro.

Mais uma vez, o idoso Utaemon volta aos dezoito anos, e mais uma vez, provocando gritos da multidão que o espera, penetra no esplendor da pista *hanamichi*, olha em volta com o desdém da verdadeira cortesã e dá início à grandiosa procissão do Yoshiwara de duzentos anos atrás.

Apenas Utaemon – pelo menos em Tóquio – pode fazer isso. Shochiku, a empresa que dirige o kabuki Nakamura, é bastante fiel – ao contrário de Yatsuhashi. Decretou tacitamente que apenas Utaemon pode representar a pérfida heroína, um dos grandes papéis de *onnagata*. Por enquanto, ninguém está autorizado a fazer esse papel, nem mesmo o favorito mais jovem, Tamasaburo.

Esta, no entanto, não é a razão pela qual Utaemon parece complacente. Os *onnagata* sempre têm essa aparência. É resultado da boca masculina em repouso, e também do arco de cupido desenhado com batom, detalhe tradicional indispensável. A aparência é mantida também fora do palco.

Isto porque, como os grandes *onnagata* sempre asseveram, para compor plenamente uma mulher no palco, é preciso conservar todas as suas características fora dele. Daí, talvez, as histórias desses atores vestindo roupas de mulher dentro de casa, usando o lado feminino do banho público, o lavatório feminino e assim por diante.

É verdade que alguns *onnagata* contemporâneos — Baiko, por exemplo — deixam a mulher no palco. São casados, têm filhos, jogam golfe e, em casa, parecem bancários. Mas, dizem por aí, a flor da arte se encontra apenas naqueles — e Utaemon entre eles — para os quais a persona é inseparável da pessoa que sustenta sua criação feminina durante todas as fases da vida masculina.

Feminino é o termo apropriado. O *onnagata* cria uma idéia masculina de mulher. Não se pretende uma distorção, mas a criação continua sendo de um homem, com boca complacente e tudo. Portanto, talvez seja impreciso falar de uma persona, se isto sugere que existam alternativas mais autênticas. Um ator sabidamente cria a si mesmo. Nós outros fazemos a mesma coisa, mas de hábito não temos consciência disso ou, de todo modo, não o fazemos no palco. O ator, no entanto, sabe o que ele é. Conscientemente constrói a si mesmo e é essa fabricação que se torna autêntica. Outros profissionais são capazes de reconhecer e admirar isso. Como Garbo.

Quando o kabuki foi encenado pela primeira vez em Nova York, no fim da primavera de 1960, Garbo foi ao City Center todos os dias. Certa tarde, foi aos camarins, decidida a encontrar Utaemon.

Quando finalmente Faubion Bowers a levou ao camarim de Utaemon, ficou esperando que chamassem o ator. Garbo poderia entrar? Quem? foi a resposta, provavelmente incrédula. Depois: Não, não pode. Sou velho e nem um pouco bonito. É melhor que ela me veja inteiramente maquiado. Além disso, estou todo suado.

Isto foi devidamente transmitido a Garbo que, sincera como sempre, demonstrou entusiasmo e consideração, respondendo: Mas eu quero ver seu suor.

Infelizmente, não conseguiu. No entanto, já maquiado, Utaemon saiu e, com a ajuda de Bowers, eles conversaram.

Então chegou a hora de começar *Chushingura*, e Utaemon ficou a postos para a cena de abertura. Os batedores soaram, mas logo antes de as cortinas começarem a deslizar, Garbo subiu para o palco, correu sorrateira para a plataforma onde Utaemon estava sentado e tocou o *onnagata* no ombro. Assustado, ele se virou. Ela acenou. Ele acenou de volta, o *shyoshigi* bateram cada vez mais rápido, as cortinas se abriram, e Garbo, bem na borda delas, escapuliu pela asa lateral.

Compreende-se o que sentia. Ao ver Utaemon, ou qualquer *onnagata*, no palco, surge o desejo de tocá-lo, de ter certeza de que é real, pois uma pessoa produzida com tantos artifícios visíveis parece de fato irreal. E tocar transmite, entre outras coisas, consideração. Garbo, ela mesma sua própria criação – aqueles grandes olhos cheios de sentimento, a profundidade de sua aparente compreensão, a grande força da mulher que mal se deixava vislumbrar e tão freqüentemente se corrompia pelos caprichos do amor – compusera uma máscara feminina tão acabada como a de Utaemon.

O fato de ser Utaemon um *onnagata* permitiu-lhe adotar inúmeros maneirismos que se podem considerar femininos. Embora sob muitos aspectos sua vida seja a de muitos artistas – sempre ensinando, ensaiando, encontrando produtores e discípulos – e embora se permita uma agenda lotada de prazeres masculinos, incluindo um interesse por Las Vegas, é também capaz de exibições de *prima donna*, como, por exemplo, ciúmes profissionais. Sua rivalidade com Tamasaburo, o *onnagata* mais jovem de quem a mídia tanto fala, às vezes emerge.

É também capaz de exibir os ares de cortesã que tanto interpreta. Yukio Mishima disse-me certa vez, embora eu não saiba com que grau de veracidade, que Utaemon sempre esperava jóias quando o autor mais jovem voltava do exterior, e que se deliciara especialmente com algumas opalas de fogo mexicanas que certa vez lhe trouxe, um fato que também deliciava o sorridente Mishima, porque – detalhe desconhecido do *onnagata* – as opalas tinham custado uma ninharia.

Utaemon também ficava amuado, como eu mesmo descobri. Estávamos juntos em Nova York, naquela primavera de 1960, porque eu era responsável pela tradução (mais ou menos) simultânea para a platéia local e, durante esse período, fiz amizade com o rapaz que segurava a sombrinha sobre Yatsuhashi na abertura *oiran dochu* em *Kagotsurube*.

O resultado é que fui chamado ao camarim onde Utaemon estava se maquiando para a apresentação daquela noite. Sorridente, perfeitamente amigável, aplicando com tapinhas no rosto o branco cadavérico da *oiran*, pintando os lábios de carmim, conversou sobre o tempo, o gratificante entusiasmo do público e o fato de que minhas atenções estavam desviando o rapaz de seus estudos e afazeres domésticos habituais. Esta última observação foi acompanhada do mais doce e afável dos sorrisos e da breve e irresistível mesura de Utaemon, que combina o encanto de uma adorável criança com a argúcia de uma mulher mundana.

Naturalmente, respeitei seus desejos e não mais tentei mostrar ao rapaz os pontos turísticos de Nova York, e tudo teria terminado bem se não tivessem me pedido, como mais ninguém estava disponível, para levar Utaemon às compras.

Fizeram-me saber que ele estava precisando de um par de sapatos confortáveis que combinasse com o terno ocidental que achava que deveria usar de vez em quando em Nova York e, não, ele não levaria o grande bicho de pelúcia, um urso, creio, que às vezes carregava consigo.

Partimos. Utaemon aparentemente sentia-se um pouco constrangido por causa de nossa conversa anterior. Eu me sentia bem, mas era difícil expressar meu bem-estar, depois de visitar várias lojas e não encontrar nada suficientemente pequeno para calçar o pezinho de um *onnagata*. Eu não estaria, perguntou-me o olhar cada vez mais inquisitivo, escolhendo lojas notáveis por seus tamanhos grandes? E não estaria fazendo isso para ferir, para me vingar por alguma humilhação anterior?

Finalmente – e estou certo de que isto foi visto como o pior dos insultos pelo *onnagata* cada vez mais irritado – um par de sapatos foi encontrado na seção infantil da Macy's. Depois disto, meu delicado cumprimento *ohayo gozaimasu* ficou sem resposta por um bom tempo e, com efeito, nunca mais se recuperou aquilo que se chama de relações cordiais.

Seu amuo — compreensível, talvez, mas não uma qualidade que se possa normalmente associar aos homens, sendo, como prefiro chamar, com ou sem razão, uma qualidade feminina — era uma prova a mais, como se necessário, de quão profunda era a identificação de Utaemon com o papel que representava.

Yatsuhashi não é tão desdenhosa, tão fria. Na verdade, tem certa consideração pelo admirador decepcionado que a assassina. Ele chegara como um rude interiorano e se refinara por amor a ela. Não fosse pelo amante mais jovem a quem realmente amava, talvez tivesse deixado o homem mais velho comprá-la como ele tanto desejava. Talvez acabasse como uma concubina bem de vida, ou como proprietária de sua própria casa, tudo, menos o cadáver magnificamente vestido, jazendo no palco ao final de *Kagotsurube*.

Utaemon nos faz perceber isso. Aos olhos do espectador, essa criação elegante e artificial ganha vida, pois é humano ter dúvidas, perceber que, afinal, não se é coerente.

Yatsuhashi vacila, e Utaemon nos mostra, ao vacilar na realidade, uma figura solitária no palco escurecido, uma pessoa dilacerada, como nós. No entanto, existe a diferença.

A diferença, como se diz, é arte.

Tamasaburo Bando

Ele encarna uma invenção masculina, a feminilidade, e o faz tão bem, que só deixa aparecer as emendas que quer mostrar. Um homem imitando uma mulher imitando uma dama. Essa hábil imitação é evidente na peça batida, mas ainda popular, sobre a esposa do dr. Hanaoka que fui vê-lo representar.

A mãe e a esposa do médico competem para ver quem consegue mostrar maior devoção. Como de hábito no *shimpa*, a peça é repleta de elementos de tragédia: vários casos de câncer, mulheres sendo chifradas nos seios por vacas furiosas, o grande experimento do médico, quando ele anestesia mãe e esposa, esta fica cega e aquela se consome em ciúmes porque queria um resultado igualmente drástico para provar sua devoção ao filho médico.

Após o espetáculo, vou apresentar meus cumprimentos. Tamasaburo veste uma camisola violeta decotada. Sem a maquiagem, de cara lavada, parece muito jovem.

— Não pensei que você gostasse de *shimpa*, disse. Muito lacrimoso.

Então, contou-me um pouco sobre a peça, drama doméstico secular, sendo cuidadoso com as datas e criterioso quanto a suas qualidades. Como muitos atores, Tamasaburo quer dar a impressão de seriedade. Quer conversar sobre idéias, como que para provar que é capaz de tê-las.

Todos os traços da feminilidade que vi retratada no palco desapareceram. Ele mais se parece um adolescente, que ainda guarda algo da liberdade infantil quanto a seu sexo, mas já se preocupa com as exigências do mundo adulto; está pensando sobre isso, tentando entender.

Falei sobre a apresentação daquele dia e mencionei que sua gravidez era tão convincente, que a platéia riu.

— Bem, respondeu, a gente tem que se esforçar.

Pergunto-me se os atores sabem como são horríveis suas representações boa parte das vezes. Talvez seja bom que não saibam. O público, no entanto, sabe – e ri durante uma tragédia, por exemplo. Isto poderia facilmente destruir a manutenção da ilusão que, como se diz, é necessária para que o teatro funcione. Bem, pode ser, mas isto apenas no caso do teatro ocidental. No *shimpa*, descrença faz parte da experiência. Não se vai assistir a uma peça, mas a um ator.

— Isto é porque representar, aqui, tem tudo a ver com técnica, disse Tamasaburo. Já desde pequeno aprendi papéis como se aprende um esporte. As pessoas vêm me ver como vão ver um bom lutador de sumô ou um bom lançador de beisebol. Querem ver-me representar. É verdade que todos tiram o lenço do bolso, mas também observam como desempenho minha tarefa. E eu a desempenho bem porque entendo do assunto. Não é preciso sentir nada. Não faz parte do trabalho.

Perguntei se não se sentia como uma mulher quando representava uma mulher.

Riu. Como posso saber?, disse: Não sou uma mulher.

Então, lembrando que ele era o anfitrião, educadamente perguntou, já que falávamos de representação, sobre meu pequeno papel no filme de Teshigahara, *Rikyu*, que soubera que eu havia feito.

A seguir, sem qualquer transição: Foi sua primeira vez?

Muito naturalmente, pensei que estava falando sobre minha estréia como ator.

— Não foi muito boa, respondi com modéstia.

Ao ouvir isto, deu uma risada aguda. Não, não — queria saber se fora minha primeira vez no *shimpa*.

Após a correção, a conversa continuou, mas tive um noção do encanto da pessoa cuja reação instintiva fora desarmar-me com uma risada. Crendo-se desafiado, Tamasaburo recolhera-se naquela invenção masculina — a feminilidade.

Ao fim da conversa, porém, o homem de teatro inteligente e dedicado reapareceu. Quando me levantei para partir, ali estava a dona-de-casa novamente — a boa anfitriã despedindo-se de seu convidado. Mas na verdade todos fazem isso: a maioria dos homens em todos os lugares são pais ao dar boas-vindas e mães ao se despedir.

Nosso encontro seguinte ocorreu em minha casa. Tamasaburo chegou com caixas de sushi para o jantar. Eu só tive que preparar o chá. Estava encantador, atencioso, receptivo, franco — o tipo de convidado que sabe como ficar à vontade sem jamais esquecer de que aquela não é sua casa.

Queria conversar, e assim soube mais sobre seu passado, sua infância preenchida pelo estudo e com pouco tempo para brincar, como aprendeu a lidar com os ciúmes profissionais que começaram cedo e nunca mais cessaram, como Utaemon era horrível com todo mundo, não apenas com ele.

Conforme Tamasaburo falava, percebi que estava sendo o mais honesto que podia consigo mesmo. Estava ali com as portas de sua mente abertas, recusando-se a se refugiar em opiniões aceitas, respostas prontas. Isto é raro – ele não tem medo de contrariar convenções e tem seus próprios padrões.

Estimulado por esse comportamento, perguntei-lhe algo que às vezes me intrigava: alguma vez fizera amor vestido como *onnagata*?

Tamasaburo ficou chocado e levou a mão à face. Oh, não, jamais faria isso. Quando perguntei-lhe por quê, refletiu, depois disse que, se o fizesse, nunca poderia se entregar, que ficaria sempre consciente de si.

— Sou um ator. Mesmo quando criança sabia distinguir quem eu realmente era e quem fingia ser – meu personagem. Alguns atores confundem essas coisas de propósito, mas eu não.

Depois de pensar um pouco mais, disse: O kabuki não é assim. Quando encarno um papel, tenho consciência – intensa consciência – de estar representando um personagem, de não ser aquele personagem. No entanto, não ter consciência é certamente um dos requisitos do ato sexual, não?

Concordei. Entregar-se é atraente – e não apenas através do sexo.

— Quando faço amor, não quero saber quem sou, disse com aquele tímido sorriso de adolescente que nada tem de feminino, mas tem muito de um jovem robusto enfrentando um fato da vida.

Tsutomu Yamazaki

Toyotomi Hideyoshi, chefe militar, unificador do Japão, aproxima-se de Gaspar Coelho, superior da missão jesuíta no Japão. A cena ocorre em 1585, quando Coelho visitava o castelo de Osaka.

O salão dourado da assembléia foi recriado no estúdio da Shochiku em Ofuna. Nele, o famoso ator do palco e da tela, Tsutomu Yamazaki, com um quimono completo, todo escarlate e dourado, avança em direção a Coelho, de hábito e chapéu negros, rodeado por seus acólitos todos igualmente de negro: Coelho era eu, colocado no filme como um favor, ou talvez por diversão, pelo diretor Hiroshi Teshigahara.

O filme era *Rikyu*, drama histórico sobre o conflito entre o político Hideyoshi e o estético Sen no Rikyu, mestre do chá. A cena que estávamos filmando agora deveria mostrar o chefe militar como um político, solicitando a ajuda estrangeira dos jesuítas. Acabara de encerrar um discurso de boas-vindas a nós, sugerindo que, quando conquistasse a Coréia e a China, poderíamos seguir seus passos e convertê-los todos ao cristianismo. A seguir, avançava para mim.

Tendo treinado minha única fala – em português – já decidira como interpretar meu papel. Sabendo que Hideyoshi mais tarde expulsaria os jesuítas, resolvi ser tão astucioso politicamente como ele. Deveria ser um duelo entre iguais: Gaspar em pé de igualdade com o chefe militar. Eu ficaria sério e usaria minha única fala para atacar, a seguir me retiraria com dignidade, e quando me mostrassem o ouro (na seqüência seguinte) prestaria uma atenção fria, nada além. Diante do espelho, encarei seriamente meu reflexo e pronunciei minha fala com um sorriso frio.

No salão dourado da assembléia, Hideyoshi expusera todos os seus presentes estrangeiros para impressionar os convidados – isto é, o departamento de adereços da Shochiku forneceu tudo que encontrou com aparência de tesouro real. Havia uma mesa Luís XV e, um pouco à frente de seu tempo, uma cadeira de amor vitoriana, ao lado de um capacete viking, um urso polar empalhado e vários tapetes persas.

— Ei, cara, disse um dos acólitos portugueses, sentado atrás de mim no *tatami*: Urso polar não bom. Eles não ter urso polar naquele tempo.

— Eles ter urso polar, disse o contra-regras japonês, também em inglês.

— E os tapetes, cara, continuou meu acólito. Eles não persa, eles sírio. Eles horrível.

Os acólitos, escolhidos pela aparência latina, eram na verdade iranianos, provenientes da grande comunidade de homens de resto ociosos de Tóquio, e entendiam de tapetes.

Então Hideyoshi irrompeu e imediatamente começou seu discurso. O intérprete de Coelho, Luis Frois (o ator Ken Frankel), deveria sussurrar ao meu ouvido a tradução em português, mas como nenhum de nós sabia a língua, ele enrolava e eu assentia.

Então chegou a hora da minha fala: *A Coréia e a China não querem a guerra!*[4] Eis as palavras que usei para rebater o bárbaro arrogante.

Ou teria usado, se tivesse conseguido pronunciá-las. Mas Yamazaki avançou para mim tão de repente, que esqueci a segunda metade. Meu desempenho, portanto, foi menos que confiante. Era ainda apenas o ensaio, então virei-me para o único português de verdade no *set* e perguntei-lhe se não poderia simplificar a frase.

— Já é bastante simples, respondeu, coçando a cabeça: Bem, talvez: *Coréia e China querem paz*[5].

De novo Hideyoshi apareceu e mais uma vez fez o discurso. Yamazaki — que representou o criminoso trágico em *Céu e inferno* de Kurosawa, o caminhoneiro cômico em *Tampopo*, de Itami, Ricardo III e Oscar Wilde no palco — não é um homem alto, mas imponente. É também um mestre das técnicas de representação, e ali estava eu, sentado no *tatami*, mastigando minha frase, enquanto ele avançava para mim.

Endireitei-me o mais que pude, com o chapéu balançando, e, tateante, pronunciei meu truncado português. Então Hideyoshi disse que, se eu precisasse de algo, poderia comunicar-me com ele por intermédio de Rikyu ali presente. Este curvou-se e eu curvei-me e meu chapéu caiu. No entanto, ainda era apenas um ensaio.

— Por que ele faz assim? sussurrei para Ken. Chega a mim desse jeito?

— É sua concepção do personagem. Reparou como o faz? — é fantástico. Veja, um ator tem que ter um veículo, e Yamazaki escolheu

---

4 Em português no original.

5 Em português no original.

a impaciência. Ela governa cada movimento e faz com que seja necessário avançar até você. Ele tem de tratá-lo desse jeito. Entendeu?

— Sim.

— É simplesmente maravilhoso o que está fazendo.

Não fiz comentários.

Agora seria a primeira tomada. Teshigahara e sua equipe, afastados num canto, faziam um plano geral, depois a câmera deslizava para perto para um plano médio dos protagonistas. Ali estaria, de pé, o pretensioso chefe militar e, sentado, imóvel como um bloco de pedra, o sacerdote secular, encarando o guerreiro com seu próprio olhar de ferro.

Hiroshi deu ordem à câmera para começar. O *set* ficou em silêncio. Yamazaki gritou impacientemente, depois avançou com tanta rapidez e chegou tão perto, que tive que recuar (coisa difícil de fazer, quando se está ajoelhado no *tatami*), quando ergui os olhos surpresos, vi que um olhar de ferro seria impossível.

Instantaneamente, como qualquer ator, soube como representar meu papel. Tudo veio de uma só vez, como se diz. Eu era um religioso de araque – como não entendera isso antes?

Depois da cena, houve um intervalo. Estava sentado perto de Rikyu, representado por Rentaro Mikuni. Perguntei-lhe como lhe parecera meu desempenho.

— Bom. O chapéu ficou bem.

— Não, quis dizer minha atuação.

— Ah, respondeu. Depois de pensar um pouco: Bem, acho que representar esse papel de modo cômico é certamente uma possibilidade.

Cômico? Eu não sabia que fora cômico. Gaspar Coelho pode bem ter sido um padre de araque, mas a comicidade estava longe de minha interpretação recém-descoberta do personagem. Voltei-me para Ken.

— Atores reagem uns aos outros, disse ele. Criam naquele instante e lugar. Foi o que você e Yamazaki fizeram.

Não, pensei, foi o que Yamazaki fez.

— Ei, cara, você engraçado, disse o iraniano atrás de mim.

Faríamos uma segunda tomada. Perguntava-me se Hideyoshi tinha realmente intimidado o pobre do Gaspar daquele jeito. Se tivesse, com certeza — querendo paz a todo custo — o jesuíta teria desmoronado. Talvez sua única frase não fosse desafio, mas defesa.

Pensei na televisão japonesa, na qual convidados estrangeiros são feitos de bobos ou se fazem de bobos. Eu sempre recusei categoricamente tais propostas da tv quando me apareceram, mas aqui estava eu, numa encenação histórica, fazendo a mesma coisa.

O chefe militar avançou e eu balbuciei minha fala, depois recuei timidamente quando se aproximou ainda mais. Desta vez, Yamazaki queria apertar as mãos e ainda improvisou um diálogo. Deixei cair o rosário e ergui os olhos brandamente debaixo do chapéu.

— Corta! disse Teshigahara, que fez um sinal positivo com o polegar e abriu-me um amplo sorriso.

— Ei, cara, você cômico natural, disse o iraniano.

Arrumei o chapéu, recolhi o rosário e disse furioso: Não, não sou.

Mas a sorte estava lançada, como se dizia nos idos de 1585, e quando todos se encaminharam para o depósito onde o ouro estava guardado (o cenário seguinte), tropecei no hábito, fiquei mudo diante do tesouro, ergui as mãos aos céus, depois me abaixei sedento para tocar. Tudo sem que ninguém me dirigisse. Talvez não tivesse me tornado Coelho, mas me tornara alguém.

Mais tarde, quando removeram meu bigode e dobraram meu hábito, disse a Yamazaki, enquanto o topo inteiro de sua cabeça, com o rabo de samurai e tudo, estava sendo retirado: *Você* fez isso!

— Não, respondeu: *Você* fez. Ou melhor, nós fizemos.

— Representar é assim?

— Sim, disse o grande ator.

— Pensei que fosse mais amigável.

— Não foi nada pessoal, disse Yamazaki sorrindo: Hideyoshi era esse tipo de pessoa.

— E Coelho, era como eu fiz?

— Talvez, mas não faz diferença alguma. O principal é que ele não queria se tornar importante e Hideyoshi queria. Não era um guerreiro. Hiodeyoshi era. Compreendeu?

Compreendi.

Sonoko Suzuki

Ela pousou o shamisen e desenrolou o futon. Era para eu passar a noite ali. Então me lembrei de ver meu anfitrião puxando-a para um canto e passando-lhe alguma coisa. Dinheiro, como se revelou.

Agora ela esticava o lençol e afofava os travesseiros. Esses atos de esposa não combinavam com seu quimono chamativo, sua faixa listada gritante, seu penteado alto preso com espetos. Seriam ainda mais incoerentes se ela fosse uma gueixa de verdade.

Mas não era. Apenas imitava — aprendera o mínimo necessário para entrar na corporação e escapar das leis anti-prostituição: alguns acordes no shamisen, um par de canções clássicas e a habilidade de imitar os gestos de uma ou duas danças.

Pertencia à variedade recente então conhecida como *daruma*-gueixa, nome tirado do brinquedo de base redonda que rola ereto quando empurrado, ou *makura*-gueixa, em referência ao travesseiro ao qual ela dera um tapinha final.

Antes disso, tinha se dado ares de gueixa — risada artificial, mão sobre a boca, lisonjas extravagantes, de vez em quando um olhar avaliador, como que tentando adivinhar quanto eu pesava.

E eu, como de praxe, tentara conversar seriamente, o que lhe provocou acessos de risadinhas. A seguir, pôs-se a elogiar meu japonês toda vez que eu cometia um erro. E queria admiração ilimitada pelo que seus dedinhos faziam com uma tangerina.

Como não conseguiu fazer com que eu apreciasse seus talentos ou encantos, adquiriu um comportamento frio e, deslocando-se para o outro lado da mesa, começou a falar sobre beisebol, supondo — com razão — que eu não saberia nada a respeito.

Diante disto, perdi a paciência e emburrei. Logo tornou-se claro para nós dois, senão para o anfitrião, que não gostávamos um do outro. Agora, porém, parecia que teríamos de passar a noite juntos.

Ambos respondemos, cada qual a seu modo, com falta de graça. Ela deu mais um chute no futon e eu bocejei na sua cara. Depois, enquanto eu arrastava os chinelos pelo quarto, ela, com gestos nada sedutores, agachou-se diante da penteadeira e retirou a peruca, o que a fez parecer subitamente baixa. A seguir limpou a maquiagem, o que a fez parecer subitamente mais jovem.

A jovem, pálida, zangada, então tirou todos os vários vestidos, exceto o último, deitou-se no futon, puxou a coberta e fechou os olhos.

Como se sabe, sempre acontece com estrangeiros de serem convidados para jantar por alguém que deseja algo e, depois de muita comida e saquê, acabarem na cama com a pessoa escolhida para entretê-los. Se der sorte, um vai gostar do outro.

Evidentemente, a essas alturas eu poderia ter partido. Mas não ficaria bem, o fato chegaria aos ouvidos do anfitrião como desprezo à sua hospitalidade. E era tarde, eu não sabia bem em que parte da cidade me encontrava, pois não prestara atenção ao caminho na vinda, e há tempos meu anfitrião partira com seu carro.

Mas *eu*, pelo menos, poderia ter ido embora. Ela não poderia, por mais que desgostasse de mim. Fora comprada e paga. Não importa o que sentisse, teria que ir até o fim, fosse o que fosse. Pelo menos, eu ainda tinha a liberdade da recusa. Ela não tinha liberdade alguma.

Não que eu sentisse pena dela e da sua sorte. Ela escolhera — como cada um de nós. Poderia ter encontrado outro serviço, embora um emprego comum talvez lhe pagasse menos. E, enquanto me despia perto da figura imóvel na luz da pequena lâmpada *andon*, dei comigo curioso por saber quanto ela teria custado.

Isso é típico. O que foi pago tem de ser consumido. É como ter de comer toda a comida do prato, querendo ou não, simplesmente porque você a comprou. E ali estava eu, deitado ao lado de um jantar completo de que eu não precisava nem queria, simplesmente porque alguém dera dinheiro para isso.

Outros teriam talvez tentado ganhar intimidade, apoiariam o corpo num cotovelo e escutariam a triste história da vida dela; eu não, porque realmente não gostara dela. Era uma garotinha rasa, artificial, egoísta, que parecia insatisfeita com seu trabalho. Talvez devesse apenas mostrar-lhe quem mandava ali.

Lá ia eu recomeçar! Balançando a cabeça para mim mesmo, apoiei-a num dos braços e virei-me para observá-la. Estava deitada de pernas juntas, braços cruzados, olhos fechados e com uma expressão que fantasiei como de mártir. Esperando, talvez. Ou adormecida – sua vida era sem dúvida cansativa.

Deitei-me de costas, olhando para o teto turvo. Coisa estranha, apatia. Minha aversão por ela apagou todo sentido de diferença. Não pensava nela como sendo japonesa, como sendo diferente. Na verdade, como a experiência me ensinara, aquele sentido de diferença profunda, aquele abismo delicioso – japonês X estrangeiro – era realmente excitante apenas quando se está carnalmente interessado. Agora, a apatia nos unificara. Éramos de uma única raça, aquela cujos membros não se gostam.

Contudo, eu era um homem. Ela, uma mulher. Talvez eu devesse apegar-me a meu sexo tal como era. Nós, homens, devemos tomar a iniciativa. Estar deitado com uma mulher e não tomar nenhuma iniciativa pode ser interpretado como indelicadeza.

Assim, pousei a mão sobre o pequeno seio. Ela não se mexeu. Até onde, perguntei-me, terei de ir para que minha intenção fique clara? Abri seu quimono e enfiei a mão. O pequeno seio estava frio.

Enquanto o aquecia, estudei seu perfil. Na luz suave, ela parecia um passarinho novo, de pálpebras tão finas que qualquer movimento dos olhos era visível. Ou ela estava acordada, ou dormindo e sonhando.

Então vi sua boquinha franzir-se de impaciência, enquanto, com uma das mãos, ela removia a minha e, ao mesmo tempo, como para indicar minha tarefa, abria as pernas. Continuei deitado, minhas próprias pernas fechadas, mãos sobre elas, decidido a dormir. Mas os minutos se passavam e o sono, como era previsível, não veio. Escutava a respiração compassada a meu lado. Teria ela realmente conseguido apagar?, perguntava-me, sentido uma espécie de pequena fúria.

Eu, naturalmente, não conseguia dormir de jeito nenhum. Então, em vez disso, fiquei pensando qual seria a razão de não conseguir fechar os olhos. Não era porque estava excitado, eu sabia; também não era porque fora repelido, supunha: era simplesmente porque ela estava ali, a meu lado. O fato de sua presença.

E o fato da minha presença. Perguntava-me o que ela achava de mim. Que não a atraía era evidente, mas talvez na sua especialidade poucos a atraíssem. Teria me achado muito grande, muito branco, muito lógico? O que estaria pensando? – se é que pensasse alguma coisa.

Virei-me de novo, cabeça na mão, e olhei para ela na luz da lâmpada noturna. O que estava acontecendo?, perguntei-me.

Tendo adquirido interesse pela pessoa dela – não como japonesa, ou prostituta, ou mesmo como garota – aconteceu que acabamos fazendo amor de modo bastante satisfatório.

Pela manhã, ela me lançou um olhar carrancudo e me deu seu cartão. Como a dona, ele tinha cantos arredondados. Trazia seu nome impresso: Sonoko Suzuki – nome muito comum.

No café da manhã, conforme o sol nascente deslizava sobre as esteiras, ela se permitiu um sorrisinho. Não era, evidentemente, o sorriso de uma mulher sexualmente satisfeita. Não creio sequer que exista esse sorriso, a não ser em livros ruins e filmes piores. Nem era o sorriso descontraído da menina que encontrou um amigo – não éramos amigos e ansiávamos, logo que engolíssemos o arroz, por nos separar.

Não, era o sorriso desinteressado do artesão – do carpinteiro que fez um encaixe perfeito, do oleiro que moldou mais um bom pote. Era o sorriso de uma pessoa que silenciosamente se dava os parabéns por ter trabalhado bem e ter consciência disso.

O que eu não compreendera até aquele instante é que Sonoko Suzuki realmente queria ser uma gueixa de verdade.

Kikuo Kikuyama

Baixinho, gordo, óculos de lentes grossas, ele sempre se deitava no banco do corredor. Por isso criticavam-no. Ficar deitado desse jeito, diziam, ocupando espaço, estorvando. Os outros queriam o banco para si, porque dali tinha-se uma visão perfeita de quem estava no lavatório masculino. Mas ele não prestava a mínima atenção, queixavam-se os outros. Nada, sequer um olhar. Só ficava ali deitado todo gordo e pálido, de olhos fechados.

Os outros usavam o banco adequadamente, sempre prestando muita atenção. Viu o daquele pedreiro?, um deles perguntava. Era *deste* tamanho, não estou mentindo. Estava bem do lado dele quando mijava. *Honto ni oishi so datta no yo*, dava vontade de comer. Bem, corri aqui para trás e fiz uma pose, mas ele passou direto e foi embora.

Kikuyama não fazia nada disso, simplesmente ficava no caminho. No começo, os outros lhe diziam: Você aí, titia. Veio aqui ontem? Ah, não veio? Bem, foi *maravilhoso* — estava cheio de estudantes, uns garanhões. Fiquei com três deles, estou lhe dizendo — três!

Mas Kikuyama não respondia apropriadamente. Não ria ou aparentava ciúmes. Olhava para eles seriamente e dizia: *Ah, so desu ka?* (Ah, é mesmo?). Não tinha graça conversar com ele.

Também não ia muito assistir aos filmes. Enquanto os outros ficavam de lá para cá, olhando os gigantes pelados na tela, depois saíam correndo para procurar parceiros em volta da máquina de coca-cola, na esquina, ou desciam corredor abaixo para o banheiro dos homens, ele permanecia deitado no banco olhando o teto.

Muito de vez em quando aventurava-se a entrar. Quase sempre, sentava-se ao lado de alguém. Apenas sentava-se. Os outros se escandalizavam: Ele só fica ali sentado! Francamente, eu te pergunto, que tipo de lugar ele pensa que é isto aqui? Não o vi dar uma cantada sequer. E quando fica muito tempo sentado, acaba adormecendo.

Mas pelo menos era melhor para ele cochilar dentro da sala, em meio aos ruídos de beijos e chupadas da trilha sonora, do que estirar-se no banco ali na passagem. Assim, atrapalhava menos.

— E não é que seja um freqüentador ocasional, disse alguém. Parece que vem aqui todos os dias. Pelo menos, toda vez que chego ele já está aqui.

Não obstante, os outros aos poucos se acostumaram à presença diária de Kikuyama. Ele nunca tentava intrometer-se quando alguém estava quase ganhando um caminhoneiro, e nunca se enrabichava quando um jovem interiorano hesitante era arrastado para o lavatório feminino. Simplesmente ficava ali, como parte da mobília, algo que se aprende a ignorar.

Isto é, até quando uma bicha mandona e igualmente gorda, de óculos de tartaruga e gola olímpica, deu de aparecer. Conhecia Kikuyama e chamava-o de *sensei*. Esse título de respeito, ouvido pelos outros, aguçou a curiosidade, curiosidade esta logo satisfeita.

— O quê, vocês não conhecem Kikuyama *sensei*? Claro, o que se pode esperar de um bando de desclassificados *okama-tachi* como vocês? Eu faço boquete tão bem quanto os outros, mas existe algo chamado estilo. Vocês não entendem nada disso, é claro.

Essa bicha durona — Kuro-chan, dona Preta, era seu nome — comandava a assembléia de uns poucos e, pacientemente, como uma professora de jardim da infância com alunos atrasados, explicava. Madame Kikuko, aqui presente, era um artista, um astro, a mais promissora das jovens esperanças no mundo do *Nihon buyo*, dança clássica japonesa.

— Já chegou a faixa preta?, perguntou Midori-chan, senhorita Verde, a mais safada do grupo.

Dona Preta voltou-se como um raio: Seu veado burro! Só um ignorante medíocre como você poderia falar desse jeito. Você não tem compreensão nem respeito por coisas finas.

Então, após uma breve conferência com Madame Kikuko e uma inspeção na carteira: *Hora!* Olha aqui!

Brandiu a polaroid de estúdio de uma bela garota em pé, empertigada num quimono lilás, segurando um ramo de glicínias, corpo torneado, graça e elegância nos contornos meigos, rosto bem feito, olhos negros de vibrante inteligência. Era uma postura da dança clássica *Fuji Musume*.

Os outros, agora intimidados, lançaram interjeições de apreciação.

— Oh, ela é adorável, murmurou a senhorita Verde.

— É mesmo, rebateu dona Preta, que depois se sentou ao lado de Kikuyama e começou uma discussão sobre técnicas coreográficas que logo fez os outros debandarem.

Ficou-lhes, porém, marcado na memória. A atmosfera mudou. Embora continuassem, é claro, a perseguir os *tobishoku* semi-relutantes; embora ainda dissessem: Ah, que desperdício, era realmente enorme, eu nem sabia o que fazer, que pena você não estar aqui (depois de se certificar de que você realmente não estivera); embora a vida continuasse como sempre, agora havia uma diferença. Pois um artista estava entre eles.

Mas um artista enfermo. Qual seria o problema — a razão de ficar tanto tempo deitado no banco? Ninguém sabia. Problema nos pulmões, talvez, ou no fígado, ou, alguém ousou dizer: amor.

Eis a resposta: a adorável Kikuko, condenada a viver para sempre dentro do feio Kikuo, não obstante O encontrara, *anohito*, o verdadeiro sr. Macho — talvez um operário viril, um caminhoneiro musculoso, ou um escolar tornado astro esportivo, que enxergara debaixo do desinteressante exterior e vislumbrara a beleza latente. E ali ela se deixava ficar, donzela encantada sentada num rochedo, eternamente esperando seu retorno.

Como todos eles estavam esperando exatamente pelo mesmo tipo de coisa e, como todos se decepcionavam diariamente, era claro que encontrassem essa explicação e a apreciassem. Passaram a chamar aquele homem baixinho, apático e sem atrativos de Bela Adormecida e calculavam as chances do príncipe encantado algum dia reaparecer. Improvável, todos concordavam, mesmo assim achavam emocionante sua devoção.

Ele piscava os olhos, quando não estava dormindo, e apreciava aquela consideração, aquele novo respeito. Quando chegava, suspirando de cansaço, as duas *queens* sentadas no trono do corredor logo se punham em pé e liberavam o lugar para madame Kikuko descansar. Mais tarde, nas idas e vindas ao banheiro atrás de parceiros interessados, passavam na ponta dos pés para não acordar a pobre menina enferma.

De fato, Kikuyama estava muito doente. Começou a tossir, um som alto, estridente, que parecia forte demais para aquele corpinho gordo. Depois os engasgos. E as cusparadas. Agora ninguém ficava muito tempo a seu lado quando ele se sentava na sala escura cheia de gente. Assim, deixou de ver filmes. Ficava no corredor.

A verdade é que (os detalhes são cortesia da Preta), há algum tempo, percebera que não conseguia mais ir até o fim de *Fuji Musume*, para não falar de *Dojoji*, por isso desistira de ir ao *keiko-ba*, o salão de ensaios. Passou, em vez disso, a vir aqui, ao porão do Shinjuku Meigaza, este outro teatro de ilusões, e ali estava agora deitado no banco, agonizante.

Os outros compravam-lhe chá, café, chocolate e sopa de macarrão. Ele abria um lívido sorriso e tomava ou mastigava a comida, depois voltava a se deitar, puxando o casaco sobre si como uma coberta. No começo havia quem gracejasse falando de *Tsubaki Hime*, a Dama das Camélias, ou mesmo da Traviata. Agora, porém, essas leviandades haviam acabado.

— A gerência sabe?, perguntei certa vez.

— Sobre nós, veados? Mas claro, de que outro modo esse pulgueiro poderia dar dinheiro?

— Não, perguntei se sabe que ele está morrendo.

— Como poderia saber? Ninguém nunca desce aqui embaixo para nos dar atenção. Fazem bem. Na verdade, ele está feliz, sabe? Acho que *anohito* finalmente vai voltar e que ele o verá com seus olhos agonizantes.

Entretanto, não voltou. Kikuyama, eu soube, foi afinal levado para o hospital. Ali, constatou-se que as semanas e os meses no porão úmido tinham acabado com ele. A tosse e os engasgos finalmente o levaram.

— Depois, disse dona Preta, que estivera lá: Depois, a coisa mais linda aconteceu. Tiramos seus óculos e seu rosto se descontraiu e ali estava, diante de nós, a própria Kikuko, tão bonita, tão exatamente como em *Sagi Musume* – uma de suas danças preferidas, sabe? – que eu duvido que algum homem, por mais másculo que fosse, não se apaixonasse por ela.

Dona Preta derramou uma lágrima. Oh, se Kikuko tivesse conseguido superar tudo isso e tivesse se dedicado à sua arte, teria se tornado uma grande dançarina, uma grande professora e até mesmo, afinal, um Tesouro Nacional Vivo, na minha opinião. Mas não. Jogou tudo fora... por amor.

Ao longo daquele dia, ninguém se sentou no banco, embora oferecesse uma visão perfeita do lavatório masculino e de quem estava lá dentro e de seus atributos e do estado deles.

Não – o lugar ficou, por algum tempo, vazio. Ali parecia pairar o espírito belo, sorridente, liberado daquele homenzinho gordo.

Keiko Matsunaça

Equilibrando minha bandeja de plástico — um hambúrguer duplo e uma coca pequena — eu procurava uma mesa vazia. Não havia nenhuma. Havia, porém, uma garota sozinha numa mesa para dois. Pedi licença, ela assentiu com a cabeça, sentei-me, desembrulhei o hambúrguer e abri um livro.

Ela também estava lendo, um livro de inglês. Embora eu tivesse notado que era bonita, o livro desestimulava qualquer tentativa de conversa.

Assim ocupados, líamos, chupávamos e mascávamos, até que ela olhou para mim e perguntou, em japonês, o que eu estava lendo. Disse-lhe o que era, depois observei delicadamente que ela estava estudando inglês.

— Sim, vou para o exterior. Para os Estados Unidos.
— Certamente precisará disso lá, disse e aguardei.

Mas ela não quis testar sua pronúncia comigo. Preferiu continuar. Parto já na primavera, por isso precisava estudar mais do que estou estudando.

— Você parece estar se esforçando.

Ela sorriu — era de fato muito bonita quando sorria. Não muito, prosseguiu. É que eu tenho mais vontade de ir embora do Japão do que de ir para os Estados Unidos.

Como ela estava sendo direta, eu também podia ser. Por quê?, quis saber.

Ela me olhou como se medisse meu caráter, como se tentasse determinar se podia confiar em mim. Tendo-se, aparentemente, decidido, disse: Problemas com meus pais.

Queria conversar, embora não em inglês, então perguntei que tipo de problemas.

Tudo veio à tona de uma vez, como às vezes acontece. Ela tinha se apaixonado por um rapaz que os pais dela reprovavam. E reprovavam porque era descendente de coreanos, embora, como ela, nascido no Japão. Ela fora embora de casa para morar com ele. Mas, em se tratando de Japão, e com a pressão dos pais dela e dele, da escola dos dois, dos amigos, depois de um mês eles se separaram. Nunca mais o viu e já se passara uma estação inteira. Por isso, queria ir embora do Japão.

— Os Estados Unidos são assim? quis saber.

— Sim. Mas haveria lugar para vocês irem, lá. Vocês poderiam se casar.

— Aqui, não... É verdade que uma mulher nunca esquece o primeiro amor?

— É o que dizem. E não são só as mulheres. Eu nunca esqueci o meu.

Olhou-me por um segundo, depois disse: Não sou mais virgem. Amei-o a esse ponto.

— Isso irritou seus pais?

— Sim, eles são antiquados. Acham que a moça tem que se casar virgem.

Tudo isso ocorrera nos dez minutos que estivera sentado a sua mesa. Às vezes acontece. Escolhe-se alguém para confidências súbitas. Parece haver uma combinação irresistível de diferença e segurança. Mas nunca me acontecera de ouvir tais revelações tão rapidamente. Quanto a mim, comecei a desconfiar.

— Ir aos Estados Unidos não resolverá o problema. Ele não vai estar lá.

— Eu sei. Mas resolverá um problema. Eu não estarei aqui. Você fala bem a língua, mas não sei se conhece realmente o Japão. As pessoas falam de você, te criticam, fazem você viver do jeito que todo mundo vive... como há mexerico neste país!

— Sim. Há tempos percebi que se eu fosse japonês não viveria aqui. Mas como não sou, nada disso me afeta. Estrangeiros são tão diferentes que os japoneses não se dignam a fofocar sobre eles.

— Invejo sua situação. Se fosse assim comigo, não teria que partir. Mas se ficar, terei de me casar com alguém que nem conheço, ter filhos dele e viver com ele até a morte. Não quero isso.

— Você é corajosa.

— Estou desesperada, disse ela e sorriu novamente, aquele sorriso adorável.

Fiquei ainda mais desconfiado. O que ela estava querendo? Queria que eu fizesse algo, algum tipo de oferta?

A suspeita é sempre vulgar, mesmo quando justificada — como o ciúme. Dei-me conta disso e percebi que apenas a estranheza do nosso encontro, da nossa conversa, provocara suspeita. Eu não era melhor que os pais dela.

— Existe algo que eu possa fazer?, perguntei, revelando meus pensamentos para livrar-me deles.

Isto, no entanto, fez com que *ela* ficasse desconfiada: Como assim? O que você poderia fazer?

— Não sei. Tenho amigos nos Estados Unidos. Poderia recomendá-la a eles, assim você não precisaria ficar sozinha.

— Não, acho que prefiro ficar só por enquanto.

A seguir, com a propriedade que tantas garotas têm: Só estou lhe contando isso porque não o conheço, porque você demonstrou simpatia, porque não o verei de novo.

— Doeu?, perguntei. Sempre quis saber isso. Dói perder a virgindade? Falam tanta coisa.

Ela pensou, com as suspeitas estranhamente postas de lado pela minha questão, e respondeu: Sim e não. Dói, mas é um tipo diferente de dor. Talvez seja como ter um filho. Mamãe disse que doeu, mas que depois ela não conseguia se lembrar da... bem, da qualidade da dor.

— Você consegue se lembrar da qualidade da dor?

— Não muito. De todo jeito, não durou muito.

— Depois veio o prazer?

— Sim, o prazer, mas também foi diferente.

Ali estávamos, em meio aos restos plásticos, uma jovem garota japonesa e um estrangeiro mais velho. Estava sendo tão franco quanto ela, e não demorou para começarmos a contar detalhes íntimos. Mas tudo no espírito de compartilhar conhecimento, como se fôssemos ambos já bastante idosos, como se soubéssemos que essa conversa única não tinha objetivo.

Ficamos ali uma hora ou mais, e acabamos conhecendo, senão um ao outro, pelo menos as idéias que fazíamos de nós mesmos. Ela me aprovou; eu a aprovei. A conversa nunca se tornou opressiva porque não tinha maiores escrúpulos. Nenhum dos dois estava investindo no outro. Ambos tínhamos consciência de que não haveria continuação.

Enquanto ouvia e falava, também notei o quanto minha percepção tinha se deixado turvar pelas coisas que eu mesmo me fizera atribuir aos japoneses. Nenhuma das minhas generalizações sobre o povo, creio que suficientemente necessárias, tendo eu que morar aqui, teriam dado conta dessa conversa. E o mesmo se passava com ela: as idéias, quaisquer que fossem, que tivesse adquirido sobre o caráter dos estrangeiros não estavam sendo confirmadas por mim.

Éramos dois estranhos que, por causa disso, podíamos atingir certo grau de honestidade e confiança. O fato de que ela era japonesa e eu não – aos poucos esses detalhes e as idéias que habitualmente trazem consigo desapareceram. Éramos apenas duas pessoas conversando.

O final, porém, foi japonês. Ela não poderia simplesmente sorrir, levantar-se e dizer adeus – uma possível conclusão "americana". Em vez disso, num guardanapo de papel, escreveu seu nome, endereço e número de telefone. Retribuí com os meus.

Então, ainda segurando um pedaço do outro, separamo-nos, de maneira convencional, com meus votos de uma viagem feliz e segura.

O guardanapo está aqui diante de mim, eis por que sei que seu nome era Keiko Matsunaga. Em algum lugar, nesta vasta cidade, ou em alguma vasta cidade do outro lado, talvez meu nome num guardanapo de papel também ainda exista.

Mas não vou telefonar para ela. E ela não vai me telefonar. Isto também ficou entendido. Tivéramos nossa conversa. A próxima teria sido muito menos interessante, porque então "nós" teríamos tido um futuro, e quando isso acontece, o presente desaparece.

Vejo-a agora, existindo como então existiu: segura no tempo presente.

Hidetada Sato

O novo entregador da *nandemoya*, a loja tem-de-tudo, o empório local, era alto, tinha uns dezenove anos de idade, rosto redondo e bochechas vermelhas como as maçãs que dão na província nortista de onde veio. Chamava-se Sato, nome tão comum como as próprias maçãs.

Rodeado de prateleiras atulhadas de escovas, potes, toalhas, vidros de detergente, coadores de pasta de feijão, panelas de sukiyaki, sabão em pedra, luvas de borracha e o que mais se quisesse, pedi o único objeto que não conseguia encontrar, uma pedra-pomes para raspar a sola dos pés no banho.

Após uma procura prolongada, Sato voltou com o recado de que não tinha.

— Mas vocês deviam ter de tudo, disse eu com seriedade.

— Sinto muitíssimo, respondeu Sato com as bochechas cor de maçã, mais vermelhas do que nunca. Esquecido o sotaque toquiota recém-adquirido, suas desculpas soaram no mais comum dos dialetos de Akita.

Sorri, percebendo que minha piadinha pesada fora mal compreendida. Não importa, eu disse, tão cordialmente quanto a frase permitiu. O rapaz curvou-se repetidamente enquanto eu saía, sempre enrubescido, sempre se desculpando.

Mais tarde, naquela noite, ouvia um quarteto de Mozart quando discerni a freada de uma bicicleta e depois um tímido golpe no portão da frente. Era Sato, ainda corado por ter pedalado ladeira acima. Estendeu a mão. Nela, havia um um pequeno embrulho. Minha pedra-pomes.

— Afinal, vocês tinham, disse-lhe, e ele, assentindo, olhou através de mim para a entrada da casa. Percebendo que estava curioso em saber como vivia um estrangeiro, convidei-o para uma xícara de chá.

Ele recusou e eu insisti, como mandam os costumes. Então ele tirou as botas e entrou. Era muito grande. Eu não havia percebido como era grande até o ver em casa. Pés grandes, mãos grandes. Mas não desajeitado, era educado demais para isso e – coisa curiosa num jovem moderno – delicado.

Durante o chá, perguntou educadamente: O que está tocando?

— Mozart.

— Ah, Mozart, um compositor. É bonito.
— K. 590, acrescentei.
— Hã? Inclinou-se para frente, preocupado, perturbado.
— Mozart foi numerado, expliquei. Ele compôs muito. Foi assim que conseguiram organizar sua obra.
— Oh, exclamou, como que aliviado, depois sorriu, sacudiu a cabeça para indicar que isso tudo era demais para ele, coisas de um mundo diferente. É muito bonito, de todo modo.

Perguntei-lhe o preço da pedra-pomes.
— Ah, não, está certo.
— Não, não está certo.

Procurei o preço no embrulho e percebi que não tinha vindo da sua *nandemoya*, mas de outro lugar longe, em Shibuya.
— Não é de sua loja.
— *Eh*, respondeu, uma resposta comum. Quer dizer sim, ou não, ou ambos, ou absolutamente nada.
— Após o trabalho você foi de bicicleta até Shibuya para conseguir a pedra-pomes.
— Mas nós deveríamos tê-la, explicou, enrubescendo. O senhor mesmo disse que somos uma loja que deveria ter de tudo.
— Era uma piada.

Ergueu-me os olhos, bochechas vermelhas, surpreso. Então, aos poucos, compreendeu, sorriu. Ah, disse, uma piada. Vocês estrangeiros são famosos pelo humor.

Ele usou *yumoru*, já que, tipicamente, não existe palavra em japonês para essa famosa qualidade. Depois riu gentilmente para mostrar que tinha compreendido. Após saborearmos minha brincadeira por um instante, novamente tentei pagar pela pedra-pomes.
— Custou muito menos que a xícara de chá que o senhor me deu, disse ele.

Compreendi. Não fora por mim que tinha se dado ao trabalho de comprá-la, mas pela reputação da loja. Eles tinham sido expostos à vergonha. Ele promovera a reparação. E era verdade – pedras-pomes eram realmente muito baratas.

Mozart acabou.

— Gostei, disse ele.
— Você gosta de música?
— Gosto.
— Quem é seu compositor predileto?
— Os havaianos.
— Ah, sim.
— O senhor tem algum havaiano?
— Não, só clássicos.

Ele coçou a cabeça, indicando que *kurashiku* era difícil demais para ele.

— Mas você estava gostando de Mozart, disse eu.
— Mas é muito difícil de entender, respondeu.
— Você só descobriu que era muito difícil quando soube que era *kurashiku*. Antes, estava gostando.

Pela primeira vez ele olhou-me nos olhos. Era uma idéia nova. Era como se eu o tivesse despertado. Riu com prazer ao pensar nisso. A vida era menos complicada do que fora levado a crer. Estivera sentado ali, compreendendo Mozart.

No entanto, educadamente, continuava na dúvida. Será?, disse. Usou a forma feminina — *so kashira*.

Eu também ficara intrigado. Seria esse um costume de Akita, ou ele estava usando mal o vocabulário de Tóquio, ou...?

— Seu pai morreu?, perguntei-lhe daquela forma direta que também fez a fama dos estrangeiros.

Ele fechou a cara imediatamente, como se minha pergunta cutucasse uma ferida. Olhos no chão, sorriso estancado. Estrangeiros são como mágicos. Deduzem. Depois revelam. Os japoneses também deduzem coisas, é claro, mas nunca as divulgam.

— Sim, finalmente respondeu. Quando eu tinha cinco anos. (A seguir, como às vezes acontece, contou-me algo que não contaria facilmente a outro japonês.) Ele se matou.

Mais perguntas, mais respostas, e sua própria breve história logo emergiu. Filho único de uma viúva pobre, que penou para manter o filho no colégio. Depois, foi apresentado a parentes distantes, viajou para Tóquio, arrumou um novo emprego, luzes brilhando, entusiasmo.

Semanalmente, uma carta para mãe, um dia livre por mês, esperanças para o futuro. Paralela a esta, uma outra história. O pai bebia, o pai jogava, o pai vadiava, o pai finalmente se matou, abandonando a viúva e o infante.

Por isso, o jovem Sato não bebia, não entendia nada de corridas de cavalo ou mulheres e se devotava ao trabalho; e, outra conseqüência, obviamente tinha saudade da mãe, cujo feminino *so kashira* eu acabara de ouvir.

Silêncio. E um peso, como se ambos tivéssemos comido demais. Sem dúvida, ele já se arrependera de suas confidências. Afinal, tínhamos nos conhecido naquela mesma tarde. A conversa se esgarçou, como sempre acontece antes da despedida. Logo ele estava me agradecendo pelo chá excelente e curvando-se formalmente.

A seguir, inesperadamente, um sorriso quente e camponês apareceu. Talvez Sato sentisse que, além de ter sido indiscreto, também iniciara uma amizade. Senti o mesmo e o demonstrei, não mencionando mais a pedra-pomes.

Não obstante, não tive mais sinal dele por algum tempo, a não ser de passagem. Às vezes, quando eu estava saindo, ele passava correndo com sua bicicleta, o cesto cheio de sabão em pedra, toalhas, palha de aço, detergentes. *Konnichiwa*, cumprimentava, e acelerava.

Às vezes eu também o encontrava no banho público, quando ia muito tarde. Encontrava-o sentado solemente, esfregando seu corpo robusto. Sorria e dizia *kombanwa*, mas quando eu entrava na água, ele saía.

Eu compreendia perfeitamente. É comum que um estrangeiro seja objeto de confidências não solicitadas. É também comum que passe a ser evitado por detê-las. O rapaz da *nandemoya*, tendo sido indulgente consigo mesmo, sob provocação, admito, agora lamentava o que fizera. Talvez tenha visto o fato como auto-indulgência, algo sempre ruim num homem jovem e trabalhador.

Então, tarde de uma noite fria, fui ao café local. A gerente era uma senhora de meia-idade, atormentada, sempre com um *pomeranian* rosnando debaixo do braço e derrubando cabelo no creme. Sua popularidade se devia ao fato de ser o único café da região.

Quando entrei, a única mesa que não estava completamente ocupada era a de dois lugares onde estava o jovem Sato, lustroso do banho. Preparei-me para partir, mas ele falou, sorriu, indicou a cadeira a sua frente. Ambos comentamos que fazia muito tempo, um modo apropriado de iniciar uma conversa, depois nos sentamos num silêncio camarada até que ele olhou para seu café.

— Tem um cabelo aí.

— É dela. Ela é famosa por isso.

— Pode ser do cachorro, retrucou, pescando o cabelo para fora da xícara.

— Comprido demais, cor diferente. É preto.

Ambos examinamos o fio de cabelo, agora estendido na mesa. Então conversamos sobre vários acontecimentos na vizinhança. E o sr. Sato?, perguntei na terceira pessoa, por delicadeza. Olhou-me e tocou seu nariz para confirmar se estava me referindo a ele. Isto também era delicadeza, assim como meu afável meneio com a cabeça para confirmar. Sim, disse eu, e passei para um nível mais íntimo. Por exemplo, você já tem algum *hobby*?

Pensou um pouco antes de responder: Armas.

Vendo minha surpresa – pois violência era a última coisa que esperava dele – sorriu. Não para atirar, apenas para colecionar.

E ele tinha uma grande coleção?

Não, na verdade só possuía uma, mas estava pensando em colecionar. Seria um *hobby*. Como meu Mozart. Eu teria meu compositor e ele teria suas armas, disse sem ironia, sorrindo, satisfeito com a comparação.

Depois, temendo um equívoco. Não armas de verdade, só modelos de plástico.

Pensei em seu pai. Mas ele, sentado ali, sorrindo, não pensou.

Não nos encontramos mais até depois do Ano Novo. Um dia, apareceu tarde da noite com frutas de presente – maçãs de sua província natal, a longínqua Akita. Mas parecia sério desta vez, e, quando o convidei a entrar, imediatamente tirou as botas, sem pestanejar. Então anunciou que queria ter uma *sodan* – uma conversa, uma discussão.

Sentou numa almofada e olhou para suas mãos. Uma *sodan* não começa imediatamente. É prefaciada por um silêncio que pode se estender por algum tempo, enquanto a pessoa necessitada da discussão remói no pensamento o melhor modo de começar. Sua cabeça baixa estava prenhe de pensamentos, mas ele não abria a boca.

Fui à cozinha, fiz chá, descasquei várias das maçãs, cortei-as, pus numa tigela, levei tudo para a sala, e ele ainda estava lá, mergulhado em silêncio. Então, finalmente...

— Vim ter uma *sodan*.
— Compreendo.
— Não tenho mais ninguém para conversar sobre isso.
— Compreendo.
— Queria um conselho seu porque é estrangeiro e sabe tudo sobre essas coisas.

Assim começou, voltando tão para trás e acrescentando tanta informação, que demorei algum tempo até afinal compreender. Em poucas palavras, ele estava apaixonado.

Nunca pensou que isso aconteceria, mas agora sentia, sabia, bem aqui – solenemente bateu no peito com o punho – que era de verdade. Estava profundamente apaixonado, nunca se recuperaria. Falava com grande seriedade. Isto venceu qualquer frivolidade que, de outro modo, eu pudesse demonstrar. Também fiquei sério.

— Mas que boa notícia. Estar apaixonado é maravilhoso. Deveria deixá-lo feliz, certamente.

— Devia? Olhou-me desconfiado, esfregando o peito.
— É claro. O amor é famoso por isso.

Ele olhou-me em dúvida. Então não sei se *estou* apaixonado. Não estou feliz com isso.

Mais informação estava por vir. Ele conhecia a menina desde o primário... daí a esqueceu... mas desta vez, ao voltar a Akita nas férias, a encontrara trabalhando no café local, e ela fora simpática com ele e o levara ao cinema, e haviam feito uma longa caminhada, e tudo o que ela queria era sair de Akita e vir para Tóquio, e ele trabalhava em Tóquio e, assim, eles poderiam se casar, e ela o amava e ele também a amava. Agora, o que eu achava de tudo isso e o que ele deveria fazer?

Um japonês, no meu lugar, não teria dado ajuda nenhuma. Teria examinado os dois lados da questão e, bem no momento em que parecesse inclinado a uma atitude, diria: Mas, por outro lado... Desse modo, qualquer responsabilidade por infortúnios futuros seria evitada.

Mas eu não sou japonês, eis por que o obcecado jovem viera a mim. Ali estava aquela coisa horrível chamada amor, ameaçando sua nova vida em Tóquio. Queria que alguém lhe dissesse o que fazer. O que fazer era claro. Ele deveria se recusar a oferecer a ela uma via de escape da horrível Akita. Mas tal conselho, eu sabia, não iria servir para seu presente estado de espírito. Ele estava demasiadamente tomado pela enormidade de tudo aquilo – estar apaixonado. Então mencionei a possibilidade de não se casar propriamente, mas de os dois viverem juntos por algum tempo em Tóquio.

— Oh, não, disse ele alarmado. O que pensaria o pessoal do *nandemoya*? Além disso, e os filhos? Seriam ilegítimos.

— Bem, você não precisa tê-los, não logo de cara, de todo modo.

— Mas pessoas apaixonadas sempre têm filhos.

Isto suscitou um assunto delicado. Queria ter certeza de até onde o amor os tinha levado. Mas como descobrir? Sato ainda era jovem o bastante para ser pudico.

— Você já teve alguma experiência anterior? (*Keiken* era, pensei, a palavra adequada para usar.)

— Oh, não, nunca havia me apaixonado antes.

— Não, quis dizer se você e ela já tiveram alguma experiência. (*Keiken* de novo, já que não conseguia me lembrar de outro termo polido.)

— Não, é a primeira vez que nós nos sentimos desse jeito.

Keiken obviamente não era a palavra que eu queria. Como se diz "íntimo" em japonês, com todas as suas conotações gentis e quase médicas?

—Vocês se abraçaram?, aventurei, sabendo que *daku* é algo usado para sugerir maiores intimidades. Talvez ele seguisse a minha dica.

Pareceu que sim. Corou e disse: Sim. Uma vez. E nos beijamos também. Uma vez, acrescentou escrupulosamente.

Eis uma oportunidade para mim.

— Nada além?
— De pé na praia, no frio? Ainda mais que estava nevando.
— Compreendo.

Satisfeito que o caso de amor ainda não fora longe demais, eu disse: Então, vocês começaram a se encontrar e, um dia, na praia, vocês conversaram, se abraçaram e se beijaram.

Ele balançou a cabeça. Não, foi diferente. Num domingo, ela me levou ao cinema, depois fomos caminhar na praia, depois nos abraçamos, nos beijamos e nos apaixonamos.

— Tudo num único dia.
— Numa tarde.
— Sr. Sato. Como sabe que está apaixonado?
— Ela disse.
— Compreendo.

Ele me olhou com olhos desesperançados, depois baixou a cabeça e ficou olhando a mesa, o chá intocado. Ali estava, desnorteado, o interiorano grandão, de mãos largas.

Há algo feminino em rapazes apaixonados – parecem transformar-se nas garotas pelas quais se apaixonaram. O encontro no café era fácil de imaginar. Ela provavelmente sentara-se ali exatamente como ele estava sentado agora: em silêncio, consumida por seu propósito.

Nos dias que se seguiram, ele não parecia pedalar a bicicleta com a mesma velocidade, não se esfregava completamente no banho, não servia os fregueses com a mesma expedição eficiente. Era como se estivesse continuamente preocupado.

Ela lhe escrevia freqüentemente, disse ele, e suas noites eram preenchidas com as respostas que lhe escrevia. Às vezes, mostrava-me as cartas dela, lia-as para mim. Não eram sobre Sato, mas sobre como era horrível a vida em Akita e o que ela iria fazer em Tóquio quando se casassem. Teria tantas coisas para fazer que eu duvidava que tivesse tempo de vê-lo, mas não lhe revelei nada de tais pensamentos.

— Será que ela vai concordar com sua coleção de armas?, foi tudo que me permiti dizer.

Ele sorriu magoado. Ela sabe sobre meu pai. Diz que foi horrível o que ele fez. Espera que eu seja um marido melhor que ele.

Mesmo neste momento, segurei a língua. Antes não tivesse, penso agora. Devia ter-lhe dito o que achava. Mas não disse nada. Uma das razões eram meus próprios sentimentos, meu próprio descrédito no que me movia a falar. A outra é que estava começando a perceber como era importante para Sato estar apaixonado. Talvez não fosse a garota em si, mas certamente o novo centro que isto havia dado a sua vida.

Em poucos meses, ele estava amadurecido. Era agora um jovem responsável, não mais um garoto. Até seu rosto parecia ter mudado, afinado. Seu olhar não era mais tão direto, tão inocente. Agora era um olhar para dentro.

E como eu era a única pessoa com quem ele podia conversar sobre esse acontecimento esmagador, suas visitas eram freqüentes. Não mais se escutava Mozart. Mesmo o assunto das armas fora excluído. Eu me transformara no médico com quem ele discutia a enfermidade que o absorvia completamente.

E o absorvia, no parecer do médico, porque o permitia ser uma pessoa que nunca fora. Embora a enfermidade o perturbasse, ele a acolheu. Finalmente, tinha algo certo em sua vida mutável, o rochedo de seu amor, ali de pé, resistindo à correnteza.

Assim, por todas essas razões, não tentei tratar o paciente, simplesmente deixava-o continuar, tornar-se cada vez mais febril. Concordo que, embora desejasse seu bem, comecei a achar essas noites preenchidas com louvores à amada cada vez menos interessantes. Não adiantava tentar desviá-lo para outros assuntos, como Colts e Winchesters, a conversa irresistivelmente voltava a girar em torno de Akiko — seu nome.

Certa noite ele apareceu branco, agitado. Parou na entrada com uma carta na mão. Rapidamente anunciou que Akiko iria se casar com o sr. Watanabe, um conhecido dela, que estava se dando muito bem numa empresa em Osaka, e por isso, como se revelou, não viria a Tóquio se tornar a sra. Sato. Ela sentia muitíssimo, mas não podia fazer nada. Que ele tomasse cuidado com a saúde nesse frio fora de hora em plena primavera.

Fi-lo entrar e, como era uma noite de primavera inesperadamente fria, dei-lhe um Toddy quente. Depois, aliviado com a carta tanto quanto ele estava aborrecido, disse-lhe, entre outras coisas, que tivera sorte de descobrir seu caráter antes de casar-se, que era bom ele cair fora disso, que outra garota iria merecê-lo muito mais.

Todas essas observações razoáveis foram rejeitadas e vi que, apesar de tudo, Sato ainda estava apaixonado – agora mais ainda. Estava apaixonado porque precisava estar, e agora simplesmente ouvia meus comentários, assentindo distraidamente. Estava decidido. Iria deixar o emprego, sem dizer nada a ninguém. Iria tomar o trem para Akita naquela mesma noite.

De pé de novo, junto à porta, olhei para ele – um adulto infeliz – e pensei no poder da emoção, na força da necessidade. Ele tentou sorrir. Não conseguiu.

Nunca mais o vi. O resto ouvi dos vizinhos, todos escandalizados por cerca de uma semana. Ele voltara a Akita, havia uma garota lá e, quem podia imaginar, um bom rapaz, trabalhador dedicado como ele.

Enfim, ela trabalhava num café, ele foi lá e daí... mas aqui as versões variam. Talvez tenha havido uma discussão, talvez ela tenha gritado diante dos outros fregueses. De todo modo, foi depois de algo do gênero que ele foi visitar a mãe – pela última vez.

— Ele se matou, disse eu, vendo-o diante de mim, pensando em seu pai. Deu um tiro em si mesmo.

Bem, isso eles não sabiam. Sim, provavelmente se matara. Parece que o encontraram na praia, na chuva, morto já há algum tempo aparentemente. Mas com um tiro? Não, achavam que não. Ele não possuía arma, sabe? A história era que ele pegou uma faca na cozinha da casa da mãe e a usou. Pelo menos isto é o que estão dizendo.

Não consegui saber mais nada. O gerente da *nandemoya* recusou-se a responder a qualquer outra pergunta. Fiquei ali, diante da loja e pensei nele: Hidetada Sato, dezenove anos, sozinho na praia fria.

SHUJI TERAYAMA

Olhar para o palco de Terayama é como olhar dentro de uma caixa. A tampa foi retirada e olha-se para dentro dela como que do alto. O que se vê estava escondido. Agora se revelou.

Ali está a mãe malvada no seu canto escuro; ali está o filho, tateando como se fosse cego, tentando escapar; ali está a moça andrógina, escarnecendo ou ajudando; e ainda o outro homem – meio mordomo, meio irmão mais velho, geralmente careca.

Tais criaturas vivem nas profundezas da caixa, um elenco invariável qualquer que seja o título da peça. São rodeados – às vezes semi-escondidos – pelo cenário: gravuras da era Taisho, velhas bandeiras japonesas, o cão Victor, uniformes escolares, fotos desbotadas, vestidos de baile, uma ou duas espadas; relíquias do Japão pré-guerra.

Um Japão pré-guerra imaginado, porque Terayama era jovem demais para lembrar alguma coisa daquele tempo. O que lembrava era a época da guerra em Aomori, no extremo norte, a neve, o cinema familiar, um mundo em branco e preto onde ele cresceu.

Quando criança, recolhia os ingressos, varria o cinema após a sessão e borrifava água para fazer baixar a poeira. Sua toca era atrás da tela, um emaranhado de cenários pintados, kimonos velhos de teatro, nos quais ele se enrolava para admirar os gigantes, por trás, erguendo-se sobre ele, pequenino, deitado na escuridão.

Da mesma forma, olhamos dentro do mundo em miniatura, privado, mágico que é seu teatro, no qual o mesmo drama é infinitamente encenado. Um mundo expressionista, a realidade é vista por outros olhos, filtrada por uma outra mente, uma mitologia privada. E, como em todo teatro expressionista, o sistema é fechado; também pode ser compulsivo, claustrofóbico.

O mundo de Terayama é inteiramente visual. Um surdo poderia entendê-lo, mas não um cego. É um teatro para os olhos, não para os ouvidos.

Falar com Terayama era dar-se conta de seu olhar. O olhar fixo de uma criança. Os bebês são apenas olhos – têm de ser. Não sabem nada e educam-se pelo olhar. Os olhos de Terayama eram janelas pelas quais ele espreitava.

Sim, espreitava. Embora o olhar fosse direto, havia ali também um sentido de cálculo constante, reservado. Sentia-se que ele estava rearrumando o que via no momento mesmo em que observava. É natural que um diretor de teatro e cinema seja manipulador, mas Terayama dava a impressão de estar manipulando constantemente, que não o deixava de fazer por um momento sequer.

No entanto, as instruções que dele emanavam pareciam pessoais demais para não serem ambivalentes. O diretor não estava dando uma ordem, mas uma sugestão. Os outros tinham que adivinhar por si mesmos o que realmente queria dizer, o que queria de fato, incertos mesmo se ele próprio sabia. Sentia-se também que estava julgando, não por qualquer razão profissional – estará representando um papel?, estará sendo honesto? – mas por algo mais pessoal: gosto dele?, ele gosta de mim? Era isto que parecia sugerir quando observava alguém de sua morada secreta, sua toca.

Até ser consumido pela doença, Terayama, dado a suéteres de gola olímpica – emblemas de segurança – tinha um rosto redondo, corpo atarracado, palmas largas e dedos curtos de criança. E, como uma criança, mantinha intatos os vôos da imaginação. Estes eram transpostos em filmes ou no palco: imagens estranhas, esotéricas, freqüentemente lindas, variações de seu mito central, sua própria infância. Ele dava conta de tudo, distribuía papéis, animava vidas. No entanto, o olhar de dentro daquelas cavernas em seu rosto permanecia escondidoo, vulnerável.

Sim, vulnerável. Foi esse olhar que o matou. Aconteceu da seguinte maneira: quando se dirige para fora, para o palco ou o filme, o olhar se chama imaginação visual; dirigido para a própria vida, chama-se voyeurismo.

O fato de Terayama gostar de olhar era central em sua pessoa. Gostava de se sentar no escuro e olhar para as figuras gigantes, os adultos, em seu espaço brilhantemente iluminado. Todos sabiam disso. Parecia natural.

Não, porém, a polícia e, ao lado dela, os jornalistas e seus jornais e revistas. A lei sempre perseguira Terayama – proibiu a

161

nudez no palco, baniu o teatro nas ruas. O mesmo fizera a imprensa, hipocritamente escandalizada pelo modo direto como Terayama reconstruía uma infância imoral que todos nós um dia conhecemos e alguns de nós lembramos.

No começo, prestara pouca atenção a isso e continuara com sua vida e seu trabalho. Mais tarde, no entanto, apanhado como um voyeur comum, espiando a vida privada – no quarto, no banheiro, na cozinha? – foi repreendido pela lei e posto no pelourinho pela imprensa.

Não fora a primeira vez. Mas seria a última. Antes, costumava ir ao exterior com sua trupe, ou conseguia de algum modo acalmar a tempestade local. Mas esta foi maciça. Agora todo mundo sabia – e pode-se imaginar como este fato deve ter ecoado e repercutido na mente de um homem vulnerável, tão vulnerável que tinha de secretamente revisitar as cenas de sua infância dessa maneira.

Teríamos preferido que o artista revidasse ou, melhor ainda, desdenhasse. Afinal, além de um diretor conhecido, era um dos mais refinados poetas japoneses. Mas os artistas não são feitos assim. É exatamente sua sensibilidade que os torna artistas. Não se pode esperar que resistam. Assim, Terayama adoeceu – tornando-se a doença, embora real, um refúgio para ele.

Uma antiga enfermidade, a cirrose – amiga de infância – forçara-o a abandonar a universidade e agora o fazia abandonar a vida. Essa degeneração secreta silenciosamente o consumiu. A obesidade infantil desapareceu, as maçãs cheias ficaram encovadas. Porém o olhar, questionador, raramente assertivo, permaneceu até o fim.

Terayama, a criança mágica, morto aos 47 anos. Ninguém teria visto a conexão entre seu trabalho e sua morte? Não, ninguém viu. A imprensa, depois de escorraçá-lo, tornou-se respeitosa. O voyeurismo não foi mencionado nos obituários.

Mas estava ali onde deveria estar. Era o glorioso voyeurismo de um artista que tinha imaginação para querer abrir ao público uma vida secreta, tirar a tampa para que, fascinados, pudéssemos ver o interior. Era a necessidade esplêndida, sincera de ver de verdade, de experimentar apenas através da visão para que as profundezas pudessem se revelar.

Isuzu Yamada

Grande profissional dos palcos japoneses, a cada dois meses mais ou menos ela aparecia num ou noutro teatro da cidade alta: às vezes com enchimentos e de quimono em papéis históricos; com mais freqüência, num estilo neo-tradicional impecável – a gueixa mais velha, a viúva endinheirada, a patroa astuta do restaurante.

Grande atriz, igualmente, do cinema japonês, embora vista mais raramente, foi a mulher mundana em *As irmãs de Gion*, de Mizoguchi, a gueixa esmaecida em *Ao fluir da correnteza*, de Naruse, a viúva esperançosa em *Shitamachi*, de Chiba, a filha da matriarca em *Bonchi*, de Ichikawa, e – muito famosa no Ocidente – Lady Macbeth, em *Trono manchado de sangue*, de Kurosawa.

É uma atriz para quem representar é tudo, para quem a correção é mais importante que qualquer outra coisa. A perfeição é tentada e freqüentemente atingida, graças à dedicação ao trabalho.

Esse trabalho é uma técnica irrepreensível. Treinada no teatro clássico, Isuzu Yamada traz em sua representação os recursos das artes tradicionais japonesas, aquelas formas que levam à execução imaculada.

Na dança e na música clássicas, nos esportes marciais, no noh e no kabuki, essas formas são *kata*. No kendo ou judo, os *kata* são séries de exercícios de treinamento, praticados até se tornarem instintivos. Na representação e na dança tradicionais, são um vocabulário reconhecido de movimentos e gestos.

Yamada trouxe às suas apresentações uma concepção formada por esse código de aprendizado, de ser. A novos papéis aplica métodos antigos, e a disciplina dos *kata* ilumina sua presença tanto no palco e na tela quanto fora deles.

Esse sistema aparece em todo seu vigor quando Yamada dança, aqueles movimentos automáticos mais uma vez realizando sua mágica original e transformando numa jovem donzela a mulher de idade avançada. Em suas aparições cinematográficas, mesmo na televisão, também se pode perceber os *kata*, embora tenham sido agora absorvidos ao ponto da invisibilidade. Não se pode mais vê-los, apenas senti-los.

Essa arte informa tudo que Yamada faz: o modo de se virar, o modo de erguer a mão, o modo de sorrir. Nos papéis clássicos, dizem seus admiradores, é tão exímia quanto qualquer *onnagata* – grande elogio, de fato.

Um conhecimento tão abrangente significa que Yamada sempre sabe precisamente o que fazer e como fazer. Quando Kurosawa anunciou um mês inteiro de ensaio antes que um único fotograma de *Ralé* fosse exposto, houve resmungos entre os atores do filme. Nenhum, porém, da parte de Yamada. Ela sabia que este era o modo adequado de atingir o desempenho integral que Kurosawa desejava – na verdade, o único modo.

Ao observá-la agora, anos depois, vejo uma mulher mais velha ainda possuída por essa ânsia de perfeição, essa necessidade de estar constantemente certa. O modo como se virou agora mesmo, ali no palco, essa virada abrupta, em ângulo reto, indicando discordância – foi absolutamente correto. Um instante depois, lança um único olhar, perfeitamente dirigido, de duração precisa, para nos fazer compreender sua decepção com as falhas de alguém.

Não permite que nada obstrua essa ânsia, como descobri quando eu mesmo me interpus no caminho.

Faz muito tempo, quando a televisão era novidade e eu deveria aparecer na telinha com ela. Era fenômeno tão recente, que toda a programação, exceto os filmes, era ao vivo e o dispositivo, talvez por isso, era visto como detentor de certo grau de potencial artístico. De todo modo, era preciso comportar-se bem num estúdio.

Talvez o potencial artístico fosse a razão pela qual uma famosa atriz iria aparecer. Esqueci porque *eu* também iria. Provavelmente contribuiria com o caráter de novidade, já que os estrangeiros eram mais raros do que são agora.

Eu estava escrevendo um livro e fora entrevistá-la. Após este e alguns outros encontros posteriores, havíamos nos tornado tão amigos quanto meu conhecimento da língua e as inclinações dela permitiam. Durante nossos encontros ela era completamente franca.

Começara no cinema em 1932, e em 1936 – aos dezenove anos – estava sustentando o marido, um filho e seus pais divorciados. Fazia-o porque esse era o modo correto de agir.

Também falou sobre *Atriz*, um filme que fez em 1947 com Teinosuke Kinugasa, que resultou num caso amoroso extremamente divulgado com o diretor, mas no qual, disse-me, ela agira com responsabilidade. Depois houve sua carreira política, quando juntou-se ao grupo que liderou a famosa greve de 1948 contra a Toho. Embora isso tenha resultado em sua inclusão na lista negra da indústria cinematográfica, ela se felicitava por ter feito a coisa certa. Houve também seu casamento (entre outros) com o ator Yoshi Kato, no qual saiu-se igualmente bem enquanto durou.

Então, quando descobriu que não podia trabalhar por causa da lista negra, mais uma vez tomou a atitude adequada. Escreveu diretamente para os diretores com os quais queria trabalhar, Kurosawa entre eles. Articulou, desse modo, um grande retorno e ganhou todos os maiores prêmios japoneses de melhor atriz em dois anos consecutivos, 1956 e 1957, o que demonstra que de fato fizera a coisa certa.

Tudo isto foi narrado numa linguagem simplificada para algo que eu pudesse entender. De fato, ela pareceu logo perceber as modestas dimensões de meu vocabulário e aparentemente acomodou-se a elas.

Naquele tempo, meu japonês era muito pior do que agora e, embora eu soubesse dizer o que queria, só sabia fazê-lo de um modo – usando uma linguagem simples, cotidiana, coloquial. Foi portanto grande meu desconforto quando, com a luz vermelha da câmera de tv voltada para nós, descobri que não conseguia entender uma palavra porque a grande atriz estava se dirigindo a mim em *keigo*.

Trata-se de um modo polido e refinado de falar, bastante distante do coloquial, com um vocabulário todo particular e apropriado para ocasiões formais ou quando dirigido a alguém que supostamente merece tal discurso.

A preferência de Isuzu Yamada por essa dicção foi sem dúvida motivada pela primeira consideração. Numa ocasião tão solene como uma aparição na tv, o *keigo* era o único veículo possível. Mesmo se um de nós dois não o compreendesse. Ou talvez, de início, não tivesse ficado evidente que eu não compreendia, embora logo tenha se tornado totalmente palpável.

Isto porque – hipnotizado pela forte luz vermelha, traumatizado por estar "ao vivo no ar", surdo, mudo, nu – apelei para medidas contemporizadoras, como as que ainda uso quando não consigo entender o que me dizem. *Ah*, digo, *mochiron* (é claro); *watakushi mo so omoimasu* (também acho); *sono tori* (está certo) etc.

São todos subterfúgios para esconder minha inadequação. E sendo a natureza da língua o que é, quase sempre funcionam. De fato, é quase impossível dar errado, não importa a indiscriminação com que tais frases sejam usadas – quase, mas não inteiramente, como logo descobriria.

Yamada sorria com doçura, lançando um olhar de aprovação para a câmera de vez em quando e usando palavras como *goran ni naru* para "olhar", quando eu conhecia apenas *miru*, e *o-kiki ni naru* para "ouvir", quando eu só sabia *kiku*. E muito pior.

Reconstruindo a conversa, auxiliado pelo pouco de *keigo* que agora sei, deve ter acontecido algo deste tipo:

— E você fala um japonês tão elegante, tão habilidoso, disse ela.
— *Mochiron,* respondi.
— Isto parece indicar um grau de dedicação assídua.
— *Watakushi mo so omoimasu.*
— E talvez um grau similar de aptidão intelectual.
— *Sono tori.*

E assim por diante.

O que estava ocorrendo, fosse perceptível ou não para Yamada, certamente o era para o restante dos espectadores. Imagino pessoas de Hokkaido a Kyushu rolando de rir em seus *tatami* durante minha aparição naquela transmissão nacional.

Contudo, é provável que a grande atriz nenhuma vez tenha percebido que eu não estava entendendo e nem sequer tenha se admirado da natureza estranhamente estática da nossa conversa. De todo modo, o olhar sério e constante nunca vacilou, nenhum sorrizinho reluziu em minha direção, nenhuma ironia penetrou aquele belo rosto. Como um ou dois amigos fiéis sugeriram, ela não poderia ter feito isso de propósito.

A razão é que fazer isso de propósito não teria sido de modo algum a maneira certa de agir. E reconhecer o que estava ocorrendo, se é que ela percebeu, também não teria sido correto. Quanto ao uso do japonês coloquial, uma escolha que teria tornado meu problema muito menos agudo, bem, isto tampouco teria sido correto.

Teria ela detetado meus mudos esforços, teria notado o acesso de aflição que, disseram-me aqueles que o testemunharam, tornaram meu desempenho ainda mais deliciosamente divertido? Teria?

Bem, esta não é uma pergunta apropriada. Pois, mesmo que ela tivesse, não abandonaria seu modo de expressão. Pois tinha o dever, com seu público, sua arte, com o novo grande instrumento de cultura e educação no qual aparecia pela primeira vez, com ela mesma e comigo, de utilizar a quantia certa de formalidade.

Mas havia mais. O que Isuzu Yamada fez, algo com o qual eu teria sabido lidar se tivesse conseguido me recompor, foi inventar *kata* para a televisão.

Ali estava um novo meio e ela se encontrava, de certo modo, tão perdida quanto eu. Seus espectadores não eram mais visíveis do que no estúdio cinematográfico. Mas neste, tinha-se tempo e espaço e a possibilidade de corrigir. Aqui, não havia nada disso. Estávamos "ao vivo no ar".

Ela estava, assim, tão despreparada quanto eu, mas sua solução para o problema foi muito mais criativa. Pôs-se a percorrer os *kata* disponíveis, tais como eram. Os que assistiram, disseram-me que foi um aprendizado observar como o olhar, o movimento da cabeça, a posição das mãos mudavam conforme ela ia se sentindo mais familiar com o meio, à medida que visivelmente escolhia os que seriam apropriados para a telinha. Quando nossa "conversa" de 15 minutos chegou ao fim, os espectadores tinham tido a demonstração de como uma grande atriz pode criar diante de seus próprios olhos. Nada podia obstruir aquela ânsia criativa, e afinal ela conseguiu que tudo desse certo.

Aquele quarto de hora teve talvez um significado histórico. Pode muito bem ser que os atuais *kata* para aparições na tv (e eles certamente existem agora, pois as pessoas na telinha agem todas da mesma maneira) tenham nascido naquela noite.

Eu só queria ter prestado mais atenção.

Kon Ichikawa

Luzes brilhantes, tapete vermelho, estrelas, sorridentes executivos da Toho — é uma *première* especial, *Felicidade*, de Kon Ichikawa. O diretor está bem à frente da fila de recepcionistas. Sorrindo, cumprimentando, conversando — o famoso cigarro metido entre os lábios.

— O original é de Ed McBain, diz. Apenas um mínimo mesmo de estória (ergue a mão com o indicador e o polegar quase se encostando, para mostrar o pouco que é. Depois, os dedos se abrem). Todo o resto fomos nós.

Os lábios habilmente trabalham com o cigarro entre as sílabas. Há anos prevemos câncer nos lábios. Nem sinal, no entanto.

— Todo o resto fomos nós, diz, com os olhos apertados daquele seu jeito de sempre. Pantomimas metendo-se num macacão. É Ichikawa entrando no original de Ed McBain.

— Foi divertidíssimo fazer esse filme, diz, radiante.

Nunca o ouvi dizer outra coisa. Todos os filmes foram divertidos de fazer. Divertidíssimo fazer as seqüências do canibal em *Fogo na planície* também, imagino. Tão divertido que, na verdade, não deve ser levado muito a sério, fazer um filme.

Durante os infalíveis discursos antes da projeção, o ator principal é incapaz de pronunciar uma palavra sequer. Parte disso é talvez pose, pois é tido como sinal de inteligência ser inarticulado em público. Mas boa parte creio que é real, aquela aparente estupidez que aflige alguns atores. No filme em si, no entanto, o mesmo ator é muito bom, parece saber precisamente o que faz, e o faz com competência. De novo, vejo Ichikawa fingindo entrar dentro de um macacão.

Como tudo é divertidíssimo fazer, infere-se que não é tão difícil e que os resultados não são tão importantes. Isto deve reconfortar consideravelmente os atores, eu pensaria, mas, detalhe de igual importância, sugere que é o modo pelo qual Ichikawa mantém distância do trabalho e de si mesmo.

Certamente explica por que consegue continuar trabalhando num período em que outros diretores mais sérios não conseguem.

Ichikawa pode aceitar qualquer roteiro que lhe oferecerem, desde que não tenha que levá-lo a sério. Então, por ruim que seja, consegue divertir-se filmando-o o melhor que pode. Foi divertido fazer esse filme, ele dirá do pior deles.

Disse-me certa vez que o diretor que mais admirava, com quem mais gostaria de se parecer era Walt Disney. Achei que era o humor mordaz de Ichikawa, até perceber que realmente queria dizer aquilo. Disney também se divertia muitíssimo fazendo filmes, também vestia um macacão e fazia tudo ele mesmo.

No entanto, houve um período em que os filmes de Ichikawa se tornaram sérios – *Enjo, Kagi, Bonchi*. Foi quando sua mulher estava escrevendo os roteiros. A experiência de ver um filme de Ichikawa de repente se tornou mais profunda. Ficávamos comovidos com sua beleza, sua verdade, sua tristeza. Seus filmes de então me enchiam de entusiasmo. Ichikawa olha-me fixamente, cigarro na boca, como se não soubesse do que estou falando.

Talvez não saiba. Sua mulher agora se foi e são outros (inclusive vários *hacks* de estúdio) que escrevem seus roteiros. Ele aceita o que vier, tragando seu cigarro com os olhos apertados.

O filme começa. Muito humor do tipo Ichikawa, com um papai tira e seus filhos sem mãe. Ator muito competente – reclamão, divertido, verossímil. Cheio daquele sentimento é-pena-mas-não-há-nada-a-fazer que, até hoje, tanto atrai as platéias japonesas. Vamos continuar a vida, diz o filme, e a platéia sorri. Aplausos no fim. Os executivos da Toho estão radiantes, Ichikawa abre o sorriso.

Percebi que o filme, como todos de Ichikawa, tem uma certa temperatura. É frio, não apenas fresco, não realmente gelado, mas bem frio. As pessoas entrando, saindo e se movimentando nele não elevaram sua temperatura. Todas parecem estar trabalhando no filme a partir de uma certa distância.

Penso em Ichikawa entrando em seu macacão invisível. Movendo o filme, movendo os atores, fazendo deles uma experiência fria e agradável. Depois lembro seus primeiros filmes e me pergunto quem certa vez entrou dentro de Ichikawa e *o* moveu.

Sumire Watanabe

O que fazer com o velho Yamato? Que problema. Madame Sumire olhou ao redor, chupou um dente. Mais de um século e meio e aparentando cada ano de sua idade. Mas as vigas ainda estavam firmes. Ao longo de todas essas gerações, os cupins nunca haviam conseguido se instalar. Talvez ainda desse para fazer alguma coisa com o prédio — só para manter a tradição. Não importava que todos os outros prédios antigos tivessem desaparecido de Ginza, não importava todo o concreto, aço, vidro e azulejo de banheiro: a moda da madeira boa e cara estava voltando. Capitalizar, talvez, essa onda — idade, probidade, valor.

O lugar certamente passara por mudanças. Nos velhos tempos, era uma famosa casa de gueixas de Edo, com telas de mestres menores e doces de Kyoto. Depois, ocorreu o suicídio, uma moça apaixonada e impedida por contrato, assim dizia a lenda. Então não houve outro jeito senão virar restaurante — tudo tradicional e caro: enguia e tartaruga, baiacu, camarões servidos vivos. O próprio imperador Meiji aparecia, pois o palácio não ficava longe. Conseqüentemente, tornou-se freqüentado pelos membros do governo — parte de Pearl Harbor foi planejada no interior daquelas mesmas paredes.

Depois, o declínio. Embora a casa tenha resistido aos terrores da guerra, não resistiu aos horrores da paz. As bombas e conflagrações deram lugar a impostos mais altos e à elevação do preço territorial. *Tatami, shoji, fusuma* — todos materiais tradicionais — tornaram-se caros demais, já que a procura diminuía. Não houve outra saída senão reabrir como um dos melhores bares de acompanhantes.

E foi aqui que o destino do velho Yamato tornou-se o de madame Sumire. Adquirido de um segundo marido implorando-lhe paz a qualquer preço, revelou-se um desafio que ela teve de vencer. Afinal de contas, era do ramo — encontrara o sr. Watanabe quando, após a guerra, ele passara a freqüentar o cabaré em Ueno, infestado de ratos, no qual outrora ela trabalhara.

Telas de mestres menores foram vendidas, divisórias demolidas, *fusuma* jogados fora; buracos foram cavados nas paredes ancestrais para a instalação de aparelhos de ar condicionado; os *tatami* foram banidos, dando lugar a carpetes púrpura de parede a parede; modernas privadas de assento surgiram no lugar dos *tokonoma*; e ainda um bar para coquetéis e espelhos até o chão, banquinhos de caixote e tamboretes, candelabros de cristal para criar atmosfera e cortinados vermelhos felpudos que sempre juntavam poeira.

E as garotas. Mais problemas. Não adiantava treiná-las, tratá-las como filhas; no fim, todas se estragavam. Quanto não as exortou nas conversas noturnas: Garotas, dêem o melhor de si para o velho Yamato, mantenham a moral elevada, façam o nosso time vencer. E tudo que viu foi cada uma delas dar o melhor de si a outros propósitos não pretendidos, tornando-se elas mesmas madames em bares rivais de Ginza.

Essas jovens não sabiam nada de tradição, de deferência devida aos mais velhos, não sabiam manter-se modestamente em seus lugares, dar duro no trabalho, renunciar — virtudes estas agora completamente perdidas.

Oh, quantos anos ouvindo a choradeira delas; ficando de olho nas espertalhonas, que trapaceavam escondido; as viúvas chorando no ombro dos clientes; as gananciosas que comiam a pasta de uva-passa. Madame Sumire chupou seu dente de ouro e olhou ao redor.

Sete horas — mais uma noite. Logo, os velhos *habitués*, agora menos numerosos, trazendo menos convidados. Os negócios não iam bem. O antigo Yamato estava afundando, as próprias vigas gemiam de desespero. Mas ela tentara.

Ah, se tentara. O macaco, comprado para divertir os fregueses, logo morreu por falta de alimentação; as garotas todas vestidas de freira, um modismo logo superado; jogos de computador que, esperava ela, iriam atrair os executivos mais jovens.

E então, sua maior loucura. Para manter-se em dia com as novidades, como sempre fazia, Madame Sumire inteirou-se das predileções dos árabes. Assim sendo, instalou genuflexórios de plástico e mesas com tampo de vidro e pés dourados. Encheu o lugar de chifon púrpura, que ela esperava ser do estilo dos haréns, colocando velas próximas a ele, romanticamente, apesar do risco.

Mudou o nome para Senichiya, "As mil e uma noites", pintou toda a frente de púrpura, sua cor predileta e que imaginava do gosto do Oriente Médio. Pintou uma estrela e uma lua crescente em dourado sobre o bar, importou uma enorme quantidade de arak para fazer seus novos convivas sentirem-se em casa e renomeou os lavatórios: numa porta, Sultães; na outra, Mulheres.

De início, quisera chão ladrilhado e uma fonte jorrando, mas, ao ser alertada de que o prédio desmoronaria, contentou-se com *tatami* de plástico, com acabamento lilás. Acreditara que os árabes iriam apreciar, mas foram os clientes japoneses — não havia outros — que se deliciaram com a novidade de deslizar seus sapatos pelas esteiras.

Ainda, no novo aparelho de som, Bernstein executava *Scheherazade*, noite após noite, mês após mês, até que o disco riscou e uma das garotas ficou maluca — e nada dos árabes com seus singulares albornozes e atrevidos cachimbos d'água. E não é que ela ainda teve o trabalho e a despesa de encontrar um halterofilista necessitado, o despiu e untou, enrolou-lhe ela mesma um turbante violeta e deu-lhe uma cimitarra de brinquedo para arranhar, na entrada banhada em neon?

Tudo em vão. Mas ninguém poderia dizer que Madame Watanabe — Sumire para os amigos (Violeta, um nome encantador) — não tivera pulso ou não lutara. Mal saía de um desastre logo mergulhava noutro com a cara e a coragem.

Estudara os papéis, os relatórios financeiros; sabia o que era prosperidade só de olhar. Seu país numa curva ascendente e os índices Dow Jones, ou o que quer que fossem, lançando-se numa perseguição cerrada. A riqueza estava lá para quem quisesse pegar, e, a despeito do que diziam os invejosos, não havia nada melhor que um monte de dinheiro.

Percorreu com o olhar a propriedade, e sua língua encontrou o dente. O Japão... talvez esta fosse a resposta, afinal. Reviver a glória do velho Yamato! Sim, pôr todos os *fusuma* de volta, comprar novos *tatami* para substituir os que os fregueses tinham gasto e fazê-los deixar seus sapatos sujos na porta. Fazê-los, também, agachar na privada, como antigamente.

Ah, havia um encanto em tudo aquilo. Com seu olho experiente no pulso do público, ela estava vendo agora. Com a novidade estrangeira tão abundante, que maior excitação poderia haver do que a tradição? A esta altura dos acontecimentos, o antigo Japão era como uma terra estrangeira. Uma excursão à antiga Kyoto era agora tão exótica quanto qualquer viagem a Londres, Inglaterra, ou Paris, França.

Que maior novidade do que essa? Os custos não importam, afinal é um investimento. Entusiasmada, com olhos cintilantes, a pequenina e rechonchuda Sumire cruzou as mãos sobre o corpete de veludo, no nível de sua orquídea lilás, esqueceu o incisivo, iluminou um sorriso. Sumire, ainda empreendedora, faria dinheiro enquanto tivesse fôlego. As pessoas sempre diziam que as coisas não tinham jeito. Como estavam erradas. Ela sabia muito bem. Há sempre lugar para esperança.

Lá fora, a velha placa pendia, quase ilegível, na luz púrpura, e nela estava escrito Yamato, o primeiro nome do Japão, gravado em carvalho por um artesão morto há tempos, bem mais de um século e meio. Suavemente, a placa rangia, balançando devagar na primeira brisa da noite.

Toshio Morikawa

Conversávamos sobre os *furosha*, aqueles vagabundos literalmente emporcalhando cada vez mais os parques, shopping centers e corredores do metrô, apoiados nos muros ou deitados no pavimento, dormindo, às vezes bêbados, sempre carregando sacolas de compras cheias de seus pertences.

Optaram por não trabalhar, não carregar seu próprio peso em nossa sociedade. Afazeres é que não faltam, mas não, querem a vida fácil de vadiar por aí, vasculhando latas de lixo. São simples desistentes. Esta, ao menos, é a opinião dominante.

— Certamente, trabalho não falta para eles, não?, disse eu, convencionalmente.

O homem ainda jovem com quem eu conversava voltou os olhos para mim. Era um operário, um *tobishoku*, daqueles que constroem prédios altos e caminham nas vigas elevadas com seus *tabi* de borracha de dedão separado.

O olhar era divertido. *Yoku shitte oru da na*, disse ele: Você entende dessas coisas.

— Mas essas pessoas são desistentes.

— Ah, são mesmo?, perguntou, inclinando-se para trás e cruzando os braços sobre a porção de peito nu acima da faixa de lã que envolvia o ventre. Parecia estar pensando em como encontrar a melhor solução para o problema que aparentemente eu representava.

— Olha, disse afinal. Ainda há trabalho em boas empresas, mas não nas pequenas, que usam agentes de emprego. Se você quer aprender alguma coisa a respeito, tem de levantar da cama às quatro da manhã e observá-los na fila de emprego, esperando ser contratados por um dia – quinhentos homens na fila por cinqüenta vagas.

Disse-me que o candidato tem de parecer forte o bastante para enfrentar um dia de trabalho, mas o problema é que, depois de uma semana ou duas à toa, a aparência do candidato não ficava lá muito boa. Por isso, não era escolhido pelos agentes.

Depois de um mês ou dois dessa experiência, não restava muita esperança de encontrar qualquer trabalho que fosse. Era quando o desempregado começava a revirar latas de lixo e a beber o que lhe caísse nas mãos. Não tomava banho, o cabelo crescia, os dentes se estragavam. Ele se desleixava, compreende?

Assim, uma pessoa poderia se tornar um verdadeiro vagabundo em meio ano. Não que tenha desistido, entende? Não escolheu tornar-se um *furosha*. Compreende?

Sentia-me surpreso, castigado. Raramente se fala abertamente assim e poucas vezes a mensagem é tão direta. Mas é porque não estávamos na educada cidade alta – estávamos na cotidiana cidade baixa, sentados num banco do parque Sumida, olhando o rio correr no final daquela tarde de começo de verão.

Após um intervalo, ele quebrou o silêncio apontando um ônibus que passava sobre a ponte Kototoi.

— Vim para Tóquio numa excursão da escola quando tinha uns quinze anos, e todos nos debruçamos na janela para observar isto e aquilo. E fomos direto para aquela ponte ali. Devo ter olhado precisamente para este parque. Devo ter visto este mesmo banco.

Sorriu e baixou os olhos para seus *tabi*. E certamente não pensei que estaria sentado aqui desta maneira.

— Desta maneira?

— Sem nenhum daqueles empregos que todo mundo consegue aos montes quando realmente quer. Acha que, do contrário, eu estaria sentado aqui?

— Você está desempregado?

— Há dois dias.

Ele era de Kyushu, passara dois anos nas Forças de Autodefesa (é assim que o Japão chama seu exército após a guerra), depois recebera o pagamento de desligamento e comprara um caminhão. Ele e um amigo iriam abrir um negócio... e, bem, perdeu o caminhão – algum azar inexplicável – e começou a trabalhar na construção de arranha-céus.

— Mas os prédios se expandiram e encheram Tóquio. O terreno tornou-se caro demais para construir, a não ser para as grandes empresas. Mas as grandes construtoras agora têm seus próprios empregados, pagam-nos por mês.

— Então, onde você está dormindo?

— Até anteontem, num alojamento em Sanya.

Eu ouvira falar de Sanya. Era a favela de Tóquio, cheia de abrigos, e motivo de queixas nos jornais. Os *furosha* espreguiçavam-se nas ruas, bêbados ou doentes ou ambos. Sanya era onde os agentes iam de manhã bem cedo com encomendas para dez cabeças aqui, cinco cabeças ali. Os editoriais dos jornais falavam da área como um cancro na capital.

— A noite passada foi *aokan* – ao ar livre, bem aqui no parque. Mas não esta noite. Não, hoje à noite estarei bem longe.

— Como assim? Encontrou trabalho?

Ele sorriu. Não tive essa sorte. E é melhor que você não esteja aqui tampouco, acrescentou.

Pois a polícia iria fazer uma de suas patrulhas periódicas, no nosso parque bem como nos de Asakusa e Ueno. Os vadios que encontrassem seriam recolhidos e postos em camburões, depois descartados em hospitais. Era para seu próprio bem.

Ouvira falar disso, dos centros de assistência e hospitais gratuitos para os sem-teto. Uma das respostas oficiais para os *furosha* era essa, oferecendo-lhes essas instalações, o problema estava resolvido.

— Resolvido para eles, observou o *tobishoku*. Mas experimente ficar num deles. Você consegue ficar por uma ou duas noites, se tiver sorte. Depois é chutado para fora por cerca de uma semana. Há simplesmente gente demais querendo entrar. Não há mais vagas.

— É claro que se você realmente quiser um lugar permanente para ficar, quando eles tentarem te meter no camburão, você fica violento e resiste. Isto significa que você é perturbado, assim eles vão te despachar para um dos hospícios do norte. Daí você ganha um lar definitivo. Tente *sair* de um desses lugares.

Com o sorriso há muito desaparecido, prosseguiu: Veja, se eles se livrarem de todos, Sanya ficará vazia e finalmente eles poderão derrubá-la e construir shopping centers ou coisas do gênero. E, evidentemente, isso também acabaria com o *senso* de Sanya.

Eu também sabia algo sobre aquilo, a guerra de Sanya, que já durava tanto tempo que os jornais haviam deixado de noticiar a respeito. Trata-se da infinita batalha entre gangues e sindicatos.

Os gângsteres também trabalham como agentes de emprego. Quando encontram trabalho para um homem, levam uma parte de seu salário. Os sindicatos querem corrigir essa prática, que resulta num pagamento baixíssimo para os trabalhadores. Querem que a distribuição de empregos seja justa e que os trabalhadores tenham o pagamento integral do dia de trabalho no bolso. Também querem organizar os homens num verdadeiro sindicato, capaz de impor os preços aos patrões. Esse conflito de interesses tem resultado em muita violência e inúmeros assassinatos — um diretor ficou mesmo famoso ao fazer um documentário a esse respeito. Mas, eu também soubera, a polícia já tinha tudo sob controle.

— A polícia? Riu. Eles ficam em volta olhando. Não querem se envolver. Talvez tenham ordem para se comportar assim, sei lá.

Isso se devia, explicou, aos donos dos terrenos, aos comerciantes locais e a todos aqueles interessados em fazer uma limpeza em Sanya; e, conseqüentemente, aos políticos locais. Consideravam uma desgraça existir um lugar como Sanya na cidade. Com isso queriam dizer — além da vergonha de haver pessoas congelando nas ruas — que era um desperdício tanto terreno sem uso lucrativo.

Virei-me e encarei-o mais de perto. Um operário dissidente articulado é raro.

— E como, perguntei, você sabe tudo isso? Como sabe sobre a patrulha de hoje à noite? Certamente, os tiras mantêm coisas desse tipo em segredo.

— Talvez tentem. Mas fomos alertados sobre isso pelos alto-falantes quando fui procurar trabalho esta manhã. Os caminhões deram esse aviso pouco antes de partir. Não querem que Sanya seja destruída. Trabalho bom e barato como o nosso. Tantos de nós para escolher.

A seguir, sorriu. Quanto a mim, estarei em Yokohama assim que escurecer.

— Você deveria prosseguir caminho e voltar para Kyushu.

Ele assentiu: Você tem razão. Mas quando o fizer, quero fazer direito. Quero chegar com um presente para minha mãe e algo para meus sobrinhos, disse.

Ficamos em silêncio por um instante. Então sugeri uma refeição, embora ele não tivesse pedido. Fomos comer pilaf de frango num restaurante local, onde a proprietária ficou visivelmente perturbada pelo fato de que um operário comum, de peito nu, estivesse ali e ainda por cima com um estrangeiro suspeito. Teria ficado ainda mais descontente se conseguisse ouvir nossa conversa.

Ele estava me contando de um hospital conhecido entre os vadios, que lutavam para não ter que ir para lá. E não era apenas por sua alta taxa de mortalidade. Era também, ao que parece, porque o lugar tornara-se famoso por fornecer órgãos a outros hospitais: rins frescos, globos oculares, corações – o que se quisesse.

Nisto eu não acreditei. Espere aí. Isto faria um barulho enorme na imprensa.

— Bem, talvez – se descobrissem. Mas, olhe, ninguém se importa.

Comemos em silêncio por um instante, enquanto eu arrancava os pedaços de pele e cartilagem de frango que encontrava. Então, com uma mesura rápida, ele me agradeceu e disse: Muito bem, isso vai me sustentar até amanhã de manhã, quando estarei nas docas de Yokohama. Soube que os agentes de lá não são gângsteres, pelo menos não todos.

Nos dias que se seguiram, em minhas caminhadas por Tóquio, dei comigo observando os *furosha* nas ruas ou nas passagens do metrô, não apenas no centro, mas também em Ginza e Shinjuku.

Em alguns dias, havia muitos deles, em outros, nenhum. Supuz que a polícia os estava removendo. Com certeza, estava tentando mantê-los afastados. Percebi poças de água num canto onde, no dia anterior, havia vários homens deitados. E areia úmida ao longo dos corredores onde haviam se sentado, para tornar impossível descansar no lugar.

Então certa noite, em Ueno, quando voltava para casa, caminhando por um corredor do metrô, vi vários deles acampados entre as colunas. Alguns estavam lendo jornal, uns poucos deitados, enrolados. Mas um deles, bêbado e delirante, de roupas rasgadas e enlameadas, estava de pé junto a um pilar, mijando.

Caminhando a seu encontro, em seus uniformes verdes, dois guardas de segurança. O mais jovem viu o velho urinando e correu à frente. Gritando *Hora, kono yaro* — Ei, seu filho da puta — golpeou-lhe com força por trás da cabeça.

O velho, já bambo, caiu, escorregando em sua própria urina pelo pavimento. *Kono yaromé*, gritou o jovem guarda, com os outros observando, e chutou os flancos do velho enquanto ele tentava se levantar.

O guarda mais velho segurou-lhe o braço para ajudá-lo, depois pareceu pensar melhor e largou o casaco molhado de mijo, e os dois guardas começaram a algemar os *furosha* ao longo do corredor.

E eu, olhando para as costas molhadas e retorcidas do velho, pensei no jovem e bem-intencionado operário de rosto camponês de Kyushu. Seria este o seu futuro em poucos anos? Nunca saberia. Nunca esperei encontrá-lo de novo.

Mas encontrei-o — em Asakusa. Ele andava com passadas largas em suas calças folgadas e *tabi* com o dedão separado, carregando uma malinha e com ar de estar indo a algum lugar.

— *Yo*, disse ele ao me ver, abrindo um sorriso largo: Eles não te apanharam no parque!

— Não fui. Fiquei em casa.

— Bem, você não é o único a ter uma casa agora. Arrumei um emprego. Parto amanhã cedo. Osaka. Salário bom. Vou trabalhar lá por um mês, daí já terei o bastante para voltar a Kyushu. Vou voltar de trem-bala. Com presentes e tudo o mais. Olhe aqui.

Mostrou-me o contrato, um precioso pedaço de papel que supostamente estabelecia tudo. Eu não conseguia ler nada, exceto seu nome — os caracteres de "floresta" e "rio".

— Ei, você sabe ler. Sim, Morikawa. E o prenome? Não? É Toshio. Não Toshiro, Toshio.

Felicitei-o, depois perguntei como acontecera de arrumar o emprego. Foi pura sorte, disse. Um agente que nunca vira antes. Disse que precisava de cinco homens, mas que teriam de deixar Tóquio. Todo mundo estava disposto a isso, sem dúvida, mas uns cinqüenta e poucos tinham qualificação.

— E o que ele fez?

Bem, o agente, ao que parece, recorreu a um *takara*, um sorteio, para decidir. E aqui Toshio deu um sorriso amplo ao lembrar: Dei sorte.

Parece que aqueles cinqüenta adultos desesperançados fizeram uma roda e começaram um jogo primitivo de eliminação – pedra-papel-tesoura. Era o *takara*, e os cinco sobreviventes conseguiram o emprego e tiveram a oportunidade de deixar Sanya.

Enquanto comíamos um cozido *nabe*, conversamos longamente sobre o futuro brilhante e, quando esse assunto acabou, sobre o passado sombrio. Contei-lhe com alguma indignação o que tinha presenciado em Ueno no corredor do metrô.

— Bem, o que você queria?, foi sua resposta inesperada: Essa gente não pode ficar deitada e mijando por aí onde as pessoas passam.

— Mas aqueles dois foram brutais.

— Talvez fosse o único jeito de tirá-lo dali. De qualquer forma, ele já devia estar com a cabeça estourada.

— Ou quem sabe apenas fora de si, disse eu, indignado.

— Quem sabe.

Toshio não estava mais interessado no destino dos *furosha*, agora que não corria mais o risco de se tornar um deles. E não estava mais interessado no futuro de Sanya, agora que já não estava condenado a viver ali. Em vez disso, queria falar sobre o que a sorte lhe reservava.

— Estive em Osaka apenas uma vez, disse ele: Lugar agradável.

— Há uma favela lá, ainda maior que Sanya. Tome cuidado.

Ele riu, exibindo seus dentes fortes, tão brancos quanto a camiseta limpa que estava usando. A porção de pele morena sobre a faixa do ventre desaparecera. Em seu lugar, ornando o peito, havia uma pintura do rei das selvas, com *Leão* escrito embaixo.

— O rei dos animais, disse eu, e ele, vendo a que me referia, abriu a jaqueta. Debaixo de *Leão*, havia *Dentifrício*.

— Ganhei do pessoal da pasta de dente. Estavam distribuindo na rua.

Depois do *nabe*, fomos tomar café em outro lugar, e ele pagou.

—Tenho meu orgulho, disse, sorrindo. Além disso, não sou um vagabundo, você sabe.

Riu de novo, depois, como se lembrasse: Não fique muito preocupado com os *furosha*. Não é tão grave assim, sabe? Tomam conta deles. E se aqueles guardas foram um pouco duros, bem, acho que provavelmente tinham de ser. Não se pode perder o controle dessa gente.

Sorvia o café e olhava para aquele homem inteligente e sincero. Não mais um rebelde, havia retornado para o rebanho, ganho um emprego, uma oportunidade para esquecer o abismo que vislumbrara.

E eu estava feliz por poder também esquecer. Como poderia entender alguma coisa do que aqueles vagabundos estavam sentindo? Quando via algum velho trabalhador bêbado, louco, agonizante, apenas me perguntava se ele sabia o que estava lhe acontecendo.

Hoje em dia, reparo com mais freqüência nos escolares de cara fresca, vindos do campo para passar o dia na capital. Da janela do ônibus, apontam o rio, o parque, apontam para mim sentado num banco ao sol do fim de verão. Pergunto-me o que acontecerá com eles.

Shintaro Katsu

Katsu, com sua *entourage* na retaguarda, faz uma aparição grandiosa. Assume uma pose de Zatoichi, braços estendidos, o globo ocular virado para cima deixando apenas o branco aparecer – o próprio espadachim cego. A seguir, os olhos deslizam de volta ao lugar, ele dá sua risada resfolegante e tapinhas nos companheiros para fazê-los entrar na sala.

Tudo são sorrisos esta noite. Kurosawa escolheu-o para fazer o papel principal em *Kagemusha*. É um papel ao qual aspira. Quer ser um grande astro internacional, não apenas um pequeno astro japonês. Esteve várias vezes em Las Vegas, por isso sabe. Quer mesmo ser um grande astro *americano*.

Sentado, com os camaradas ao redor, mantém o humor da mesa. Certa vez, uma garota em Las Vegas perguntou-lhe se gostava à maneira francesa. Ele não fazia idéia. Ela demonstrou. Fazia cócegas. Queria dizer isso. O inglês era inadequado. Então disse: Eu não gostar chiclete.

Os camaradas explodem, risada geral. Outra história engraçada de Las Vegas. Quando estavam fazendo amor, aquela ou uma outra garota perguntou-lhe se estava pronto [*ready*]. Dada a típica confusão japonesa do "l" com o "r", ele entendeu errado. *I no lady* [Eu não dama], respondeu indignado: *I gentleman* [Eu cavalheiro]. O grupo urra de satisfação, vários batem na mesa com a palma da mão.

Katsu, baixo, gordo, de bigode, engraçado quando tem um bom diretor, olha ao redor como que surpreso com tais reações, depois ergue os ombros benignamente: homem tem que ser macho, diz o gesto. Parodiando um chefe de gangue americano –*Okay, okay, fellas, just cool it* [Tudo bem, tudo bem, camaradas, fiquem frios] –, acrescenta em japonês: E agora vamos fazer um brinde a *Kagemusha*, o que quer que isso signifique (com um sorrisinho maligno, sua marca registrada, o guri engraçado banca o durão).

Chegou o primeiro dia de filmagem no *set* de Kagemusha. Katsu, veterano de dúzias de filmes, estava pronto. Pronta também sua corte. Ele tinha até sua própria equipe de televisão para registrar a performance. Kurosawa foi contra.

— Mas preciso ter um registro de minha atuação diária, Katsu teria respondido. Ou não saberei como estou representando, se estou indo bem.

Kurosawa o teria informado de que ele era o diretor, *ele* diria ao ator como estava representando e se estava indo bem. Aos argumentos ulteriores de Katsu, Kurosawa teria objetado que estava usando câmeras múltiplas e que a equipe de tv ficaria em cena.

— Ei, rapazes, escondam-se atrás daquele pilar, o ator teria gritado, antes de se voltar para o diretor e dizer: Pronto, está vendo? Invisível.

Kurosawa comentou mais tarde: Se estava sendo tão difícil no primeito dia de filmagem, eu já o imaginava no último. Conseqüentemente, disse que não, a equipe de tv teria que ir embora. Katsu respondeu que não, ficaria. A seguir, dependendo do lado que conta a história, Kurosawa disse: Você está despedido; ou Katsu disse: Peço demissão.

Outra festa, outra entrada. Esta, discreta. A *entourage* desta vez é composta pelos durões do estúdio Toei, pois Katsu está fazendo mais um filme de gângster com eles. Muito discreto agora — nada de imitações de Zatoichi. Fica numa mesa de fundo, brinca com os palitos. Os rapazes giram a seu redor protegendo-o — o líder ferido.

Olho para ele — gordo, engraçado e, agora vejo, perdido. É um guri, está certo, mas um daqueles que seus amados americanos dizem estar com problemas de autoridade. Não, não, diz à imprensa, fazendo-se superior a toda aquela história: Ele é um artista, vocês sabem. Eu sou apenas um ator... Mas igualmente, naquele momento, apenas um menininho desobediente e decepcionado que testara até que ponto papai iria aguentar.

Ou quem sabe tenha sido diferente. Talvez ser um grande astro americano fora demais para ele. E se desse o máximo de si e não conseguisse? O que seria? E se fosse um *fracasso*? Por isso o melhor era nem tentar. Simplesmente dar para trás.

Ou nenhuma das duas hipóteses. Talvez não tenha havido tanta reflexão. Ele só quisera se divertir, era apenas alguém tentando dar o melhor de si. Uma risadinha, um drinquezinho, uma tragadinha. E alguns camaradas — sua "trouxa", tendo-o à frente como "os velhos olhos castanhos".

Katsu agora equilibra um palito sobre o outro. Alguns dos comparsas riem em silêncio. Ele mesmo sorri calmamente, com a luz discreta – que esses lugares chamam de *lighting* – dando um reflexo bonito a seus cabelos grisalhos. Logo dará sua famosa risada. Talvez até imite Zatoichi.

Hisako Shiraishi

Rosto redondo, coque grisalho bem feito, mãos segurando a bolsa, parecia uma anciã qualquer. E seus suspiros, sorrisos lânguidos, queixas também eram os de uma anciã comum que ficou sozinha.

Eu a notara na quitanda, observando os repolhos, beliscando os morangos e reparando nos preços. Também a vira no mercadinho local — que fazia anúncios em inglês, talvez equivocando-se com os termos, como *Chic Commode* [a comadre chique]. Ela estava pedindo desconto no sabão em pó por estar comprando grande quantidade.

— Minha casa está sempre limpa, ouvi-a dizer, como se a estivessem acusando de não ser. Lembro que pensei estar diante de uma senhora que não tinha nada com que se ocupar. Mal sabia que logo me tornaria sua ocupação.

Era minha vizinha, morava no apartamento logo embaixo do meu, no prédio de 12 andares (chamado "mansão"). Foi dos vizinhos ao lado que soube mais sobre ela.

Tinha filhos, um ou dois, mas eram negligentes. Isto veio da professora de piano à minha esquerda. Não que os culpasse. Também um marido, há muito falecido. Provavelmente, por ter que viver com ela. Isto veio com uma risadinha do carteiro à minha direita — recebendo um beliscão e um olhar de reprovação da mulher.

Hisako Shiraishi, seu nome na porta e na caixa do correio, não era querida. Ela não fazia por mal, disseram-me, mas era reclamona e aproveitadora. Parece que trazia "desarmonia" às reuniões da Associação dos Moradores da Mansão Shuwa.

— Está sempre reclamando, disse o carteiro aposentado, que encontrei no elevador, longe da mulher. Detesto encontrá-la nas reuniões. O problema é que não tem mais nada a fazer.

Foi assim que, muito inocentemente, ofereci-me como voluntário. Comecei a dar bom dia à sra. Shiraishi. Isto a assustou e ela me lançou um olhar desconfiado antes de retribuir meus cumprimentos com reserva. Decidido a ser agradável, eu sorria toda vez que nos encontrávamos e segurava a porta do hall de entrada. Ela passava depressa depois voltava-se para me lançar um olhar acusador, ao sentir-se segura no elevador.

Notando a hostilidade, eu deveria ter me retraído. Em vez disso, reagi como se fosse uma espécie de desafio. Serei gentil, serei gentil, dizia a mim mesmo. É duvidoso que eu estivesse realmente preocupado em fazer o sol brilhar na vida da velha. Suponho que simplesmente acreditava que todo mundo devia se dar bem com todo mundo. Não haveria outra explicação para apresentar-me à sua porta com uma melancia madura.

Uma fresta abriu-se na porta. Um olho escuro espiou.

— O que o senhor quer?, perguntou ela desconfiada.

— Por acaso, eu tinha essa melancia. E achei que a senhora iria gostar.

— Por quê? perguntou – uma reação imediata, como a porta de uma armadilha.

— Bem... é a primeira da estação, disse eu, incapaz de pensar em outra razão.

A porta abriu mais um pouco. Ela estava ali, encarando-me. Então: Espero que o senhor não pense que isso irá desculpá-lo.

— Desculpar-me do quê?

— Das coisas horríveis que faz, respondeu com a voz chorosa. Quando o senhor sacode os tapetes na sacada, toda a sujeira entra pelas minhas janelas.

Sentindo-me absurdamente culpado, desculpei-me, prometi tomar cuidado e estava indo embora quando uma mãozinha forte se esticou, agarrou a melancia, puxou-a para dentro e bateu a porta. Fiquei parado ali com a terrível sensação premonitória de ter feito algo irremediável.

Algum tempo depois, viajei por cerca de uma semana e, quando voltei – acabando de entrar – recebi um telefonema dela.

— Estou ligando para me queixar. Não consegui fechar os olhos na semana passada por causa do barulho que o senhor estava fazendo. Toda noite, sem parar. Não sei mais o que fazer. Preciso de sono, sou uma senhora de idade. É muita crueldade.

Disse-lhe que iria descer. Ela estava esperando atrás da porta e abriu-a assim que toquei a campainha. Desta vez, convidou-me a entrar, pelo menos até a soleira. Olhei para sua cozinha bem arrumada e ela, percebendo, imediatamente fechou a porta de correr. A seguir, desfiou longamente a semana horrível que passara.

Imaginei o que acontecera. Eu dera a chave a meu amigo Fumio e disse-lhe para usar o apartamento se quisesse. E ele trouxera amigos. Como eram todos jovens, deviam ter feito uma quantidade razoável de barulho. Assim, desculpei-me, curvei-me, disse que isso jamais voltaria a ocorrer, retirei-me e resolvi conversar com Fumio a respeito.

Sim, haviam dado uma festa, até meia-noite talvez, e uma das garotas *estava* realmente alterada e, sim, haviam dançado um pouco. Mas apenas uma vez, apenas no sábado à noite, claro que não *todas* as noites. Eu sabia que ele estava dizendo a verdade. Também comecei a perceber a amplitude do problema que a sra. Shiraishi iria tornar-se.

Mas não foi imediatamente. Naquele momento, percebi mesmo que estava tentando ser silencioso em meu próprio apartamento. Procurava andar com mais suavidade, fechava as portas mais delicadamente. Sentia-me, porém, contrariado. Era como se a velha neurastênica tivesse vindo morar comigo, como se estivesse ali, no armário, espiando com seu olho escuro arregalado.

Então, um dia, bem tarde da noite, um telefonema. Queria perguntar-lhe se poderia diminuir um pouco o barulho. É tarde. As pessoas querem dormir – eu, por exemplo. Não preguei os olhos nos últimos dias por causa dessa barulheira. Preciso dormir. Sou uma senhora de idade. Por favor, procure não andar tão pesado. E daria para puxar a descarga com menos freqüência? Faz um barulhão e sempre me assusta.

Disse-lhe que iria tentar e, no dia seguinte, fui falar com os vizinhos. Como é que aquela mulher conseguira o número do meu telefone?, quis saber. Ah, era fácil. A Associação dos Residentes da Mansão Shuwa teria dado a ela. O problema mesmo, continuou o carteiro aposentado, é que ela era terrível quando implicava com alguma coisa. Era melhor eu tomar cuidado – aguentar.

A professora de piano, quando lhe contei, demonstrou um interesse simbólico, mas sugeriu que, como afinal tínhamos de viver juntos, talvez eu devesse ser um pouco mais silencioso. Olhei-a de frente

— a mulher cujo *Für Elise*, tocado por seus alunos, eu vinha suportando diariamente há algum tempo.

Depois disso, veio a calmaria por um período, até que certa noite ouço baterem à porta. Do outro lado havia um policial. Pediu-me a identidade e, a seguir, contou-me que a vizinha de baixo dera queixa sobre a algazarra que eu estava fazendo e pedira ajuda, razão pela qual ele estava ali. Exatamente o quê eu estava fazendo?

Convidei-o a entrar, mostrei-lhe meu silencioso apartamento e contei-lhe a história de minhas relações com a sra. Shiraishi. Não pareceu surpreso, apenas aquiesceu e disse que se lembraria da próxima vez que ela telefonasse – quer dizer, se estivesse de plantão. Senão, eu teria de me explicar a um bom número de patrulheiros até que todos se inteirassem do caso.

— Mas não está direito. Não fiz nada, e ela chama a polícia.

— Eu sei, respondeu o jovem policial, um pouco incomodado, mas sorrindo. No entanto, o Japão é um país pequeno. Todos nós temos que aprender a conviver pacificamente uns com os outros.

Assim que saiu, desci as escadas sem levar presentes desta vez. A porta abriu uma fresta. De dentro, um olho espreitou.

— O que o senhor quer?, perguntou aquela voz chorosa, odiosa.

— Quero saber por que a senhora chamou a polícia se eu não estava fazendo barulho algum.

— Estava. O senhor estava dançando.

— Eu estava sozinho.

— Eu escutei dança.

— Eu não estava dançando.

— Isto é o que o senhor diz. Mas alguém estava dançando. Eu ouvi. Eu tenho que dormir. Há várias noites não durmo. Sou uma senhora de idade. Preciso dormir.

— Sra. Shiraishi! Vou levar este assunto à reunião da Associação dos Residentes da Mansão Shuwa.

— Eu já levei. A reunião foi ontem.

De manhã, fui procurar os vizinhos. Nenhum deles fora à reunião, mas mesmo que a queixa tivesse sido dada, disse-me o marido, ninguém teria levado a sério.

— A polícia levou a sério. Um policial foi bater à minha porta.

— Ele estava apenas cumprindo seu dever, explicou. O que é que há, isso acontece com todo mundo de vez em quando. Todos temos de conviver em paz uns com os outros. O Japão é um país pequeno. Você tem que aprender a tolerar.

— Mas não sou culpado, disse aborrecido, usando uma linguagem algo dramática.

Neste momento, a esposa apareceu e puxou-o de lado. Embora cochichasse, escutei muito bem o que disse: Agora chega – a gente não tem que se envolver.

Um breve período de coexistência pacífica se seguiu. Então uma noite, muito tarde, bateram com força em minha porta. Eu estava dormindo, mas sabia quem era. Corri para a porta, descalço, de shorts, e apanhei a apressada sra. Shiraishi antes que atingisse as escadas.

— Olhe, disse-lhe, segurando-a, falando baixinho, com cuidado, como para uma criança assustada ou um animal excitado. Olhe, venha e veja por si mesma. Não há ninguém aqui. Estou só. Estava dormindo. Ninguém estava fazendo barulho.

Deixou-me puxá-la até a porta. Acendi a luz. Ela parecia estar procurando sinais de festa, mas também notei aquele olhar de curiosa cobiça que pessoas solitárias têm quando espiam a casa dos outros.

— Estão todos na sacada.

Virei e encarei-a, percebendo que ela mesma não acreditava no que estava dizendo. Apenas não queria estar errada.

— Então venha aqui, disse-lhe, atravessando a sala e abrindo a porta da sacada.

Ela espiou no escuro.

— Eles pularam para baixo.

— Sra. Shiraishi. Estamos no oitavo andar. Não é possível pular para baixo. A senhora está ouvindo coisas.

— Sei o que ouvi, disse a mulher que era uma bola com olhos feito facas.

— Olhe, retruquei, procurando compreender o que a fazia comportar-se daquela maneira. Este apartamento é velho. Às vezes eu também escuto coisas. Parecem vir do apartamento de cima. Mas não. Vêm de algum outro apartamento. Assim, é possível que alguém esteja dando uma festa que parece ser aqui, mas não é. É em outro lugar.

Eu não só estava querendo lhe dar um pouco de razão por ter me incomodado por engano, mas também talvez mandá-la bater em outra porta.

Mas ela ficou parada ali de camisola, baixinha, compacta, os cabelos grisalhos como um capacete: ouvi o que ouvi, recitou, e sei o que sei.

De manhã, acordei o diretor da Associação dos Residentes da Mansão Shuwa e disse-lhe o que acontecera. Fechando o roupão ao redor do corpo, trocando os pés descalços, disse. Oh, a sra. Shiraishi. A gente já sabe.

— Bem, se já sabe, não pode fazê-la parar de bater nas portas e acordar os membros da sua associação?

Até dizer isso, eu não percebera que fizera o mesmo com ele, acordara-o de um sono tranqüilo para reclamar. No entanto, ele parecia não perceber.

— O fato é que, quando estamos num país populoso como este, temos de aprender a conviver. Sei muito bem que a sra. Shiraishi pode ser um transtorno. Mas é que a mulher teve uma vida dura demais. Embora pouca gente saiba, a verdade é que seu marido se matou.

— Não me surpreende nem um pouco.

O diretor da associação dos residentes olhou-me com tristeza, como se minha atitude fosse um dos problemas deste mundo normalmente pacífico.

— Olhe, disse-lhe, consolidando essa impressão. Também posso chamar a polícia, o senhor sabe.

Sacudiu a cabeça. Oh, não iríamos realmente querer isso.

— Bem, eu também não queria realmente que aquela velha fosse bater na minha porta no meio da noite, o senhor sabe.

De volta ao meu apartamento, bati a porta e dei vazão às minhas próprias suspeitas. Ah, eu sabia por que tudo isso estava acontecendo comigo. Certamente não seria tratado desse jeito se não fosse estrangeiro.

Era porque eu era estrangeiro que aquela velha louca tinha despejado sua paranóia sobre mim. E era porque eu era estrangeiro que estavam me despachando com aquela conversa de que o Japão era pequeno e que todos tínhamos que viver alegremente juntos. E isto da parte do homem que, por obrigação, deveria me proteger.

Disse tudo isto à professora de piano. Ela assentiu com solidariedade, observando a seguir. Mas é verdade o que ele disse. O senhor não acha que deveria tolerar uma coisinha dessas?

— Uma coisinha!, gritei. Essa louca batendo na minha porta no meio da noite. Isso é uma coisinha?

— Mas se ela acha que o senhor está fazendo um barulhão... não que o senhor realmente esteja fazendo, é claro.

— Olhe. A senhora mora ao meu lado. Alguma vez ouviu alguma das minhas festas de arromba de virar a noite?

— Não, nunca. Mas o senhor deve se lembrar que estes apartamento têm paredes muito finas e se pode ouvir muito. Talvez ela esteja reclamando apenas dos ruídos cotidianos normais.

— Talvez seja isto, disse eu, tendo agora a confirmação da minha própria paranóia. Porque eu certamente posso ouvir todos os *seus*!

A seguir, conversei com o carteiro aposentado:

— E o diretor da Associação dos Residentes não quer fazer nada a respeito dela. Nada. Ela é uma ameaça!

— Eu sei, disse ele, com uma expressão infeliz. Mas estamos todos no mesmo barco. Temos que fazer o melhor possível.

— Ah, é? Então por que *eu* tenho que fazer o melhor possível e *ela* não – se de fato estou fazendo algazarra toda noite?

Eu sabia muito bem por quê: era porque eu era estrangeiro e ela não; porque era um intruso e ela não. Isto eu não disse, talvez apenas porque não tivesse a oportunidade – pois, neste momento, a esposa o chamou (*Anata!*) e, com um gesto de impotência, ele fechou a porta.

Voltei furioso para casa e ouvi o telefone tocar. Era, claro, a sra. Shiraishi. Desta vez, no entanto, não era para reclamar. Disse, surpreendentemente: *Naka yoshi ni narimasho* – Vamos fazer as pazes.

No mesmo instante estava à sua porta, ansioso de fato para fazermos as pazes. Lá estava ela, baixinha, redonda, arrumada. Convidou-me para entrar na cozinha. Olhei ao redor, curioso para ver que tipo de covil o monstro tinha.

E ali fui apresentado à sua filha, pessoa mais ou menos da minha idade, de óculos sem aro, fria como gelo, olhando-me com declarada beligerância.

— Pedi-lhe para vir lá de Gumma, eu estava em tal estado, sem dormir, toda noite aquele barulho horrível, e ela disse que, se fizéssemos as pazes, talvez o senhor se tornasse mais silencioso e eu conseguisse pelo menos dormir um pouco. Aqui está.

E colocou um copinho de aguardente de ameixa em minha mão.

— Muito bem, sra. Shiraishi, prometo não fazer nenhum barulho e a senhora promete não me telefonar ou chamar a polícia ou vir bater à minha porta.

— Mas o barulho, o barulho.

— Olhe, sra. Shiraishi. Não há barulho. É a sua cabeça. A senhora acha que está ouvindo.

Virei-me para a filha procurando algum tipo de compreensão. Ela devia saber como a velha era louca – era sua própria filha. Não encontrei nada, porém, apenas um olhar frio, sem aro.

— Oh, encontrei a sra. Watanabe na rua, choramingou a sra. Shiraishi, e ela disse: A senhora está ficando neurótica, sra. Shiraishi, e eu lhe disse que sim, é evidente que estava, como não ficaria, sem pregar os olhos ao longo de semanas por causa dessa barulheira toda noite. Então, como última alternativa, Mariko, aqui, disse que deveríamos tentar fazer as pazes.

Apesar da minha ansiedade anterior, na verdade eu não queria fazer as pazes com ela ou sua filha de óculos sem aro. Não queria ver nenhuma das duas nunca mais. Mas também queria parar de andar na ponta dos pés no meu próprio apartamento e de estremecer cada vez que puxava a descarga. Queria tomar de volta daquela velha bruxa o poder que eu lhe dera.

Será que ela mesma acreditava em toda aquela história? Ainda me pergunto isto. Talvez não seja sequer uma questão relevante. Ela apenas encontrara alguma coisa, finalmente, à qual dedicar a vida: eu e meus modos ruidosos. Sua paranóia encontrara o objeto perfeito.

O mesmo acontecera, hoje vejo, comigo. A louca sra. Shiraishi, sua gélida filha, a professora de piano, o carteiro e sua esposa, o diretor da nossa inócua organizaçãozinha, mesmo o policial de plantão – todos haviam se unido naquela grande conspiração contra mim, cujo único pecado, afinal de contas, era o de ser estrangeiro. Isto não teria acontecido comigo – acreditava eu – se fosse japonês.

De fato, hoje percebo, não teria. Pois então eu teria me comportado de modo bem diferente. Para começar, não teria levado melancias a vizinhos loucos e perigosos, e mesmo que o tivesse feito, poderia então ter me mobilizado habilmente pela associação e entre os vizinhos até que se acumulasse uma pressão social suficiente para esmagar a velha bruxa.

Do jeito que aconteceu, acabei fazendo o que os japoneses fazem quando fracassam. Desisti. Quando os telefonemas recomeçaram com os apelos chorosos para não puxar a descarga com tamanha veemência, quando um novo policial apareceu e teve de ser informado, quando o carteiro passou a sumir toda vez que eu o procurava, então fiz o que todo cidadão comum teria feito. Mudei-me.

Meu apartamento ficara como que mal-assombrado. Eu rastejava silenciosamente por ele, abrindo e fechando as portas de correr cada vez com mais cuidado e evitando puxar a descarga a não ser que absolutamente necessário.

O apartamento ainda deve estar mal-assombrado. Qualquer que seja o infeliz que tenha se mudado para lá, provavelmente estará recebendo visitas do mesmo velho corpo com seu coque. E se for um japonês completo e bem-sucedido, talvez esteja suportando.

Pois aí está a verdadeira diferença. O problema não é simplesmente ser ou não ser estrangeiro, mas conseguir sorrir e suportar – o que quer que seja. Eis o que conta. O fato de que os estrangeiros notoriamente não conseguem fazê-lo torna a questão ainda mais carregada de preconceito do que realmente é.

Agora, morando em outro lugar, com uma vizinhança agradável e quieta no apartamento de baixo, às vezes penso na sra. Shiraishi.

Velha, sozinha, tendo apenas aquela filha gélida como parente e com relações difíceis com ela também, posta de escanteio num apartamento, esquecida – não seria ela um sintoma, a seu modo, do tempo e da sociedade presentes?

Bem, talvez, mas não estou interessado. A sra. Shiraishi permanece para mim uma pessoa real, não uma representante de seu povo. Uma pessoa real, que de modos diversos e altamente desconfortáveis se parece comigo. Nós dois causamos desarmonia. Talvez seja esta a verdadeira razão pela qual não pude suportá-la, porque não consegui de modo algum conviver pacificamente com minha vizinha neste pequeno país.

Hiroshi Momma

Ocupado atrás da escrivaninha, sempre tinha tempo para o estrangeiro. Inclinando-se para trás, sorria com indulgência:

— Bem, o que é desta vez?, perguntava, mostrando os dentes regulares. Ozu de novo?

Sabia que eu gostava da obra desse cineasta e me inquietava com o fato de que nunca fosse mostrada no exterior, embora ele já tivesse me dito inúmeras vezes por quê.

— Eles não entenderiam, dissera sorrindo. É japonês demais. Você sabe que nossos críticos chamam Ozu de o mais japonês de todos os cineastas. Eis a razão.

Tal afirmação fora feita de forma tão definitiva que não pude pensar em outra resposta senão: *Eu* não sou japonês e entendo.

Olhou-me como se estivesse a ponto de questionar a última parte da frase, depois pareceu pensar melhor, resolvendo em vez disso rir e dizer: Ah, você. Você não é mais um estrangeiro de verdade. Já está aqui há tempo demais para isso. Se fôssemos julgar todos os estrangeiros por você, teríamos problemas.

Queria evitar problemas. O problema de legendar cópias. O problema de mandá-las para o exterior. O problema de vê-las fracassarem, como decerto aconteceria. E sua posição como chefe de departamento de um grande estúdio cinematográfico, que produzira, entre muitos outros, os filmes de Yasujiro Ozu, não admitia tal espécie de fracasso.

Por isso, hoje, como sempre, visivelmente armou-se de paciência quando me viu, abrindo-me seu melhor sorriso: Ozu de novo?

Assenti com a cabeça. O pessoal do Festival de Cinema de Berlim estava interessado. A produtora não autorizaria uma retrospectiva?

— Mas por quê?, quis saber. Toda essa idéia está errada. Estaríamos simplesmente perdendo tempo. E dinheiro. Tirar cópias, legendá-las. E para quê?

— Para divulgar os filmes de Ozu no exterior, repeti. A seguir, antecipando seu próximo comentário: Afinal, por que é que os estrangeiros não podem entender os filmes de Ozu?

— Mas já lhe disse. Por que são japoneses demais. Não foram adaptados para o mercado estrangeiro. Olhe. Os estrangeiros gostam de nossos filmes de espadachins, nossos dramas de ação. Conseguem extrair um sentido deles. São quase iguais a seus próprios filmes, com exceção das espadas. E os estrangeiros gostam. É exótico. Eis por que gostam.

— Mas e *Rashomon*? E *Contos da lua vaga*? E os outros filmes de Kurosawa e Mizoguchi que fizeram sucesso?

— Exotismo. Eis o que as platéias estrangeiras querem. E Ozu não tem exotismo. Seus filmes são realistas. São sobre o modo como realmente vivemos. E são tão lentos quanto a vida. Olhe, filmes como esses não dariam certo em lugar nenhum fora daqui.

E assim foi pelas semanas seguintes; mas finalmente consegui meu intento e alguns filmes de Ozu foram mandados a Berlim — não a retrospectiva completa que eu esperava, mas cinco de seus filmes mais recentes, legendados. Levei-os para lá e a recepção foi inteligente, entusiástica. E, contrariando ainda mais os argumentos da empresa, os direitos para exibição no exterior foram vendidos.

Ao voltar, apresentei-me à sua mesa e fui saudado com o mesmo sorriso aberto. Após agradecê-lo pela colaboração, perguntei se estava satisfeito.

— Satisfeito?

— Sim, todos os filmes de Ozu tiveram excelentes críticas e os direitos foram vendidos.

— Oh, é verdade, ouvi algo assim.

— Acho que isso significa que os estrangeiros entenderam e gostaram.

— Ei, espere um pouco, vamos devagar, disse com aquela sua risada. Não se apresse em tirar conclusões.

— Mas, convenhamos...

— OK, alguns foram vendidos. Muito bem. Mas não acho que signifique muita coisa. Sabe o que aquela gente viu? Exotismo. O Japão moderno deve parecer bastante esquisito para o pessoal de Berlim, aposto. Foi só que eles viram.

— Você leu as críticas?

— Como poderia? Estão em alemão.

Contudo, apesar do ceticismo e da indiferença da produtora, os filmes de Ozu pouco a pouco criaram sua marca no exterior. Quando *Era uma vez em Tóquio* estreou em Nova York e formou-se uma fila na bilheteria, fui visitar Momma novamente com uma fotografia do evento.

— Certo, disse ele afinal. O que você quer?

Forçado a examinar meus motivos, respondi: Quero que você admita que os filmes de Ozu podem ser apreciados e compreendidos no exterior.

Encarou-me, pela primeira vez sem sorrir. Como posso fazer isso?

Repentinamente, vi o mundo através de seus olhos. Era em branco e preto e dividido pelo centro; eles estavam de um lado, nós, de outro.

Pus-me a imaginar o que tornava necessária tanta ortodoxia e o que tornava sua manutenção tão imperativa.

— Não estou dizendo que *você* não entende Ozu, se isto é o que o preocupa, prosseguiu. *Sei* que você entende, porque você mora aqui há muito tempo. E está tudo bem.

Lançou-me um olhar penetrante. Não estava tudo bem. Eu devia ter voltado para o meu país há muito, muito tempo.

— Não, ele prosseguiu. São dos outros lá fora que estou falando. Olhe, seja razoável. Como poderiam compreender?

Como poderiam, de fato!

— Eles podem entender Ozu, disse eu, mas não acho que poderiam jamais entender você.

Olhou-me surpreso, e seu sorriso lentamente reapareceu. Gostara da idéia de que ele pessoalmente era um mistério.

— Você me entende?, perguntou, com o sorriso se ampliando, esperando que eu dissesse não, esperando ter seus preconceitos integralmente confirmados.

Repentinamente, vi o mundo através de meus próprios olhos. Era todo cinza, cheio de coisas deslizando, com o amor e a compreensão chocando-se em pequenas ondas na superfície. E ali estava eu, à beira do abismo. Pois estivera a ponto de confirmar todos os meus próprios preconceitos também, de me transformar numa pessoa que também precisava de uma ortodoxia e sentia que sua manutenção era imperativa.

— Sim, eu o compreendo, mas não concordo, disse eu afinal.

Sua risada era genuína: Eu também não concordo com você.

Ao ouvir isto, também ri.

Aí nos sentamos e tivemos uma conversa de negócios. Ressaltei que, se os estrangeiros estavam preparados para ir ver os filmes de Ozu, como aparentemente estavam, então não fazia muita diferença se os compreendiam ou não, fazia? Ele foi o primeiro a admitir que não fazia, pelo menos enquanto realmente estivessem comprando ingressos e vendo os filmes. Bem, respondi, estão fazendo isso, então a produtora deve enviar mais cópias, fazer um catálogo, financiar uma grande retrospectiva – um golpe comercial, imagine. Uma pequena despesa inicial iria trazer um retorno considerável, sugeri.

E não foi senão muito mais tarde, anos depois, que percebi como tudo aquilo – nós dois entretidos à sua mesa – tinha sido exatamente como uma seqüência de Ozu.

Chishu Ryu

Em 1958, *Kinema jumpo*, a grande revista de cinema, pediu a Chishu Ryu que escrevesse algo sobre Yasujiro Ozu, o diretor, seu mentor. *Flor do equinócio*, o último filme de Ozu, estava prestes a estrear.

Mas ele não sabia como começar. Sempre que ia falar de Ozu, as pessoas diziam: Lá vai você de novo, falar de Ozu. E era verdade, sempre falava dele. Mas como poderia falar de si sem mencionar Ozu? Era o diretor que o havia formado, o havia transformado em ator.

Como começar, eis o problema. Posso imaginá-lo com o ar perplexo, fazendo beicinho como um menino, tão ao estilo do ator de 52 anos na tela, tão ao estilo de Ozu.

Os dois, diretor e ator, haviam estado juntos praticamente desde o primeiro filme; de fato, Ryu alegava ter trabalhado em todos exceto dois dos cinqüenta e tantos filmes de Ozu. E nos idos de 1930, apesar de sua juventude e inexperiência, Ozu deu-lhe um dos papéis principais em *Fui reprovado, mas*....

Também naquele momento, Ryu não fazia idéia de como começar. Ozu o ajudou, deu-lhe algo para fazer, indicou-lhe a posição de mãos, pés, olhos. Mas sequer uma vez explicou-lhe como era o personagem.

— Lembro-me de certa vez – escreveu mais tarde –, quando estava interpretando o pai, o papel principal de *Era uma vez um pai* (1942). E havia aquela cena difícil. Eu não sabia como começar. Então Ozu disse-me para olhar para a ponta dos meus pauzinhos, depois olhar para minhas mãos e daí falar com meu filho. O simples ato de fazer essas coisas iria expressar um certo sentimento, uma atmosfera. Mas Ozu não explicava o que era esse sentimento. As ações vinham antes. Apenas dizia-me o que fazer e então deixava-me descobrir o sentimento. Esse processo pode ser muito difícil. Lembro-me de que certa vez, numa cena, tentei seguir suas instruções precisas cerca de 20 vezes, falhando sempre. Então, ao final, desisti.

Ozu cuidava da aparência do elenco tanto quanto cuidava da aparência do cenário. Todos faziam o que ele mandava e normalmente funcionava — pois a atmosfera de Ozu se fundava na simples premissa de que, se o exterior está bem, o interior irá se arranjar.

O exterior de Ryu era perfeito. Mais tarde, os críticos iriam dizer que, sem ele, a atmosfera de Ozu não teria existido. E Ryu tinha consciência desde o primeiro momento de que era a persona de Ozu, nada mais.

— Eu era tão desajeitado, tão cru e destreinado no começo. Ozu mostrou-me tudo. Dava-me total apoio, desde que seguisse suas instruções.

— Como todo mundo no estúdio sabia que eu não era muito bom, o pessoal costumava fazer um intervalo quando chegava minha vez numa grande cena. Simplesmente saíam e deixavam Ozu e eu a sós. Era então que ensaiávamos, infinitamente, ele dando-me toda sorte de conselho, mostrando-me exatamente como queria. Isso se estendia até que de alguma maneira eu conseguisse fazer direito.

— Então, na primeira projeção do filme eu ia conferir o que tinha feito e sempre ficava surpreso ao ver que meu desempenho era muito melhor do que esperava.

Quem quer que Ryu tenha sido antes de Ozu, tornou-se desde então um personagem de Ozu. Sentia-se, disse mais tarde, como se fosse uma de suas cores, uma das cores com as quais Ozu estava pintando um quadro.

— Em 1936, houve aquele filme chamado *A universidade é um bom lugar,* no qual eu fazia um estudante. Numa das cenas, tinha que levar meu terno novo para a casa de penhores. Então, quando recebia o dinheiro, apenas duas notas, devia demonstrar arrependimento pelo que havia feito. Não tinha idéia de como fazê-lo. Então, Ozu disse-me que, quando recebesse o dinheiro, deveria olhar primeiro para uma das notas, depois para a outra e, a seguir, para cima.

E ali estava, na tela: arrependimento. No meio de uma comédia, temos esses poucos segundos pungentes, nos quais o mero fato de que os olhos tenham olhado para as notas significa surpresa ou preocupação ou decepção, e o fato de que o ator depois olhe para cima implica consciência, compreensão, e o fato de que ambos estejam unidos ao resto que conhecemos da história resulta em arrependimento.

— Houve um outro filme, feito em 1947, *Relato de um proprietário*. Eu tinha de ler a palma da mão de alguém e desenhar as linhas da mão numa folha de papel, uma a uma, com pincel e tinta. Cada vez que eu apoiava o pincel, inclinava a cabeça para frente. Ozu interveio e me fez parar.

— Quando vi o filme percebi a razão. Se tivesse inclinado a cabeça, teria arruinado a unidade da composição. Ao mesmo tempo, ao *não* incliná-la, como normalmente se teria feito, dei ao personagem uma espécie de encanto cômico que era exatamente o que Ozu devia estar querendo. Pelo menos este foi o resultado na tela, quando o filme passou.

Mais tarde, em 1963, no dia de seu próprio aniversário, Ozu morreu. E logo depois disso, num trem voltando de Osaka, coincidiu de eu me encontrar com Ryu de novo. Tinha 57 anos na época, mais ou menos a idade do pai que representara em *Era uma vez em Tóquio* uns dez anos antes. Falamos sobre o diretor falecido.

— Sabe, Ozu costumava dizer – e não só a mim, mas a todo mundo – que "Ryu não é um bom ator, eis porque o utilizo", dizia. E é verdade. Não posso pensar em mim sem pensar nele.

Pergunto-me hoje se sua morte não foi uma espécie de uma traição. Isso freqüentemente acontece. Tem-se a terrível sensação de ter sido deixado para trás. Para quem trabalharia Ryu, agora que Ozu estava morto?

O trem-bala continuou correndo e ficamos em silêncio, pensando em Ozu. Embora eu não dissesse nada, pensava no futuro de Ryu.

Mas seu futuro estava garantido. Mais tarde, começou a aparecer em filmes e mais filmes de mais e mais diretores, e estava sempre bem, um ator fino, e sempre representava um personagem de Ozu.

Já vi filmes de monstros nos quais o cientista é um personagem de Ozu, filmes estrelados por adolescentes cantores nos quais o professor da escola é um personagem de Ozu, lúgubres filmes de assassinatos misteriosos nos quais o inspetor é um personagem de Ozu. Sempre a mesma pessoa, seja o cientista louco ou o astuto delegado de polícia – e sempre Ryu.

Em 1985, eu acabara de ver a comédia de Juzo Itami, *O funeral*, e lá estava Ryu, representando o sacerdote budista. Ele resmungou os sutras esplendidamente e brincou com suas borlas e desviou os olhos quando lhe apresentaram dinheiro, e depois conseguiu um presente do chefe da família enlutada. Foi uma atuação perfeita, vinda diretamente de Ozu – uma comédia póstuma de Ozu.

Ryu estava na festa que se seguiu. Agora com uns 80 anos. Tinha aquele jeito dos velhos de piscar os olhos como que em constante surpresa, aquele piscar de olhos que tão brilhantemente nos mostrou quando ainda nem tinha 50 anos, em *Era uma vez em Tóquio*.

Será porque tem 80 anos que está piscando como um homem de 80, perguntei-me, ou porque sabe pela experiência que este é o modo como homens de 80 anos deveriam piscar?

E ali, em meio a cervejas e sucos de laranja, tiras de lula seca e amendoim, cartazes do filme e – alguém se lembrara de trazer – o retrato de Ozu – no meio de tudo isso, de repente lembrei o que o diretor dissera a uma das atrizes que, confusa, perguntara-lhe o que deveria estar sentindo.

Sua resposta foi: Você não deve sentir, você deve fazer.

Olhei para Ryu, aquele ator sem talento maravilhosamente talentoso. Estava erguendo o copo. Fazíamos um brinde à sua saúde. Logo, ele daria início a um discurso. Seria o mesmo de sempre.

— Mal sei como começar. Sempre que vou falar, as pessoas dizem: lá vai você falar de Ozu de novo. E é verdade, sempre falo dele. Mas como poderia falar de mim sem mencionar Ozu?

Hiroyasu Yano

Foi em 1954, no dia de Natal, que Hiroyasu, então um estudante universitário de vinte anos, encontrou o estrangeiro de trinta anos na antiga capital Kyoto.

Tinham algo em comum. O estrangeiro estava estudando japonês e estava interessadíssimo na cultura antiga do Japão. Hiroyasu estava estudando inglês e estava interessadíssimo na nova cultura dos Estados Unidos da América, país do qual, por feliz coincidência, o estrangeiro viera.

O dia era também uma ocasião auspiciosa, adequadamente estrangeira e parecendo trazer bons augúrios não apenas ao ano vindouro, mas ao futuro do jovem japonês. Isto foi o que este tentou comunicar, após perguntar as horas em inglês, aceitar a xícara de chá no grande hotel e constatar que os interesses de ambos pareciam coincidir.

O inglês de Hiroyasu demonstrou-se inadequado às suas necessidades, mas, de volta a Tóquio, onde a universidade do estudante se localizava, cuidou que ele e o novo amigo se encontrassem com freqüência. No entanto, embora de fato se encontrassem várias vezes nos meses que se seguiram, o inglês do japonês não melhorou, enquanto o japonês do americano melhorou.

O estudante também aprendia pouco sobre os modos estrangeiros, ao passo que o estrangeiro aprendia cada vez mais sobre as peculiaridades japonesas. A razão é que, embora os interesses se assemelhassem, os objetivos divergiam. O estrangeiro, questionado por Hiroyasu, disse que queria na verdade entender a vida. O japonês, questionado pelo americano, disse que queria na verdade ficar rico.

Já fora da universidade – que abandonara – Hiroyasu, com a ajuda de alguns conhecidos encontrados no clube de pugilismo, abriu um escritório que vendia e alugava apartamentos. Desse modesto início expandiu para uma lucrativa empresa de demolição.

Derrubava velhas habitações para dar lugar a novas. E aqui, às vezes, ele tinha que fazer uso dos serviços de alguns amigos da gangue local, amizades que travara quando ainda no negócio de aluguéis.

Demonstraram ser inestimáveis no despejo de viúvas ou mães e crianças abandonadas, para que ele pudesse demolir a casa. Os negócios prosperaram.

No entanto, o estrangeiro, ao saber disso, ficou perturbado. Hiroyasu, que agora o conhecia há alguns anos e o considerava um conhecido próximo, explicou cuidadosamente que os negócios o obrigavam – e, de todo modo, o procedimento não diferia muito do modo como se agia no Japão antigo de que o estrangeiro gostava tanto.

O americano criticou, mas o japonês naturalmente seguiu em frente. Logo, já tinha o bastante para abrir sua própria construtora. Agora, construía prédios de apartamentos com a madeira velha retirada das casas que derrubava. Tratava-se de uma grande economia. Não obstante, experimentou algumas dificuldades financeiras iniciais.

Hiroyasu foi imediatamente ao conhecido estrangeiro que, talvez aliviado pelo fato de seu jovem amigo não estar mais envolvido no negócio de despejar viúvas miseráveis, emprestou-lhe algum dinheiro. Isso ajudou a reerguer o presidente da nova construtora, que logo se viu em condições de saldar a dívida.

Nesse meio tempo, o livro do estrangeiro sobre o Japão finalmente saiu. Não vendeu bem, mas algumas bibliotecas o compraram e isto parecia deixar o autor feliz. Hiroyasu, no entanto, simplesmente balançou a cabeça diante de tal desperdício de tempo e talento. Seu amigo estrangeiro deveria ter escrito um best-seller como *Miyamoto Musashi*. O amigo estrangeiro disse que *Miyamoto Musashi* não era sério. Talvez não, disse Hiroyasu, mas dinheiro era.

Os anos se passaram, e em uma década Hiroyasu era um sucesso. Possuía grandes extensões de terra em Osaka, onde instalara sua empresa. Agora também tinha dinheiro para gastar consigo mesmo – *steak* todo jantar, boate de acompanhantes toda noite.

Quando o estrangeiro aparecia em Kyoto, Hiroyasu o levava para passear: sempre a carne mais cara, depois a boate mais exclusiva, depois a mais dispendiosa acompanhante. O americano ficava grato, mas parecia embaraçado. Hiroyasu dizia que não precisava ficar embaraçado, que ele o ajudara quando era um estudante pobre e de novo, mais tarde, quando era um autônomo iniciante. Agora que ficara bastante rico, era natural que de vez em quando tratasse bem o amigo mais velho.

Por volta de 1980, Hiroyasu estava realmente rico. Isso era perceptível, pois sempre pagava seus impostos da maneira mais conscienciosa e estava arrolado na imprensa como um dos maiores pagadores de impostos de Kansai. Em alguns bairros, possuía todo o terreno até onde a vista alcançasse, dizia.

O estrangeiro, tendo dissipado seu tempo com história e outras ocupações acadêmicas, tinha – a modo de contraste – muito pouco dinheiro. Mudou-se de um apartamento para um quarto, e chegou ao ponto de ansiar pelas visitas do amigo a Tóquio porque assim poderia ter uma refeição de verdade.

Tal estado de coisas preocupou Hiroyasu. Via a pobreza e queria saná-la, agora que estava em condições de fazê-lo. Caridade estava, é claro, fora de cogitação. Era uma pessoa que não poderia nem dar nem receber. De fato, embora tivesse sido pobre, na verdade muito mais pobre que o amigo estrangeiro era agora, nunca pedira nada, e o pouco que tomara emprestado, devolvera cada iene.

Não, em vez disso, iria descobrir uma oportunidade de trabalho acadêmico respeitável para o empobrecido americano. Assim, Hiroyasu pensou longa e intensamente, examinando várias possibilidades, planejando um meio. Finalmente, chegou ao que acreditou – e disse – ser a solução perfeita.

O presidente da construtora havia adquirido um grande terreno em Uji, perto de Kyoto, que por acaso era adjacente ao Byodo-in, um velho prédio – na verdade, do século XI – um prédio, além disso, do qual o estrangeiro sempre falava com entusiasmo.

Parecia verdadeiramente ancestral, com seu lago e seus prédios apartados. Hiroyasu o vira uma vez, numa excursão escolar, e não ficara impressionado. Já então, prédios velhos só serviam a um único propósito. Mas, como sabia muito bem, não era importante para seu projeto que *ele* ficasse impressionado; bastaria que seu amigo estrangeiro ficasse.

Seu projeto era simples, direto, impressionante. Numa palavra, a Byodo-in-lândia, um parque recreativo que se ergueria como uma autêntica Disneylândia atrás dos prédios antigos que todos vinham ver.

Haveria um montanha-russa e uma roda-gigante decoradas com motivos da era Heian. O lago seria ampliado para que barcos a motor, construídos à semelhança das barcaças de diversão Heian, corressem diante do próprio Byodo-in. E era preciso pensar nas lucrativas concessões de fast-food – Genjibúrgueres, talvez.

Aqui, Hiroyasu, que explicava o plano ao amigo, parou para sorrir. O americano deveria ocupar o importante posto de gerente de criação. Teria um amplo escritório com vista para o amado prédio e pensaria em outros modos de fazer uso apropriado das instalações existentes, extraindo lucro enquanto exercitava seu gosto histórico.

Mas o amigo americano não estava sorrindo. Estava pálido. Aos poucos, ocorreu a Hiroyasu que aquele estrangeiro não estava gostando da idéia, que, ao contrário, parecia afligi-lo.

Era desconcertante, porque, se havia alguma possibilidade de juntar as duas culturas, a japonesa e a americana, aí estava. Esta era a tarefa que o estrangeiro aparentemente se determinara a cumprir – até agora, sem resultado. E agora, diante da oferta dessa oportunidade sem igual... não se interessava.

O ano de 1984 se aproximava e iria marcar o trigésimo aniversário do primeiro encontro dos dois, e Hiroyasu acabava de descobrir que não sabia nada sobre seu amigo estrangeiro, que aparentemente nunca o compreendera e que, justamente por isso, ele mesmo talvez nunca tivesse sido compreendido.

Olhou para o americano. Quando se conheceram, era este o rico, com seu sobretudo espesso, enquanto o estudante pobre usava apenas uma fina capa de chuva. E agora era ele quem usava o sobretudo.

Hiroyasu era um sucesso completo. E quisera ajudar o velho amigo. E a ajuda fora recusada. Ele nunca entenderia estrangeiros. Eram realmente uma raça à parte. E, do mesmo modo, eles nunca o entenderiam ou a sua cultura, por mais que tentassem.

Assim, vendeu o terreno adjacente ao Byodo-in, com boa margem de lucro. A partir de então, passou a ver menos o amigo, via-o menos porque ele mesmo agora raramente ia a Tóquio, pois a pressão do sucesso o mantinha no escritório central, e o estrangeiro talvez não tivesse condições de pagar as passagens para Kyoto. O trigésimo aniversário veio e passou.

Hiroyasu se lembrou dele. Aquele pobre e velho estrangeiro fora bom para ele, o ajudara. Ele, Hiroyasu, devia ter feito alguma coisa pelo amigo. Quisera ter feito. Realmente tentou. Ao mesmo tempo, no entanto, agora entendia por que não conseguira. Hiroyasu via o Japão como realmente era, e o estrangeiro, naturalmente, não. Eis a razão.

Naçisa Oshima

Havíamos chegado cedo para discutir o que iríamos dizer. No entanto, não houve discussão. Oshima e Nobuhiko Obayashi entraram no uísque. Agora estavam com a língua pesada, arrastando as sílabas.

Ambos deveriam falar sobre o cinema moderno a partir do ponto de vista do diretor. Eu estava lá como crítico, e para dar um prestígio estrangeiro ao evento. Era uma mesa-redonda dentro de um grande congresso de artes, e agora já havia bem mais de quinhentas pessoas sentadas esperando no auditório.

Sugeri que fôssemos para o palco. Obayashi sacudiu a cabeça em concordância, mas Oshima franziu a boca, com os olhos se fechando. Queria mais um drinque.

— Talvez, disse eu, pudéssemos colocá-lo no bule de chá. Há sempre um bule em toda mesa de conferência, e xícaras. Daí, se você sentir sede, todo mundo vai pensar que está bebendo chá.

Oshima abriu um sorriso largo, olhos ainda bem apertados, e bateu na mesa em sinal de aprovação. Desajeitamente, encheu-se o bule. Ofereci-me para levá-lo ao palco e colocá-lo diante deles. Obayashi fez uma reverência cortez, com um floreio de mão. Oshima fez uma mesura.

Eu já vira o famoso diretor bêbado muitas vezes. Ele bebia bem. Uísque era um elemento natural para ele, como a água para o peixe. Embora suficientemente sóbrio quando trabalhava, Oshima relaxava com uísque. Porém, por mais que bebesse, por mais que enrolasse a língua e arrastasse a fala, a inteligência permanecia aguda, e crítica.

Particularmente crítica. É a única pessoa que conheço que tem sido coerentemente assim. Via de regra, mesmo a vontade mais inflexível afinal cede, pois o conformismo é a necessidade dominante; no Japão, Oshima é o único que não cede.

Sendo ele mesmo um radical – um dos intelectuais da Universidade de Kyoto – voltou-se depois contra os radicais; também voltou-se contra os comunistas, tornando-se um de seus mais severos críticos. Trabalhando para uma grande produtora, voltou-se contra a empresa. Escrevendo para uma revista de cinema liberal, voltou-se contra os liberais.

Em tudo isso, reconhece-se um único princípio, um princípio nobre, raro em qualquer lugar e aqui totalmente inédito: uma recusa a pertencer ao que quer que seja, a mais forte ausência de inclinação para tornar-se um membro.

E, ao lado disso, uma concepção igualmente forte do que significa ser humano. Um ser humano é solitário, e isto deve ser respeitado; tem falhas, que requerem tolerância; é distinto, vem em diferentes cores, formas e tamanhos, e todos têm uma razão de ser.

Oshima é um humanista, um relativista, um pluralista. Todas essas qualidades são raras. Freqüentemente me pergunto como alguém como ele pôde surgir. Mais uma vez, seguindo-o pelo corredor, segurando o bule, observando-o passar rente à quina, admirei-me de que fosse japonês.

Isto também é relativo. No entanto, generalizações são sempre possíveis. A recusa de Oshima a entrar no jogo do "estilo japonês" resultou em sua capacidade de produzir menos de um filme por ano e, hoje em dia, mais do que um apenas usando fundos não japoneses. Ele não usará a rede dos velhos camaradas, embora esteja ligado a ela, sendo um ex-estudante da universidade de Kyoto. Não entrará no jogo do toma-lá-dá-cá. Não se deixará envolver em qüiproquós, outra recreação local predileta. E dirá o que pensa, sem considerar de quem é o pé no qual está pisando.

Em sua obra, na televisão, na imprensa, já atacou os direitistas, os esquerdistas, o próprio governo. Ergueu-se decididamente em favor dos direitos dos descendentes de coreanos, nascidos no Japão, mas ainda vistos como estrangeiros. Criticou os militares, os políticos, mesmo a estrutura social do Japão. É muito corajoso.

E, naquele momento, estava muito bêbado. Um leve tropeção e estávamos no palco, atrás da cortina; do outro lado, o som de uma platéia irrequieta. Então a cortina se ergueu, as luzes se acenderam e a multidão se acalmou.

Como não havíamos decidido o que dizer ou como começar, fez-se silêncio por um momento até que Oshima, sorrindo, começou. Talvez, disse, eles tivessem vindo na expectativa de ouvir uma discussão sobre cinema, mas havia coisas mais importantes do que isso. E continuou, estendendo-se razoavelmente sobre como aprender a dizer o que se quer dizer, expressar aquilo em que se acredita.

A seguir, Obayashi começou a contar a história de como apanhou um peixe na semana passada. Oshima se interessou e respondeu com a história de uma abotoadura perdida que encontrou num lugar dos mais improváveis. Obayashi então falou sobre a diferença entre os sexos, usando como exemplo um filme recente dele mesmo.

— Oh, a diferença entre os sexos, gritou Oshima, ficando em pé, olhando para cima, as mãos caídas de lado. Fiz um filme sobre isso, mas não se pode vê-lo aqui no Japão, porque os censores de mentes depravadas transformaram meu filme puro em obsceno.

Obayashi concordou, enchendo suas xícaras até a borda, e Oshima de repente virou-se para mim. Você, que entende tanto sobre a diferença entre os sexos, diga alguma coisa!

Sorri e dirigi-me à platéia: Vocês certamente não estão acreditando que este bule contenha chá, espero.

Todo mundo riu. As pessoas da platéia riram obviamente aliviadas. A risada de meus vizinhos era a de dois garotos pegos com a mão no pote de biscoitos. O resultado foi que não precisei fazer declarações sobre o assunto.

Oshima, no entanto, fez: Há diferenças, disse, diferenças sérias; num outro sentido, porém, não há diferença alguma. Assim, não há problemas em um homem amar uma mulher, e uma mulher, um homem; ou uma mulher amar uma mulher, ou um homem, um homem. Estou fazendo um filme sobre um homem que ama um homem, e estou cansado de toda a hipocrisia em torno desses tópicos.

— Estou também entediado com a hipocrisia a respeito de outras coisas no mundo. Vejam o Japão, gritou. Vejam o governo. Demagogo, estimula as pessoas a se tornarem máquinas consumidoras, mantendo-as cuidadosamente estúpidas com doses diárias de televisão. E tudo por lucro. Vejam o planejamento das cidades, vejam os prédios que constroem. Máquinas de vida, o governo os chama. Hah — colméias, é como *eu* os chamo. Colméias num deserto. Eis o que o governo está fazendo agora.

O público começou a ficar cada vez mais inquieto. Ambos os conferencistas estavam completamente bêbados, e Oshima estava gritando, com o rosto vermelho, e balançando em sua cadeira. Então um homenzinho bem arrumado levantou-se.

— Com licença, *sensei*.

— *Sensei*, urrou Oshima. Que piada.

— Bem, pode ser, mas alguns de nós viemos de lugares bem distantes para assistir a essas conferências e temos o direito, creio, de esperar um pouco mais de seriedade e um pouco menos de leviandade da parte de alguns dos participantes. Deveríamos, acho eu, voltarmo-nos para uma discussão mais séria.

— Ah, você acha, é?, rugiu Oshima, ficando em pé, grande e corado. Quem você pensa que é, para entrar aqui e interromper essa conversa perfeitamente humana que estamos tendo?

O homem bem arrumado sorriu, olhou ao redor, fazendo um gesto para indicar o maníaco no pódio.

— O que *você* faz?, perguntou Oshima, de um modo bastante grosseiro.

O homem deu um sorriso de desculpas, mas levemente triunfal também.

— Na verdade, sou um membro dessa profissão que há pouco o senhor estava denegrindo. Sou um arquiteto. Meu nome – aqui sua voz baixou modestamente – é Kurokawa.

Sensação. Era Kisho Kurokawa, o famoso arquiteto, projetista de muitos prédios premiados, um queridinho da mídia. Então, passada a excitação, instalou-se o silêncio. O duelo estava prestes a começar. Uma batalha de titãs em posição de ataque.

Mas não houve duelo, ou golpe ardiloso, ou arremetida verbal. Oshima simplesmente cambaleou para a beira do palco, curvou-se desequilibradamente, esticou um dedo e gritou: Você deveria ser morto!

Novo tremor de emoção. A seguir: São pessoas como você que estão destruindo este país, gente da sua espécie e suas caixas que estão negando humanidade a este país.

Ao ouvir essa agressão extraordinária, pensei como era típico de Oshima dizer "este país" (*kono kuni*), quando qualquer outra pessoa teria dito "nosso país" (*waga kuni*). Mesmo caindo de bêbado e numa briga, ele se lembrava da importância de tais distinções.

O arquiteto talvez tivesse ansiado por uma altercação com o cineasta bêbado que refletisse favoravelmente sobre si mesmo. Não teve essa oportunidade. A invectiva jorrou como lava. Não deu margem a outra interpretação. Ele ficou ali, com o rosto cor de cinza, e foi soterrado.

A seguir, Oshima arrotou alto e soluçou, antes de cobrir a boca num gesto tardio de desculpas. Tomando Obayashi pela mão, pôs-se a rodopiar pelo palco. Fui convidado a unir-me a eles e, conforme os três deslizávamos para fora, o pano caiu.

— Mais bebida, mais bebida, gritou Oshima: Mais bules. Que boa idéia a sua daquele bule. (Pôs o braço sobre meu ombro.) Agora, vamos para a noite. Imagine. Pode ser até que a gente descubra o sentido da vida.

Deu-me um beliscão na bochecha e partimos.

Tetsuko Kuroyanagi

Um rosto famoso – conhecido de milhões de espectadores de televisão, visto quase todas as noites no país inteiro. Um rosto peculiar, feito de ossos pequenos e fortes, pele clara tornada ainda mais clara, de modo que sob as luzes ásperas do estúdio parece quase uma abstração de si mesmo; uma boquinha vermelha, sempre ocupada com o que tem se chamado de a dicção mais rápida do *show business*; a peruca ruivo-acobreada, uma marca registrada; e – no meio – os olhos, reluzentes, como uvas pretas naquele rosto chato, pequeno, branco, triangular. Um rosto propositalmente simplificado, uma máscara.

Memorável – um rosto que se presta à caricatura: feito de tão pouco, precisa de pouco para ser capturado no papel. Fazendo publicidade de macarrão instantâneo ou geladeiras; como júri em concursos de calouros da canção popular ou dando conselhos a donas-de-casa; entrevistando ou comandando programas – esse rosto diz tudo antes mesmo de abrir a boca.

Diz: Tetsuko, a mulher mais popular e admirada do Japão. Não que o rosto em si seja admirado. A Tetsuko real é admirada, a pessoa atrás da máscara, ou a parte que ela permite aparecer no palco, na tela, na televisão.

O público da televisão conhece essa pessoa por seus programas de entrevista. Nestes, a boca de repente se fecha, a matraca se cala. Pois, enquanto a outra pessoa, o entrevistado, quer falar, Tetsuko escuta. Escuta com aquela arrebatada atenção dos verdadeiramente interessados. Não importa quem seja o entrevistado. Enquanto falar, Tetsuko se cala, observando-o com o olhar de uma criança ou de certos animais.

Às vezes interfere para ajudar. Certa vez, ao entrevistar o ator Ken Takakura, atrozmente inarticulado, intrinsecamente inseguro, teve a paciência de fazer perguntas seguidas. Embora cada uma fosse respondida com um monossílabo, ela perseverava, e o efeito foi, estranhamente, de que ele estava falando. Interpretava cada grunhido como se realmente significasse alguma coisa, a melhor delas, e de absolutamente nada criou um encontro eloqüente.

Isto é admirável, e seu vasto público japonês também admira. Também gosta quando ela se deixa levar pela emoção. Ela empre chora quando faz o retorno de Emily do túmulo em *Nossa cidade*; deixa-se tocar e comover pelos necessitados, para cujas organizações faz consideráveis doações pecuniárias privadas. Certa vez, seu convidado era um estrangeiro, um alemão, especialista nesses assuntos, que mostrou fotos dos campos de extermínio. Enquanto sorria — pois, na televisão de qualquer país, deve-se sorrir — foi ficando cada vez mais emocionada e afinal caiu em prantos.

O público sabe que, apesar do macarrão instantâneo e dos cantores pop e da dicção mais rápida do *show business*, ali está um ser humano seu semelhante que pode ser muito engraçado (sua famosa imitação de Florence Foster Jenkins cantando a ária da *Rainha da noite*, por exemplo), mas que também sente profunda e visivelmente.

Sentimos que Tetsuko conhece as desgraças da vida, seu lado trágico. Parte desse sentimento se deve a sua própria máscara — é o rosto de uma *tragédienne*, de olhos reluzentes, sem nariz, boca orgulhosa: uma Berma muito jovem em *Fedra*, o fantasma da princesa no noh. Mas mesmo sua alegria e ocasional inconseqüência parecem ter uma nota de tristeza. Ela também se permite parecer vulnerável, preço que tem de pagar por sua espontaneidade, tão fresca, tão inocente como a de uma criança, embora saibamos que os vulneráveis são pisoteados, que as crianças se tornam adultos.

Sua fama também tem preço. Ao sair na rua com ela, noto pequenas multidões se formando. As pessoas param, olham. Os olhares são sempre de admiração, mas o grupo cresce e Tetsuko, espreitando através da máscara, diz que talvez devamos atravessar a rua ou tomar um táxi.

A fama também é perigosa. Fãs são sufocantes, em todos os países. São poucos os que sabem onde ela mora e menos numerosos ainda os que têm o telefone de sua casa. Se quiser dá-lo, ela o fará do modo mais secreto. Espera que você não a considere tola, mas na verdade esse número é — usando uma expressão de Las Vegas que agora se tornou parte de sua linguagem — apenas para os seus olhos.

Mora sozinha, num grande apartamento perto de Roppongi, essa parte moderna da cidade que valoriza as coisas das quais ela faz publicidade. É lá que a vemos como pessoa real – e constatamos que seu eu verdadeiro não difere daquele que apresenta publicamente.

O apartamento é todo branco – branco no branco. A cama branca tem lençóis brancos e uma colcha branca. Há um piano branco e uma harpa de armação branca. Sobre a cama, há uma grande boneca e, nas estantes, coleções de animais de vidro, pesos de papel, pequenos objetos trazidos do exterior. Há um grande retrato dela mesma, toda de branco, numa cadeira enorme. Há também um Marie Laurencin. Os olhos são grandes *prunelles* – eis de onde vêm os olhos de Tetsuko.

É o apartamento de uma garotinha, e isto é o que essa mulher madura também é. Prepara petiscos na cozinha como uma garotinha faria biscoitos. Alegremente experimenta ingredientes – ameixas em conserva misturadas com folhas de *shiso* – depois senta-se para avaliar o resultado. A todo instante corre para vasculhar gavetas até encontrar algo que quer lhe mostrar.

Como uma garotinha, adora roupas – jamais apareceu uma vez sequer em seus programas de entrevista com o mesmo vestido. Seus armários estão cheios deles, mas ela não parece ter uma predileção. Como uma criança, gosta de quantidade.

Quando seu livro best-seller sobre *Totto-chan* saiu, seus milhões de leitores não se surpreenderam com o retrato de Tetsuko na infância. Isto porque enxergaram através da persona e reconheceram a criança nela, e a criança em si mesmos.

Embora tenha quase cinqüenta anos, parece mais próxima dos quinze. Sua jovialidade e suas preocupações são as de uma adolescente. Se sua imagem na tv irradia juventude é porque ela permaneceu jovem – ou melhor, porque jamais foi outra coisa.

E, como para a maioria das crianças, chega o momento em que enxergamos em Tetsuko, sentada ali em seu vestido branco, em sua cadeira branca, um olhar, não de descontentamento, mas uma certa inquietação resignada. Parece que pergunta se isso é tudo que existe, se não há nada além. Pergunta se as coisas não poderiam ter sido diferentes.

Bem, sim, é a resposta. As coisas sempre poderiam ter sido diferentes, para todos nós. Tetsuko, por exemplo, teria sido uma atriz séria, excelente. Em seus filmes e peças do passado, tornou inesquecíveis todos os personagens que interpretou. Sempre me lembrarei da esposa frívola, inocente, tola, calorosa de *Summer Soldiers*.

Contudo, essa excelência não foi suficiente. Como qualquer criança, ela queria a recompensa imediata. Daí, talvez, a tv: comunicação instantânea, resposta instantânea – o meio perfeito para crianças.

Menciono seus papéis no cinema e no teatro, e ela diz: Ah, aquilo! Então abandona o olhar perdido, arregala os olhos e instantaneamente se transforma na menina levada e traquinas, ou faz sua encarnação da mulher madura, da *femme du monde*, toda malícia e pestanas lânguidas. Rimos e Tetsuko se reconforta.

Encontra sua maturidade de um outro modo. Tetsuko quer ser responsável e o demonstra de incontáveis e admiráveis maneiras. Dá muito de seu dinheiro para os necessitados, particularmente os surdos. Financia uma escola e um teatro para os desvalidos. Os lucros do campeão de vendas *Totto-chan* foi para os pobres e necessitados. Ela mesma foi à África levar dinheiro para os famintos, chamando a atenção de seu país para o flagelo.

Também quer ser fiel. Nunca quer esquecer de alguém que um dia conheceu. Quer ser uma amiga inteiramente responsável – mantém contato, envia bilhetes, cartões postais, lembra-se de aniversários, apóia os empreendimentos alheios; com amores antigos, tem almoços e se transforma numa irmã em vez de amante – fazendo o que for preciso para manter essa posição.

Essa responsabilidade, essa fidelidade, lembram-me alguém. Quem será? Claro... como poderia esquecer: a mãe – a sua, a minha, a de todo mundo.

Esta criança crescida, paradoxal tornou-se a mãe de todos. Tornou-se o que mais almejava ser. Embora não tenha nenhum filho seu, todos nós somos seus filhos. Ela desistiu de uma carreira por nós. Porém, aquele olhar de dúvida às vezes reaparece.

Mas não por muito tempo. Tetsuko ajusta a máscara, diz algo engraçado, ocupa-se com algo, depois precisa se trocar e sair – ir para aquele espelho grande, amplificador, amoroso, satisfatório, que, a seu modo, criou essa admirável persona – ir para aqueles milhões que ela nunca verá, mas que a vêem toda noite.

Mayumi Oda

As duas grandes gravuras de *silk screen*, cada uma talvez com 50 cm por 1 m, parecem-se com os famosos painéis de Sotatsu dos deuses do trovão e do vento. É propositual: as cores são as mesmas, as poses, evocativas. Mas aqui são deusas – a deusa do vento arrasta seu casaco de linho, saltando firme de uma nuvenzinha para a outra, com os longos cabelos negros flutuando atrás de si; a divindade do trovão agora usa seu tambor como *cache-sexe* e, acima dele, estão seus seios fartos, de bicos cor-de-rosa.

Mayumi olha para as duas gravuras; uma importante inovação fora introduzida. Essas divindades femininas são tão fortes, tão dominadoras quanto o eram seus correlatos masculinos. Eis a inovação.

Quando jovem, Mayumi percebeu que, como todos os japoneses, teria de se adaptar. Como todas as meninas japonesas, também compreendeu rapidamente que teria de se adaptar mais que os meninos. Já se fora o tempo, devem ter-lhe dito, em que a mulher só podia desempenhar três papéis: filha obediente, esposa obediente, mãe obediente. Mas, conforme cresceu, Mayumi percebeu que esses papéis ainda estavam todos lá.

Os homens tinham mais opções, um pouco mais. Mas se uma mulher não fosse uma filha obediente, não quisesse casar e, conseqüentemente, não tivesse filhos, então era uma mulher má. Foi por isso que a maioria de suas amigas obedientemente se casaram.

Mayumi decidiu não se casar. Seria uma artista. Além do fato de ser talentosa (o que significa que se preocupava em se esmerar), artistas não precisavam se conformar da mesma maneira.

Também teria um lugar aonde ir. Espera-se dos artistas que sejam internacionais. E desde cedo Mayumi olhava cada vez mais para o exterior, especialmente para os Estados Unidos, onde parecia, pelo menos a tal distância, que as mulheres tinham mais espaço.

Está trabalhando agora numa nova *silk screen* de Benten, uma deusa desde o princípio, a única que o Japão jamais permitiu oficialmente que entrasse do exterior. Veio talvez da China, possivelmente da Índia, num *karafune*, um navio de resto ocupado por homens. Tendo estabelecido residência no Japão, recebeu um sem-número de atributos suspeitos. Astuta, diziam ser, e hostil a casais que se cortejam, decididamente perigosa para os casamentos felizes – porém, ao mesmo tempo, é voluptuosa, representando uma certa ameaça para jovens do sexo masculino.

A Benten de Mayumi é bem diferente. É benigna. Está sentada no barco e dedilha seu alaúde. Ao seu redor, circulam alegremente uma garça e uma tartaruga, ambos criaturas auspiciosas. É uma figura de repouso, olhando para dentro de si. Como cabe a uma deusa, é cheia, redonda, satisfeita.

Mayumi casou-se com um estrangeiro, John Nathan. Como tão freqüentemente acontece, viu nele a promessa de liberdade, a vida em seu país, lugar da liberdade e da igualdade, os Estados Unidos. Ao mesmo tempo, ele talvez tenha visto nela a promessa de segurança, o calor e a dedicação do Japão. Assim sendo, duas crianças mais tarde, não deu certo – separação, a seguir divórcio.

Como a jovem Benten, ela agora se encontrava num novo país. E, como era uma mulher divorciada, os Estados Unidos, não sendo a esse respeito muito diferente do Japão, vieram as críticas, a maledicência. No entanto, Mayumi não mais temia ou se magoava com isso. Vivia sozinha com suas crianças e criava suas deusas.

São todas uma única família. Parecem-se entre si. Há uma completude nelas, uma satisfação nunca complacente, uma aceitação natural e não – como nos similares masculinos – uma exclusão natural. Essas deusas são inteiramente elas mesmas. Os deuses, sempre temendo a opinião alheia, escondem-se por trás de seus atributos. As deusas, magnânimas, não. Expõem-se livremente ao olhar público.

Suas deusas são japonesas. Vêm de muito tempo atrás, quando a pequena Mayumi espreitava na pálida luz do templo e via o pequeno espelho redondo naquele pedestal em forma de nuvem.

— Eu sabia que era a deusa do sol, disse ela. Pedi-lhe que me ajudasse, embora não soubesse exatamente para quê. Em troca, prometia ser uma boa menina.

Então, alguns anos mais tarde, aos 11 anos, sua mãe levou-a a uma exposição das gravuras em madeira de Munakata, onde ela viu, não apenas Buda e seus dez discípulos, mas também, recostados, as ninfas, os peris e as deusas em seu mundo de seios fartos.

Conservou essa lembrança. Mas só muito mais tarde, na primeira gravidez, quando já tinha quase desacreditado da arte e começou a estudar, em vez disso, desenho japonês, elas de repente reapareceram.

— Eu estava trabalhando com estamparia e, do fundo de aquatina negra, a deusa começou a emergir. Foi como na descrição de Hesíodo do nascimento de Gea: de início era o caos, amplo e escuro; então Gea apareceu, a Terra de seios fartos. Essas deusas recém-nascidas começaram a brincar nos campos floridos do brocado do quimono e a nadar nas ondas dos oceanos de Hokusai. Minhas figuras femininas liberadas trouxeram antigos desenhos para o presente.

Trouxeram mais. Tornaram-se as personificações da própria Mayumi – aquela que ela queria ser, que estava se tornando. E a ajudaram a deixar para trás a trindade dos papéis obrigatórios: filha, esposa e mãe obedientes. Pois não desempenham outros papéis senão os de si mesmas.

Mayumi interrompe o trabalho para fazer uma salada: pepinos tenros, alface, endívia, chicória, cenoura, salsão e tudo o mais que conseguiu achar na geladeira. Sua cozinha californiana é ensolarada, as janelas dão para o bosque, as colinas, mais adiante, o Pacífico aberto e, mais longe ainda, o Japão.

Um navio – um *karafune* moderno – passa na névoa distante, e Mayumi despeja óleo de girassol numa xícara. Benten, colada com adesivo na parede, está secando, sentada em segurança em sua flor de lótus, olhando para fora, o bosque, as colinas, por sobre o oceano até o Japão e, além dele, para as terras de onde veio, há muito, muito tempo – Coréia, China, Tibete, Índia.

Toshikatsu Wada

A primeira vez que nos encontramos, ele tinha uns quatro anos de idade e estava com o pai no banho público.

— Olhe, gritou, ao deparar-se com a visão de um estrangeiro nu.

— Sim, sim, disse o pai embaraçado.

— Papai, olhe. Todo branco. E peludo.

— Agora fique quieto, Toshikatsu. É indelicado. (Isto foi dito com um olhar de desculpas em minha direção.)

Embora ressentido, Toshikatsu continuou: Papai, olhe!

A seguir, apontando: Ele é estrangeiro, mas também tem um!

Isso resultou em riso geral, ao qual tanto o pai como eu aderimos. Foi assim que fiquei conhecendo a família Wada. Moravam logo descendo a rua e, depois desse dia, passaram a me convidar a sua casa.

Toshikatsu sempre ficava me olhando. Lembrava aquele primeiro encontro e já o estava utilizando para seus próprios propósitos.

— Papai, Donald-san é maior que você aqui embaixo.

— Oh, não, só às vezes, disse Donald-san.

A mãe de Toshikatsu riu, e o menino pousou sua xícara de chá para olhar ao redor perguntando-se o que era engraçado.

Chegando a suas próprias conclusões, disse: É, acho que sim. O do meu pai deve ser o melhor! (Olhou surpreso diante das novas risadas.)

Dez anos depois, no ginásio, sempre aparecia em casa para esclarecer dúvidas de inglês.

— Mas por que é tão difícil?

— Porque você não sabe nada ainda, foi a resposta inócua de Donald.

— Japonês é muito mais difícil.

— E como é que você sabe disso, Toshikatsu?

— Todo mundo sabe. É tão difícil que até nós, japoneses, não entendemos metade do que estamos dizendo.

— Olhe. Não sou japonês e aqui estamos, conversando em japonês agora, e você entende muito bem o que estou dizendo, não entende?

— Não, nem sempre, disse, cautelosamente.

— Mas quase sempre entende, não?

— Isso não conta... Não — acho que o japonês deve ser a língua mais difícil do mundo.

E estava visivelmente satisfeito que fosse assim, que dominasse essa língua difícil, que possuísse, senão o melhor, o mais.

Essa preocupação terminou por causar-lhe certo incômodo. Sendo, como a maioria dos garotos de sua idade, viciado em televisão, logo ficou perturbado com o fato de haver tantos melhores; e, com os novíssimos produtos (*shinhatsubai*), melhores a cada hora, o problema da escolha tornou-se agudo.

De início, insistia com sua paciente mãe para que comprasse o que quer que a telinha dissesse que era o melhor. Mas logo ele mesmo viu que, se seus apelos fossem atendidos, em breve não haveria mais lugar para a família na casa. A partir de então, tornou-se mais seletivo. No entanto, permaneceu fiel ao Kiddie-Krunch, o café da manhã sintético, pois suas reivindicações de excelência exclusiva tinham sido ouvidas tão cedo que perduraram.

De resto, conforme crescia, ficava mais exigente. Entrando numa adolescência em tudo indolor, tornou-se cuidadoso com suas roupas, sempre escolhendo, entre as modas do momento junto aos adolescentes, as que achava superiores. Para ele, nada de roupas descartáveis; preferia a aparência de estudante britânico, sólida, duradoura, reduzida ao seu tamanho: casacos de *tweed*, sapatos de sola grossa decorados com furinhos e meias felpudas. A seguir, um novo critério foi acrescentado ao puro peso: o custo.

— Mas papai, todo mundo sabe que Mercedes é o melhor, ou Porsche. Valem o preço que custam. É assim que se tem qualidade. (Esta discussão se originou quando seu pai finalmente economizara o suficiente para comprar um carro novo.)

— Olhe, Toshikatsu, disse o pai atordoado. Esses carros grandes não cabem em nossas ruas estreitas. E eu não tenho todo esse dinheiro.

— Bem, já que você não quer o melhor... disse Toshikatsu, como que perdendo todas as esperanças com o pai. Quando, no entanto, o pai se decidiu por um Fair Lady azul claro, Toshikatsu aquiesceu com certa graça.

Tendo entrado na universidade — a melhor que o pai poderia pagar, mas infelizmente não Keio ou Waseda: Meiji — ele costumava aparecer e falar num tom reverente sobre Columbia, a "sua" universidade. Estava convencido por alguma razão de que era melhor que a Meiji.

— Se você acha isso, deveria ter tentado a universidade de Tóquio, eu disse, mencionando a instituição normalmente considerada o máximo no gênero.

— Você tem de começar desde o jardim da infância, se quiser entrar lá, disse Toshikatsu. E o velho simplesmente não tem todo esse dinheiro. Por isso acabei ficando na Meiji. E *ninguém* vai para lá.

— Meiji tem um grande corpo estudantil. Talvez fique atrás apenas da universidade Nihon.

— É. Bem, pelo menos não estou na Nichidai. Seria o fim da picada.

De todo modo, Toshikatsu completou os quatro anos de curso e então prestou exame para entrar numa empresa.

— Prestei na Sony, mas acho que não passei. Prestei na Sanyo também e em algumas outras, por via das dúvidas.

— Sanyo é uma empresa excelente.

— Não quando se compara com as outras. Sony é a melhor. Eu certamente queria entrar na Sony.

— Então deveria ter estudado mais.

Olhando diante de si, negligenciando seu café, mirava o futuro e estava insatisfeito por que era apenas o segundo melhor.

Então, quando conseguiu seu emprego na Sanyo: Sabe, tenho essas duas namoradas e está chegando a hora de me casar.

—E você não sabe qual a melhor, disse-lhe gloriosamente.

— Exato. Como sabia?

— Bem, Toshikatsu, você tem de escolher seus objetivos e depois ver qual das duas está mais adequada a eles.

— Sim, até que faz sentido. Mas como vou saber?

— Olhe, conheço-o há muito tempo, Toshikatsu. Basta você escolher uma, e ela se tornará automaticamente a melhor.

— Parece um pouco arriscado.

— Mas é assim. Sejam futuras esposas ou universidades ou carros ou línguas ou pintos.

— O quê?

— Pintos.
— Que quer dizer com isso?
— Não se lembra?, perguntei. Então recordei-lhe.
— Hum, que grosseria.
— Bem, grosseria ou não, você sempre foi assim.
— Certo, certo. Mas isso não resolve o problema da noiva.

Então casou-se com uma delas, que certamente se revelou a escolha acertada. Depois, comprou um carro, o melhor, e uma nova tv a cores, a melhor, e começou a jogar golfe para combater uma barriga crescente e também porque, todo mundo sabia, era o melhor esporte.

Fui visitá-lo e, esperando agradar, comprei um quinto de Johnnie Walker Black, uma bebida que o Japão há muito era unânime em considerar a melhor. Constatei, no entanto, que havia sido superada.

— Ei, muito obrigado, disse Toshikatsu, lustrando um taco de golfe. O velho e bom Johnnie Walker Black — a seguir, seriamente, em tom confidencial: Sabe, hoje em dia, o Chivas Regal é considerado o melhor.

Vi-o com menos freqüência a partir de então, embora de vez em quando o encontrasse na casa dos pais, seu pai tendo agora se tornado grisalho e irritadiço, e a mãe, feliz e ocupada com seus grupos de mulheres.

A esposa de Toshikatsu também ia lá com freqüência. Tinha muito autocontrole, coisa incomum na sua idade. Deve ser, pensei, por causa da gravidez avançada. Hesitava em falar com ela, pois parecia muito preocupada.

Seu marido nunca lhe dirigia a palavra. Se tinham alguma coisa a se dizer, já fora dito. Agora estavam unidos, parecia, porque isto servia a seus propósitos — e havia aquela coisa grande e importante: o filho.

Era sobre isso que conversavam. Ele achava que um menino seria o melhor. Ela preferia uma menina.

— Mas todo mundo sabe que meninos são melhores, disse com uma risada de adulto.

Uma das últimas vezes que vi Toshikatsu foi no zoológico. Estava lá com a mulher e o bebê. Embora tivesse perdido a luta contra a barriga, parecia bem quanto ao resto.

Suspendeu a criança para eu admirar. Era tão novinha que não pude adivinhar o sexo.

— É menino ou menina?

— Não está vendo? Meninos nunca usam cor-de-rosa. É uma menina. Meninas são melhores, você sabe.

Neste momento, outro casal passou com um bebê do mesmo tamanho. Toshikatsu virou-se para olhar, depois baixou os olhos para sua menininha.

— Mesma idade?, perguntei.

— Parece que sim. Mas olhe para ele. Tão esquálido. E pequeno para sua idade. Também não parece muito vivo. A seguir: Ei, olhe a pequena Noriko aqui, agitando os braços. Ela é forte e grande também. É uma garota e tanto. De longe a melhor.

Makiyo Numata

Desviou os olhos dos campos que corriam por trás da janela e perguntou-me de minha infância. Eu, vindo do país que vim e sendo da geração que sou, contei-lhe com algum detalhe como fora horrível. Depois perguntei-lhe de sua infância.

Na verdade, já sabia um pouco a esse respeito, e era tão desagradável, que esperava uma narrativa que bem poderia rivalizar-se com a minha. Pois, quando ainda garoto, os médicos descobriram uma espécie de tumor líquido comprimindo seu cérebro. Uma operação perigosa era necessária, com grandes riscos de dano permanente e de uma existência vegetativa.

Durante a convalescência, dolorosa, o médico recomendou repouso e tranqüilidade — não apenas naquele momento, mas a partir de então, para o resto da vida. O jovem Makiyo, no entanto, não concordou. Começou a fazer exercícios, de início às escondidas, depois cada vez mais abertamente e, aos poucos, foi saindo do quarto de enfermo e entrando na vida. Começou a praticar caminhada rápida, *jogging*, corrida.

E agora, aos 24 anos, o jovem sadio sentado diante de mim, tendo atrás de si o sol da tarde e a paisagem passando rapidamente, era o jogador principal do time de rugby, vencedor da maratona.

A única lembrança daquela perigosa operação era a cicatriz branca do topo da cabeça até a nuca, que ficava visível quando ele tomava banho. Isto e uma inteligência perspicaz, prática, além da sua idade.

— Minha infância?, perguntou, depois de ouvir tudo sobre a minha. Tive sorte. Foi boa. Tive uma infância agradável.

E, floresta seguindo-se ao rio, campo seguindo-se ao lago, contou-me sobre ela.

Crescer numa cidadezinha de Kyushu fora em si interessante e, ademais, as circunstâncias de sua família haviam tornado possíveis inúmeras experiências que, de outra maneira, talvez não tivesse tido.

Por exemplo, quando tinha cerca de seis anos e seu irmão cerca de três. A mãe adoeceu e o pai perdeu todo o dinheiro ao investi-lo numa das novas religiões, e nunca havia o suficiente para comer. Um dia, o pai levou os dois filhos para verem os macacos, de que gostavam muito, mas não os levou para casa depois disso. Deixou-os numa espécie de orfanato dirigido pelos católicos; uma mulher grande veio e disse: Serei sua mãe de agora em diante. E o irmão abriu um tremendo berreiro.

A vida lá era dura, mas interessante. Tinham o suficiente para comer, mas Makiyo às vezes tinha de proteger a si e ao irmão contra os outros meninos, que eram bastante violentos.

Passados seis meses, os dois foram mandados de volta para casa. Makiyo havia se acostumado com as janelas de vitrais coloridos, a capela, as orações, a música e as brigas, mas ficou contente de voltar para a casa dos pais. Então, algo interessante aconteceu. Para ajudar no sustento da família, mandaram-no trabalhar.

Aos sete anos mais ou menos tornou-se entregador de jornais. Toda manhã, qualquer que fosse o tempo, seu trabalho começava às cinco e meia, e ele corria pela cidade entregando jornais e voltando a tempo de ir à escola.

Aqui, finalmente, ocorreu algo que ele não gostava em sua infância. Era o costume entre os alunos de comparar o conteúdo de suas lancheiras e lançar exclamações de inveja ou escárnio. Makiyo detestava mostrar seu lanche aos outros, porque não tinha nada além de arroz, e da pior espécie. Havia também o fato de possuir apenas um par de calças, que ainda por cima eram de verão. Não era, porém, o frio que o incomodava, mas o riso das outras crianças.

— Mesmo assim, foi uma experiência. Aprendi muito. E parei de chorar. Chorávamos muito no orfanato. Meu irmão chorava porque era muito novo e eu chorava também, embora não pudesse deixá-lo perceber.

Ele sorria, ao lembrar, continuando a contar da maravilhosa infância que tivera.

— Ah, sim, houve algo mais. Aconteceu muito antes do orfanato, mas eu me lembro bem, embora tivesse apenas uns quatro anos.

Depois que o terreno e o dinheiro foram para a nova religião, a mãe de Makiyo ficou sem nenhum recurso. Adoentada, tentara de tudo, mas então já não havia esperança. (Na verdade, já estava enferma demais para amamentá-lo quando bebê, e ele foi sustentado com leite de cabra, pois era o mais barato à venda. Como disse certa vez, magoado, nunca conhecera o peito da mãe.)

Pior ainda, ela descobrira que o marido tinha outra esposa, outra família, em Shikoku. E ela, que vendera seu quimono para comprar arroz! Assim, reuniu as crianças — quatro no total, um irmão mais velho e uma irmã, Makiyo e o irmão mais novo — e voltou para a aldeia onde nascera.

Lá, no entanto, não encontrou alívio. Sua própria família a insultava, chamando-a de sem-vergonha por ter abandonado o marido daquela maneira. Passados alguns dias, exausta pela doença que mais tarde a incapacitaria — mal de Parkinson — mudou de idéia.

Makiyo lembrava que ela chamou os filhos, todos muito pequenos, e disse: *Kachan umi e iku* — Mamãe vai para o mar. Isso os alegrou, a idéia de um passeio pela areia da praia com ela. Assim, partiram.

Em cada mão, ela firmemente segurava a dos filhos mais velhos. O mais novo, carregava nas costas. Por isso, não tinha como segurar Makiyo, que caminhava ao lado deles.

Ele se lembra de que estava gostando da caminhada com a mãe, especialmente quando ficou claro que eles realmente estavam indo para o mar, embora estivessem inteiramente vestidos. Logo, a água estava batendo nas canelas de Makiyo, depois nos joelhos, nas coxas. Então, o prazer se transformou em preocupação, quando viu que a mãe, agarrada aos filhos, estava caminhando para dentro do oceano, olhando apenas para o horizonte longínquo.

— Eu não sabia o que fazer. Ela não estava olhando para nós. Olhava direto para frente e o mar se tornava mais fundo a cada passo. Eu ainda era muito pequeno, compreende? Quando a água estava nos joelhos dela, já estava no meu peito.

Como o mar ficasse mais fundo, Makiyo achou que algo estava errado. Resolveu abandonar a mãe e correr de volta para a margem, enquanto ela seguia adiante com os outros três.

Correu ao longo da praia, encontrou seu tio, explicou-se o melhor que pôde e, juntos, correram de volta à baía. Caminhando com dificuldade mar adentro, o tio agarrou as crianças e gritou para a irmã que ela podia se matar, mas por que tinha de matar as crianças também?

— Foi emocionante, disse Makiyo com um sorriso.

Isso foi dito sem qualquer ironia. O sorriso continha apenas o prazer em relembrar. Fora uma época verdadeiramente emocionante, e era isso que Makiyo reconhecia. Não havia ressentimento pelo fato de que quase perdera a vida. E não era ingenuidade que o fazia comportar-se dessa maneira. Era simplesmente coragem.

Ainda sorrindo, voltou a olhar para fora da janela, conforme a viagem prosseguia – um arvoredo, um aqueduto, uma cidade nebulosa à distância, ao sol do fim da tarde.

— Sim, tive uma boa infância. Agora meu pai voltou de Shikoku, está morando com minha mãe – ela está bastante doente. E todos aqueles dez anos correndo, entregando jornais, deram-me pernas boas e fortes. Assim, minha infância ensinou-me muito. Foi boa. Acho que tive sorte.

Olhei para aquele rapaz corajoso de 24 anos, a paisagem se desenrolando atrás dele, e invejei-lhe a habilidade de extrair da vida uma experiência e aceitá-la, enxergar o que havia de bom nela.

E recusar essa necessidade de ter sido objeto de injustiça que tantos escondemos dentro de nós.

Koichiro Arai

Certo domingo, recebi um telefonema. Num japonês interiorano, uma mulher disse ser a mãe de Ichiro e desejar me encontrar.

Encontramo-nos junto ao cachorro de bronze de Shibuya onde todo mundo marca encontro. Reconheci-a por seu rosto forte e quadrado – exatamente como o do filho. Curvou-se, dizendo que há muito queria me encontrar para expressar sua gratidão por tudo que fizera por ele. E seria ainda indelicada o bastante para pedir-me mais um favor. Sentado diante dela num café, imaginava o que seria, mas limitou-se a dizer que gostaria que a visitasse em sua casa.

No dia aprazado, empreendi a longa viagem de trem aos subúrbios de Musashi, e um estranho veio apanhar-me de carro, um tio, levando-me a uma casinha de três cômodos em meio aos campos de arroz. Ali, encontrei a mãe de Ichiro vestida de quimono e *haori*, mas não Ichiro.

— Oh, disse ela, será que me esqueci de mencionar? Ele está em Kyushu neste momento, visitando o túmulo do pai. Faz 21 anos que morreu.

Enquanto Ichiro colocava flores no túmulo do pai, dei a sua mãe o crisântemo que trouxera.

— Há tempos não vejo Ichiro, disse eu.

— Bem, as pessoas acabam se separando, observou ela. Mas sempre serei grata pelo que fez por meu filho. Olhou-me e algo parecia incomodá-la: Vejo que o senhor não está confortável, disse, examinando-me de cima a baixo e fixando os olhos em minhas calças. O *tatami* estraga as calças, disse. É melhor o senhor vestir um quimono. Levante-se.

Assim o fiz, e ela tirou meu casaco, abriu um guarda-roupa, retirou um quimono e segurou-o para mim como se fosse minha esposa. Dizendo-me para tirar as calças, ajudou-me a vesti-lo e amarrou o *obi*.

— Pronto, disse, arrumando os borlas do *haori*, enquanto o cachorrinho branco amarrado no quintal, encarando-me, punha-se a latir.

— Fique quieto, disse ela, e depois: Os *tabi*. Como uma esposa, de joelhos, meteu-os em meus pés e sentou-se, elogiando-me.

— Pronto, disse, não está melhor?

Disse-lhe que sim, e ela anunciou que precisava de um conselho meu. E como eu estava sentado ali como seu marido, parecia muito natural que a escutasse.

— Mais uma vez, gostaria de agradecê-lo por tudo que fez por Ichiro.

Aparentemente, graças a minha influência, ele não apenas parara de fumar e beber, mas também deixara de correr atrás de garotas devassas. Estava grata.

— O senhor lhe deu tão bom exemplo que eu estava pensando se, como mãe, poderia pedir-lhe algo mais. Sei que não devia, mas pedirei de todo modo.

Pousou a xícara de chá e lançou-me um olhar quadrado no rosto: Meu filho mais novo, Koichiro, é um problema. Sim, vai à escola, na verdade está se formando este mês – mas fuma e bebe e anda por aí com pessoas duvidosas. Eu tinha a esperança de que o senhor talvez se interessasse por ele.

Olhei para ela, provavelmente deixando a surpresa aparecer.

— Não, não. Consegui colocá-lo na escola por mim mesma, portanto não é dinheiro. Nada disso. Só queria que ele se beneficiasse de sua boa influência.

Lancei-lhe um olhar duro, mas não consegui detetar nada além da preocupação de uma mãe. Mesmo assim, resolvi recusar, apesar do fato de que estava sentado ali, embalado como um pai, trajando o quimono do pai do mau rapaz, com a mãe pressionando-me com aquele jeito de esposa. Eu não queria ser o pai de um garoto problema e já estava sacudindo a cabeça, com a firme intenção de me livrar do quimono, da casa, da vida daquela mulher, quando ela se virou e disse: Oh, aí vem ele.

O *shoji* aberto enquadrava o vulto escuro de alguém contornado por um halo de luz do sol. Koichiro – garotão quadrado de dezoito anos, exibindo, ao curvar-se no *tatami*, as juntas dos dedos grossas e marcadas de lutador de karatê; ergueu a cabeça, com sobrancelhas espessas e retas, olhos perscrutadores; depois sentou-se, sólido tipo de Kyushu, sério como um samurai, a boca de linhas firmes.

Aqueles olhos diretos, como os da mãe, encararam o estrangeiro de pele pálida nas roupas do pai. Perguntei-me se a mãe lhe contara que seu novo pai viria visitá-lo. Ele me olhava com desconfiada polidez.

Como se estivéssemos nos encontrando para uma forma mais comum de conversa, a mãe de Koichiro retirou-se discretamente para fazer chá, deixando os jovens a sós para se conhecerem.

— Pareço-me com seu pai?, perguntei.

— Não, você é americano.

— Sou amigo de seu irmão.

— Eu sei.

— Sua mãe quer que eu seja seu novo pai.

— É mesmo? A seguir: E você? Deu-me seu primeiro sorriso, com a luz do sol brilhando atrás de si. Dentes brancos e quadrados, pregas ao redor dos olhos jovens. Ajeitando-se, colocando os joelhos numa posição mais cômoda, os músculos apareceram.

Encarei-o, depois engoli e perguntei: Você gostaria que eu fosse?

— Bem, disse ele, dando-me o sorriso torto que eu iria conhecer tão bem: Seria um modo de escapar deste lugar.

A mãe voltou com o chá.

— Estão ficando amigos?, perguntou, com aquela alegria esperançosa que os padrinhos exibem. De súbito, ela era toda obediência na esteira diante de mim: *Yoroshiku onegai ittashimasu*, disse, uma frase usada apenas quando se vai fazer o mais sério dos pedidos.

Sentindo-me embaraçado, olhei para Koichiro e fui recebido com o sorriso de um jovem tomando partido de um dos pais contra o outro.

A mãe logo se sentou, compenetrada, contente e, voltando-se para o rapaz, disse: Ficou bem nele, o quimono do papai, não ficou? A isto seguiu-se um pequeno movimento de cabeça que significava: pronto, está tudo arranjado. A seguir, chamou o tio, que bateu um instantâneo ou dois, enquanto o cachorro perplexo latia.

Koichiro veio me visitar. Tinha o ar de alguém aparecendo no primeiro dia de um novo emprego. De minha parte, sentia-me como alguém que encontra o primeiro namorado. Talvez preocupado que não tivéssemos muito o que conversar, trouxe consigo várias fotos, todas de si. Espalhou-as sobre a mesa, como se estivesse jogando paciência.

Ali estava ele, na escola. A escola era Takushoku, uma instituição especializada em esportes tradicionais e atividades estudantis de direita. Aqui estava ele de quimono, *geta* alta nos pés, boné de estudante colocado de modo beligerante na cabeça. Aqui estava de trajes de karatê, tomando posição para o primeiro golpe. E aqui, punhos de novo cruzados indicando determinação, no campo de rugby, crostas nos joelhos, shorts arregaçados até a virilha.

Tendo assim modestamente se exibido, começou a falar de seu futuro. Koichiro, ao contrário do irmão, era falante. Queria ser um esportista profissional. Era muito bom, disse-me, talvez pudesse mesmo chegar a técnico. Ganha-se bem nos esportes profissionais. Também – talvez em deferência a mim – queria aprender inglês.

Disse-lhe que poderia ajudá-lo quanto ao segundo desejo, mas achava que sua mãe provavelmente queria que tivesse profissão mais estável – talvez um cargo no escritório de uma grande empresa.

— Não, de jeito nenhum, disse Koichiro. A seguir: Você não é japonês por isso não sabe como é.

— Como é?

— Você tem de sorrir quando não quer, concordar quando não concorda, ser agradável a pessoas de que não gosta, desperdiçar a vida com afazeres idiotas.

Talvez esperasse que eu lhe apontasse as vantagens de um salário seguro, dissesse que é preciso encontrar um modo de viver em sociedade. Mas não – esta realmente não seria uma vida para ele. Então, disse-lhe: Você tem razão.

Koichiro virou-se para mim com aquele olhar brilhante e inquisidor que tinha quando estava realmente interessado. Senti, absurdamente, como se tivesse dado uma boa impressão no meu primeiro dia de escola.

Depois, sorrindo sob as sobrancelhas retas, levantou-se e disse: Estou todo suado do treino. Posso tomar um banho?

Quanto sabia ele?, perguntei-me. Seus olhos não diziam nada. Seu irmão... sua mãe...? Não, era simples: um rapaz precisando de um banho. O banho, na verdade, estava pronto, apenas caso eu mesmo tivesse a oportunidade de sugeri-lo. Mas Koichiro, como logo descobriria, estava à minha frente na maioria das coisas.

Passeou por minha sala como se sempre tivesse morado ali, jogando suas roupas no chão e afinal parando diante de mim sem nada a não ser um raio de sol sobre si.

— Tem uma toalha?

Obedientemente fui apanhar-lhe uma toalha. Então, olhou-me e disse: Você não quer vir também? Posso esfregar suas costas.

Então virou-se e caminhou para o banheiro, o chão oscilando ligeiramente sob seus pés, e eu o segui.

Pouco a pouco, Koichiro mudou-se para minha casa. Suas *geta* estavam agora na minha sapateira, seu traje de karatê estava pendurado pela faixa junto ao meu belo terno cinza.

Ia treinar todo dia e voltava para casa, como se fosse do trabalho, com os nós dos dedos vermelhos, e sentava-se no *tatami*, fazia *zazen,* depois, após o jantar, preparava com circunspecção uma xícara de *macha*, sua versão do chá cerimonial.

Às vezes, ia ao templo Yasukuni, onde estavam os mortos da guerra. Gostava de lá, dizia. Era um lugar sagrado. Achava que o imperador era sagrado também. Conversávamos, embora nem sempre concordássemos, e aos poucos as áreas sobre as quais não conversávamos se espalharam como erva daninha.

Um desses assuntos era sua falta de vontade de encontrar trabalho. Todas as entrevistas a que se submetia davam-lhe alguma razão para achar o emprego pouco atraente. É como naqueles encontros arranjados, nos quais os rapazes sempre rejeitam as moças. Além disso, ainda fumava e bebia e, suspeito, continuava a freqüentar as pessoas que a mãe reprovava. Minha influência não estava sendo tão benéfica quanto ela esperara.

— Essas pessoas são gângsteres?, perguntei.

— Não exatamente, era tudo que dizia.

Embora soubesse pouco sobre elas, perguntava-me se não estavam se inteirando sobre mim. Havia a questão do dinheiro, por exemplo: Sua mesada, como se diz, fora estabelecida de acordo com o papel de pai que eu imprudentemente assumira. Ele se ajoelhava educadamente diante de mim para pedi-la:

— Mas você a recebeu há apenas alguns dias.

De joelhos, dando um de seus famosos sorrisos tortos, dizia: Mas estou precisando agora a da semana que vem. De qualquer forma, não é muito.

Às vezes, a charada da mesada semanal era deixada de lado. Ele chegava em casa, arrancava as roupas, passeava pela casa nu, dizia que ia tomar um banho mas não o tomava até mais tarde, depois tentava me convencer a dar-lhe um pouco mais.

— Ouça, Koichiro, não vai dar certo. Sua mãe pediu-me para tomar conta de você, não para sustentá-lo.

— Dá na mesma. Você é meu pai.

— Não sou.

— O que você é então? Ele tinha um jeito feio de enrugar o lábio inferior, quando zangado.

— O dinheiro vai para eles?, quis saber.

— Eles quem?

E assim, a cada dia, nossas diferenças cresciam. Veio o outono, depois o inverno. Ele se sentava taciturno no círculo de calor que emanava do aquecedor a gás. Depois, ainda no uniforme de estudante – um estudante delinqüente – desaparecia de casa e me roubava o sono.

Um dia, minha tremedeira se acentuou quando ele furtivamente abriu o casaco do uniforme para mostrar-me um objeto longo, envolto em tecido, que enfiara no cinto.

— Sabe o que é isto?, perguntou. Uma faca, cabo de madeira maciça numa bainha de madeira, do tipo que as pessoas usam para se matar nos filmes de samurai, mas maior.

— É uma faca de peixe, respondi, determinado a permanecer sereno.

— Mais ou menos. Um amigo me deu. Para me proteger.

— Contra quê?

— Ah, pessoas.

Tirou as calças para examinar um joelho machucado, coçou o saco, disse que estava com sono.

Embora tentasse parecer impassível, eu agora começava a ficar com medo. Não tanto de Koichiro — que era apenas um garoto crescido — mas de seus amigos desconhecidos e daquilo que parecia ser uma demanda crescente, da parte deles, de fundos. Minha imaginação foi aos poucos ampliando os fatos: telefonemas anônimos, janelas quebradas, invasões à meia-noite, sangue no *tatami*.

Num dia de inverno gelado e sem sol, telefonei para sua mãe, disse-lhe que não estava funcionando, que seu jovem filho pertencia a uma gangue. Ah, respondeu, exatamente como temia. Assim, eu o estava devolvendo. Soava como um negócio fracassado, o que de certo modo era. Bem, não, isso não era possível. Ela não poderia tê-lo em casa.

— Mas é seu filho.
— Não, é nosso.

Neste instante, o filho enjeitado entrou e eu desliguei.

Então, num dia de neve de fevereiro, eu o pus para fora. Não fisicamente; ele era de longe o mais forte de nós dois. Não, aproveitei-me de seus modos — fi-lo sentir que não poderia ficar onde não era mais querido.

No hall, carregando seu traje de karatê, fez uma profunda reverência e me agradeceu do modo genuíno de um gângster — como aparece no cinema — por ter tomado conta dele. Depois deixou-me sozinho na casa frígida, torturado com a idéia de telefonemas confusos, batidas na porta à meia-noite, facas afiadas de samurai.

Nada disso aconteceu. No entanto, ele enviou cartas longas explicando-se, todas cuidadosamente escritas em caracteres românicos, a única forma de japonês que eu sei ler. Mas como sua prosa era formal e ele não sabia como transcrever apropriadamente, essas cartas me faziam ler o que não estava escrito. Vou contar a seus amigos sobre você. Ou podia ser: eu estava contando às pessoas sobre ele. Ou ainda: amigos estavam lhe contando algo sobre mim. As ambigüidades me preocupavam, tornavam o desconhecido ainda mais sombrio. Mas depois as cartas cessaram por completo.

Eu ficava deitado acordado enquanto as noites lentamente se aqueciam. Olhava o lençol quadrado, embranquecido pelo luar, lembrando-me de quando era preenchido por seu corpo nu, adormecido, espalhado.

Tinha saudades, queria-o de volta, e ao mesmo tempo assustava-me com qualquer ruído noturno com horror de que fosse ele. Fizera uma descoberta importante: é possível temer quem se ama.

Dois anos se passaram. Um telefonema. Reconheci a voz imediatamente, mas agora sem ficar com as palmas úmidas ou o coração batendo.

Há quanto tempo, disse ele. Fizera mal de não manter contato, mas esperava que eu estivesse bem. Suas maneiras eram gentis, pois Koichiro sempre fora um rapaz educado. E, embora soubesse que era indelicado perguntar, seria possível me ver? Eu, também um rapaz educado, evitei dizer que não tinha mais dinheiro para ele, mas, lembrando-me da faca, sugeri um local movimentado para o encontro – em frente às janelas da Wako, em Ginza, um ponto de encontro popular.

Chegou pontualmente. Não como naquele tempo em que me fazia esperar horas enquanto o jantar esfriava. Assim que o relógio bateu, ele surgiu ali, no sol de inverno. Usava um terno azul de executivo, camisa branca, gravata sóbria, um discreto distintivo da empresa na lapela.

Agora mais velho, com pequenas rugas em lugar dos franzidos do sorriso adolescente. Algo nele parecia ter amansado. Enquanto tomávamos café, tudo veio à tona, suavemente, como um relatório escolar: ele agora trabalhava para a Tobacco Monopoly Board, um emprego nada mal, e – sorriso – ainda fumava. A melhor parte, porém, é que agora tornara-se gerente da empresa do time de beisebol. Jogara contra a Gifu Tobacco Products na semana passada e vencera. No mais, seu patrão o apresentara para uma garota e eles haviam se casado e, com efeito, ela estava esperando seu primeiro filho naquele momento.

Ali estava, sentado diante de mim, reformado. Quaisquer temores que ainda perdurassem agora se encolhiam, envergonhados de si e desapareciam. Pensando como um pai, lembrei-me de sua mãe e disse imaginar que ela estivesse feliz.

Ele assentiu. Estava, mas agora tinha pressão alta. A seguir, alertado de que seu pai estava sentado diante dele, aprumou os ombros e curvou-se sobre o café.

— Obrigado por tudo que fez por mim. Tenho para com você uma verdadeira dívida de gratidão.

— Você quer dizer que funcionou? Eu o endireitei?

Ele sorriu, como que de sua própria formalidade, e disse: É verdade.

— Pensei que tivesse falhado.

— Bem, mais tarde pensei muito a esse respeito, nossa vida juntos. Você tentou ser bom. Eu ainda era uma criança.

Agora era um adulto, um membro da sociedade — e percebi que eu já começava a lamentar o desaparecimento do jovem perigoso.

— Você era um rapagão, disse eu: Até me metia medo.

— Eu queria que você tivesse medo.

— Então era só por dinheiro?

Ele olhou para sua xícara, como que embaraçado. Depois, parecendo se decidir a ser responsável, olhou-me e disse: Não, só queria mais do que você me dava. Estava decepcionado com você. Queria que você realmente visse, como dizer, tudo de mim.

Recordei o quadrado de luar com um corpo sobre ele, um belo corpo, mas apenas um corpo.

— Adivinhei por mim mesmo, prosseguiu. Qualquer um teria adivinhado. Menos minha mãe. Mas entendi aquilo, bem, como uma espécie de começo. E para você era o fim. Era só isso. Então, acabei me irritando com você. E daí percebi que estava com medo de mim. Gostei disso e até roubei aquela faca estúpida para assustá-lo ainda mais. E você achou que eu tinha entrado para uma gangue, e eu o deixei pensar.

Voltou os olhos para baixo, depois ergueu-os de novo: Não há perdão para o que fiz. Você devia ter contado a minha mãe.

— Eu contei. Ela não o quis de volta.

Sorriu e olhou para as mãos. Os nós dos dedos eram grossos — karatê.

— Você não falou com meu irmão sobre mim?
— Ichiro? Não, não falei.
— Por quê? Ele teria me passado um corretivo.
— Tive vergonha, disse-lhe. Ao dizer isso, senti meu rosto corar. Ichiro, tão delicado, tão bom, tão desestimulante.

Koichiro lançou-me seu olhar brilhante e inquisidor: Eu também fiquei envergonhado, disse.

Mas essa conversa sobre vergonha acabou por nos deixar envergonhados a ambos, e logo ele estava abotoando seu paletó azul, tornando-se tão formal quanto costumava ficar ao preparar sua xícara na cerimônia do chá.

— Eu só queria vê-lo de novo para dizer-lhe o quanto apreciei o que fez por mim.

Eu sabia o que estava sentindo. Ele queria acertar as contas. Não comigo – consigo mesmo. Assim, não precisaria sentir como se estivesse sendo ingrato ou mau ou malcompreendido. Tendo dito isto, abaixou rapidamente a cabeça, como se dissesse: muito bem, agora estamos quites.

— Não, não, faço questão, disse, apanhando a conta. Era a primeira vez que o via pagar algo por sua própria conta.

— Fique em contato, disse eu.

Levantamo-nos e olhamos um para o outro, aquele empresário e eu.

— Avise-me sobre o bebê.

Quase me ofereci para ser o padrinho, mas achei que não seria muito delicado. Então disse: Dê-lhe o meu nome. Isto também não era delicado, mas permitiu que Koichiro me desse aquele sorriso maravilhoso uma última vez antes de se meter na multidão de Ginza, e vi seus ombros se curvarem como os de todos os outros.

Noboru Tanaka

Um velho ia uma vez por semana ao bar "Roupa de baixo". Todo domingo, às dez da noite, ali tomava uma xícara de Nescafé, fumava vários Kents, depois enfiava o maço de cigarros e o isqueiro dentro da manga do quimono e partia às onze horas. Chamavam-no "o velho". O gerente do bar dizia que era ainda mais velho do que parecia, tinha muito dinheiro, queria morrer.

O fato de que quisesse morrer não impressionava nenhuma das garotas. Ninguém daquela idade iria querer continuar vivo. O fato de que tinha dinheiro de início impressionou todas elas. Especialmente Miki. Sentava-se no colo dele, sobre o quimono, e meneava os quadris, enquanto ele, satisfeito e envergonhado como um garoto, tinha o cuidado de soprar a fumaça para o outro lado. Quando pousava sua mão velha naquelas ancas jovens, ela lhe dava um tapinha na cara.

Na verdade, quando uma pessoa chega a essa idade é preciso dar-lhe um tapa com força para que sinta alguma coisa, na opinião de Miki. A pele fica dessa grossura. No entanto, era uma gracinha.

Ele queria morrer quando fazia amor, Miki dizia – não que conseguisse, acrescentava. Mesmo assim, queria ter os olhos cheios de carne quando finalmente os fechasse. Afinal, o sexo, o que quer que se diga a esse respeito, permanecia vivo. Verdade seja dita: o sexo é o oposto da morte. Eis porque ele aparecia toda semana. As outras concordavam, mas uma delas dizia que, bem, ele era meio repulsivo.

Contudo, não fazia exigências. Compreendendo isso, as garotas se ofereciam. Miki mostrava um seio para o olhar ganancioso como de uma criança. Quando ele metia o rosto ali, ela ria e o chamava de nenê, meu nenê velho e faminto.

Aos poucos, sua história se tornou conhecida. Sua vida fora comum – um marido comum, um pai comum. Depois, sua mulher o abandonara ou morrera, e os filhos, todos crescidos, se espalharam por aí. E essa coisa extraordinária acontecera com ele: não morrera; em vez disso, ficava cada vez mais velho. Mas sua diferença era também sua calamidade. Não tinha amigos, todos que conhecera há muito tinham virado cinzas. Mesmo ele ficara doente. Às vezes empalidecia e punha as mãos sobre a faixa cuidadosamente amarrada. Câncer – elas tinham certeza de que era câncer.

Imagine só, as garotas diziam. Era como todo mundo, e quando ficou velho tornou-se um pervertido. Mas claro que todos os velhos são atrevidos. Não conseguem usar senão o dedo e a língua, e gostam de apanhar, como se isto os fizesse sentir mais jovens. Ou pior.

O pior era o que faziam entre si. Todo mundo sabe que os meninos fazem troca-troca na escola. Bem, no fim da vida, volta tudo de novo. Um dos namorados de Miki contou-lhe que uma vez vira dois coroas se bolinando no toalete. Disse que ficou com nojo. Miki não se enojava; parecia natural que quando você fica muito velho vire bicha de novo.

Seu velhote, no entanto, ainda estava interessado em mulheres. Mas esse interesse parecia distanciado, nunca suas mãos ásperas e cheias de veias ficaram bobas. A palma no bumbum de Miki – isso era o máximo que acontecia. Se uma das mãos passava disso, era porque a própria Miki a conduzia.

Como não demandava atenção, a atenção se voltava para ele. Foi por meses o mascote. Aos domingos, por volta das dez, as meninas começavam a se perguntar se o velho ia ou não aparecer. A primeira vez que veio, houve demonstrações de desgosto à idéia de fazer qualquer coisa além de tolerá-lo; mas agora as garotas riam e ousavam, uma após outra, apalpar por baixo daquele elegante quimono. Certa noite, Miki ficou fazendo isso. Ele sorriu o tempo todo, como se fosse ele quem a estivesse tolerando.

Naquele lugar, relatou Miki mais tarde, ele era igualzinho aos outros, não estava nada enrugado. É verdade que não se mexeu, mas ficou morno. As outras duas balançaram a cabeça, dizendo esperar que ele não fosse morrer bem ali, mas insinuando que esperavam que isso acontecesse.

Então, certa noite, Miki insistiu em ir para casa com ele. Disse que era por causa do dinheiro, quem sabe ele se deixasse persuadir a alterar o testamento. Ninguém acreditou nela. Miki estava interessada no velho. Todas estavam.

Todas tinham pai, vivo ou morto; respeitavam os idosos, respeitavam qualquer um que tivesse durado tanto. Ele era um sobrevivente, da guerra, do terremoto, da própria história. Experimentara o que elas só poderiam imaginar. Cada traço de seu rosto falava por si. Miki disse que fez isso por dinheiro. Mas não foi.

Mais tarde, disse que foi como deitar-se ao lado de um esqueleto. Eis o que os dois fizeram – ficaram deitados. Miki colocara a mão dele sobre ela e ele a acariciara. Depois, começou a chorar, mas era tão seco que nenhuma lágrima correu. Ela se comoveu. Um bom homem chegado a esse ponto, disse, com um jeito moralizante. As outras riram e disseram que, se nada mais aconteceu, foi por culpa dela que não conseguiu excitá-lo.

Acompanhá-lo a seu quartinho vazio acabou se tornando um ritual. Ela sempre voltava para casa com o mascote, aos domingos. Lado a lado, eles ficavam deitados até de manhã cedo. Então, quando se levantavam, ele vagarosamente preparava chá verde comum para ela. Miki não recebia dinheiro. Era para se descontrair, dizia, e por companheirismo também, embora nunca conversassem.

O velho era refinado, dizia Miki. Os jovens querem conquistar você; quando amadurecem, querem que você os conquiste; mas quando o homem chega a essa idade avançada, apenas um corpo junto ao seu basta. Ele pedia pouco porque pouco se tornara suficiente. Miki o admirava.

No começo, as garotas faziam perguntas íntimas: ele usava a língua lá embaixo? Alguma vez endureceu? Ainda conseguia mijar? Mais tarde, começaram a se perguntar o que ele ficaria pensando, deitado ali com uma garota mais de meio século mais jovem. O que estaria sentindo? Concluíram que sentia falta, não da vida, pois já tinha vivido, mas da solidão da morte.

Quando entrava, bem arrumado, de cabelo repartido, colocava o maço de cigarros e o isqueiro no balcão e tomava sua xícara de café instantâneo, tratavam-no com deferência e, finalmente, com reverência. De início, acendiam seus cigarros com algum desdém. Agora, agachavam-se abaixo dele ao fazê-lo. Elas haviam mudado.

Ele nunca mudou. Do primeiro ao último dia, dois anos inteiros de domingos, nunca mudou. Sorria, saboreava o tabaco, o café, o costumeiro seio oferecido.

Devia morrer com dignidade, todas pensavam. Não deveria ser mantido vivo com tubos e máquinas caras e barulhentas. Deveriam permitir-lhe preservar a integridade – como recompensa por ter vivido tanto tempo, por estar se comportando tão bem. Ninguém jamais pensou que poderia se matar.

Mas foi o que fez. Enforcou-se com a bela faixa de seu quimono. Saiu no jornal, uma pequena coluna numa das últimas páginas. Chamavam-no de o recluso idoso, Noboru Tanaka, 92 anos, desempregado. E não era, como se revelou, absolutamente rico. Miki, portanto, não recebeu nada. Embora tenha fingido decepção, estava claro que nunca esperara coisa alguma.

Por vários domingos, desde então, falou-se muito dele no bar "Roupa de baixo". Não da razão de seu ato. Isto elas achavam que já sabiam – afinal, veja como estava velho. Não, pensavam no que teria sentido no último momento. Prazer, alívio, gratidão? Ninguém acreditava que pudesse ter sido desespero – não em alguém tão bem comportado como ele.

Depois, deixaram de falar disso. Apenas de vez em quando, mesmo não sendo domingo, uma delas se lembrava do jeito suave como ele pestanejava, como uma criança que acaba de acordar, ou daquele pigarro, que soava como se estivesse limpando a garganta para falar, embora raramente falasse.

Hanako Watanabe

A mulher do vendedor de tofu corria escada abaixo no metrô, com o rosto sério, compenetrado. Talvez tenha escutado chegar o trem que vai ao centro — campainhas, gritos, apitos — e estava correndo para alcançá-lo.

Na estação, há anos a minha, há um grande lance de escadas que leva ao nível inferior onde pára o trem que vai ao centro. Vindo da cidade alta de volta para casa, eu acabava de descer do vagão e estava caminhando pela plataforma quando vi a sra. Watanabe descer correndo.

Ao ver o trem prestes a partir, saiu em disparada. Mas as portas estavam se fechando, o apito soou, o trem pôs-se em movimento.

A sra. Watanabe estacou diante das portas fechadas, que começavam a deslizar, e sorriu. Num momento em que nós, do Ocidente, teríamos virado os cantos da boca para baixo, ela os virou para cima. Não era uma careta irônica, nem desespero fingido para aqueles que a observavam. O sorriso era inocente e natural o bastante para parecer instintivo.

Mas que tipo de instinto poderia originar essa expressão de prazer?, perguntei-me. E que suposições estariam por trás? Não era a primeira vez que eu via um sorriso dessa espécie. Via-o diariamente, nos rostos daqueles que pareciam contentes por ter perdido o trem. A esposa do vendedor de tofu era simplesmente o caso mais recente de uma longa fila de sorrisos decepcionados.

Pois certamente, pensei, decepção é a emoção suprema presente em tal experiência. Portanto, o sorriso era, segundo meus critérios, antinatural. Que pessoa, em perfeito domínio do juízo, sentiria prazer ao prever inconveniência?

Bem, raciocinei ali parado, fingindo ler um cartaz, deviam ser pessoas que possuíam prioridades maiores do que a conveniência pessoal, maiores do que perder um trem do metrô.

Tentei encaixar as coisas. O sorriso que informava o rosto da apressada sra. Watanabe e de todas as outras centenas de milhares de pessoas que eu observara ao longo dos anos, começava a se abrir apenas quando se tornava óbvio que o trem, afinal, não seria alcançado. A expressão não era, portanto, resultado de nenhuma esperança de que se pudesse chegar a tempo.

De fato, como vira com bastante freqüência, quando havia tempo e nenhuma dúvida, a expressão era a comum, o rosto vazio de metrô, o mesmo no mundo inteiro. Apenas quando a esperança estava se perdendo é que o sorriso desabrochava.

Diante das portas fechadas do vagão, o trem já em movimento, o sorriso se tornava amplo e paciente, com um leve traço de preocupação ou embaraço. Era como se o fato insignificante de se ter perdido o trem estivesse já sendo classificado entre as muitas outras incertezas da vida.

Além do mais, se a sra. Watanabe tivesse dito qualquer coisa nesse instante (eu ainda fingia examinar o cartaz e ela ainda não me vira), provavelmente teria sido: *Shikata ga nai* — Não há outro jeito. Esse comentário é feito pelo menos um milhão de vezes por dia nestas ilhas. É para o Japão o que "Tenha um bom-dia" é para os Estados Unidos — algo que se diz sem pensar, mesmo quando *shikata ga aru*, quando *há* um jeito.

Porém aqui, concluí a seguir, estava a chave dessas prioridades maiores. Pois por trás disso estava a idéia (bastante comum aqui, mas que soaria revolucionária no país de onde venho) de que a aceitação é superior à irritação, que a concórdia é mais importante que a discórdia, que o positivo é mais valioso que o negativo.

Aos ouvidos americanos, trata-se de uma suposição surpreendente. Suas reverberações se estendem, sugerindo pensamentos repulsivos: que o comunitário é mais importante que o individual, por exemplo. Não obstante, são decerto tais noções que produziram o sorriso ao pé da escada do metrô.

Ainda parado ali, tentei imaginar o sistema de treinamento social responsável por tal fenômeno: séculos inteiros durante os quais todas as sras. Watanabe e seus maridos e filhos foram ensinados que a demonstração pessoal de irritação ou indignação não era de modo algum produtiva socialmente. Como membro de um corpo social, deve-se, em vez disso, manter seus padrões. A reação pessoal (por definição, quase sempre negativa) deve ser subjugada, para que o todo coerente possa preservar a atmosfera de harmonia.

Pensei também como era e é fácil, conseqüentemente, controlar essas gerações. Com uma massa popular dotada de tal crença, a tarefa de governar tornava-se consideravelmente mais simples. Lavagem cerebral, opressão, totalitarismo — esses termos ocorreram a mim, uma pessoa interessada, de fato, apenas em sua *própria* atmosfera de harmonia, alguém avesso a quaisquer implicações sociais mais amplas.

Mas tive certeza de que havia implicações mais amplas. Era certamente verdade que esse tipo de auto-abnegação diante da decepção pessoal pode ser manipulado politicamente; pode também resultar numa aceitação bastante inconsciente da norma social. Mas havia algo mais, de valor mais profundo.

Então, virei-me novamente para observar a sra. Watanabe. Embora há muito tivesse deixado de sorrir e estivesse mirando o espaço com aquele rosto universal de metrô, lembrei-me da forma que seu sorriso tomara. Sim, certamente sugerira paciência... mas também — por falta de palavra melhor — uma espécie de afirmação.

O cartaz que eu estivera observando lembrou-me um outro que alertava para não se deixar o guarda-chuva no metrô. Esta era uma raça pragmática, intensamente pragmática. Que acreditava na "justeza" das coisas e se rejubilava com isso. Vi que a realidade, nem maligna nem benigna, é tudo que temos; que o que *é* existe muito além das limitações da nossa conveniência pessoal; e isto deveria ser aceito e considerado importante.

Quanto mais pensava no assunto, mais familiar a idéia se tornava. Considerei a atitude do mestre de haiku; a atitude de meu cineasta predileto, Ozu. Pensei no que o mestre de pincel-e-tinta *suiboku* inclui e exclui, e como o verdadeiro *roshi* zen aproxima-se do real e do instante presente. Em todos esses exemplos que agora inundavam-me a mente, a predileção pessoal é sacrificada (um termo forte demais?) em prol de algo maior. Este algo maior é a apreciação da realidade. Não uma realidade superior, apenas a realidade em si; uma pequena celebração de suas qualidades. É a atitude do Japão antigo que se mira no espelho, encontra mais um cabelo branco, mais uma ruga e se alegra porque as coisas estão caminhando como devem. Coisas que caminham dessa maneira são adequadas, apropriadas – numa palavra, boas.

Lancei um olhar à sra. Watanabe que esperava o trem. Será que ela – a mulher do sorriso bonito e indulgente – também sorriria de suas rugas e de seus cabelos grisalhos, afirmando a efemeridade da vida? Parecia pouco provável, do modo como estava parada ali, balançando-se levemente em seu distinto vestido de bater, olhando para frente. Por outro lado, não parecia impossível, pois lembrava-me de sua expressão, comum mas misteriosa, quando percebeu que iria perder o trem. Sabia que o que o sorriso representava contribuíra para os séculos de governo feudal e fora explorado por ele; ao mesmo tempo, vi no sorriso um símbolo de uma outra escala de valores, uma afirmação que ia muito além da preocupação ordinária com o positivo e o negativo.

Neste momento, a sra. Watanabe afinal notou meu próprio rosto universal de metrô e abriu-me um sorriso amigável: *Ara*, é o sr. Donald! Está indo à cidade?

— Não, acabei de descer.

— Mas já faz dez minutos – eu mesma perdi o trem. O que o senhor estava fazendo?

— Oh... nada especialmente, estava parado aí.

— Na sua idade, disse ela com um sorriso. Eu estou indo à casa de minha irmã passar a tarde. Meu marido está tomando conta da loja. E já estava mesmo na hora de começar a fazer isso.

A sra. Watanabe continuou nesse tom até o trem chegar e ela o tomar. Subi as escadas, ainda pensando. Quaisquer que fossem as associações históricas, eu só podia aprovar aquele sorriso, achá-lo admirável em suas implicações e invejar o dom impensado e seguro daquela mulher.

S.A.I. Michiko

Eu estava diante dela, a Imperatriz do Japão, cumprimentando-a pela beleza do palácio novo. Isto foi tudo que consegui pensar em dizer e, habilmente, como uma boa anfitriã atenciosa com os convidados, perguntou-me onde morava. Então, com aquele interesse distante que parece ser comum à realeza: Ah, *shitamachi*, a velha Tóquio. Como nos filmes de Ozu.

— A senhora viu muitos deles?, quis saber.

— Bem, *Era uma vez em Tóquio*, certamente, respondeu, acrescentando que, embora houvesse uma sala de projeção nas dependências da Casa Imperial, não iam lá com freqüência e acabavam contentando-se com fitas de vídeo.

Foi delicado da parte dela mencionar Ozu. Mostrava que sabia por que eu estava ali: Recebera um prêmio oficial, e uma audiência no palácio era um de seus benefícios. Não apenas encontraríamos o casal real, mas veríamos onde moravam.

Fomos, de fato, conduzidos de limusine pelo longo caminho ao redor do palácio, através do Sakashishitamon, para podermos apreciar melhor o território. Estava ansioso por fazê-lo. Depois de quase cinqüenta anos observando o palácio do lado público do fosso, vendo o topo das árvores e os telhados dos prédios distantes, queria vê-lo por inteiro.

Depois de passar por vários postos de controle e portões externos, com guardas em abundância, afinal entramos no fosso interno e viajamos pelos jardins em forma de parques, descendo a seguir por uma estrada que parecia do campo, ladeada de mais guaritas, muros e, atrás deles, a mata virgem que descansa no coração dessa extensão de terra. Ouvira dizer que coelhos, texugos e raposas viviam ali, no centro de Tóquio.

Os automóveis estacionaram diante do que parecia um dos grandiosos salões de casamento. Era o palácio novo, com mordomos a nossa espera. Depois de várias reverências, fomos conduzidos por uma série de salões, todos decorados num estilo imperial modificado. Era um conjunto no estilo da era Meiji e, portanto, vitoriano, devendo conter sofás forrados de pelúcia e tetos de lambris artesanalmente trabalhados.

Porém, como o palácio fora construído em 1993, e não 1893, não havia sofás e a pelúcia dera lugar ao brocado. Mas o conforto imponente de Windsor estava lá.

Um mordomo graduado se apresenta e com grande paciência explica como se desenvolverá nossa audiência. Apresentou uma folha de papel com círculos e flechas desenhados mostrando onde cada um deveria ficar e como se deslocar. Meu papel seria modesto. Eu seria o segundo da direita e simplesmente deveria me curvar e me aprumar a seguir. O presidente da fundação responsável pela concessão dos prêmios tinha um papel mais difícil a representar: sua coreografia consistia em avançar, depois voltar e fazer um círculo pelos laureados prestes a serem apresentados, antes de parar a nossa direita.

A seguir, formamos uma fila num outro salão. Este devia mais a Shinto que Vitória. Tinha painéis de cedro e cortinas suspensas, como em Ise, e, embora a mobília fosse ocidental – madeira clara emoldurando brocado dourado –, ainda parecia eclesiástica.

Do outro lado das janelas amplas, estendiam-se os jardins e, para além deles, a floresta. Era como estar numa região campestre, bem longe de qualquer cidade, exceto que acima das árvores eu podia ver o topo quadrado do prédio Dai-Ichi, que meio século atrás fora o quartel-general das forças aliadas de ocupação. Era como se o general MacArthur ainda estivesse espiando por sobre a sebe.

Enquanto os mordomos desempenhavam suas tarefas, deixei-me impressionar pela semelhança do palácio e seu pessoal com um *ryotei* muito caro, um daqueles restaurantes japoneses que custam tanto que absolutamente nada pode sair errado. Havia a mesma movimentação resoluta, os mesmos olhares observadores. Então, alguém anunciou solenemente: Eles estão chegando.

Todos nos aprumamos e eles entraram, o Imperador, de terno preto e algo que parecia uma gravata escolar, a Imperatriz num quimono cor de creme, com um *obi* combinando. Tomaram lugar diante de nós, exatamente como indicado no diagrama, e trocamos olhares.

Ambos traziam um semi-sorriso, uma expressão solícita, como se estivessem prestes a nos perguntar se estávamos nos sentindo bem, se tínhamos dinheiro suficiente para voltar para casa. Apesar da óbvia boa vontade, no entanto, ambos estavam graves – surpreendentemente graves. É claro que não se esperam risadas e cabeças se jogando para trás, mas a gravidade deles era tão profunda que me lembrou o modo como as pessoas se comportam em funerais. Gravidade pode se parecer com tristeza, e a das majestades imperiais certamente se parecia. Sua graça real estava levemente pesarosa, como flores que murcham lentamente. Não obstante, atrás de tudo isso também vi algo que se parecia com curiosidade e percebi que significávamos para eles não apenas dever, mas, talvez, diversão.

Embora eu estivesse nervoso não apenas com o que dizer, mas como dizer – sentindo-me completamente inseguro com meus rudimentos de *keigo* (japonês formal) – o Imperador, com ar de homem acostumado a lidar com tais problemas de somenos importância, estendeu a mão, indicando que a entrevista deveria continuar à moda estrangeira; e, evidentemente, cumprimentou-me em inglês.

Tendo chegado minha vez de falar, perguntei-lhe se havia animais na floresta. Sim, ele acreditava que sim. Alguns coelhos – sim, quando criança, ele vira alguns coelhos.

Devidamente instruído, ele falou a seguir sobre cinema. Gostava de Kurosawa, aparentemente, e lembrava-se de ter visto Ozu certa vez, quando este recebeu algum prêmio imperial. Sim, *Era uma vez em Tóquio*, disse, com uma espécie de distante deleite.

O Imperador estivera percorrendo metade da nossa fila e a Imperatriz vinha em sentido contrário. Agora se encontravam e, com uma destreza que não se costuma ver fora de uma pista de dança, giraram ao redor um do outro, e ela se postou a minha frente.

— Sim, *Era uma vez em Tóquio*, repetiu.

Seu marido olhara-me diretamente de uma maneira afável, embora distante, que antes eu vira apenas em pessoas muito ricas, mas o olhar dela estava focalizado em algum outro lugar diante de mim e levemente para baixo, como se estivesse olhando para minha gravata. Sua voz era suave, e seu inglês tinha sotaque londrino.

— E sinto, disse ela, que devo – não, *quero* – me interessar pelos diretores mais novos e descobrir o que vêm fazendo.

Mencionei alguns filmes recentes. Oh, quisera poder vê-los, disse. Então prometi enviar-lhe alguns cassetes.

Após nossa breve conversa, pensei sobre a vida dela. Ambos estavam seqüestrados ali e, além dos deveres, devia haver pouco para fazerem. A realeza é mantida cativa dessa maneira – exibem-na depois a guardam de novo na caixa. A tentação de fugir deve ser grande. Lembrei-me da princesa em *A princesa e o plebeu* e de sua fuga; mas não haveria fuga possível para Michiko. Lembrei-me de fotos dela quando jovem; agora era frágil, graciosa, tateante, mantendo os olhos fixos na minha gravata. Resolvi enviar-lhe todas as fitas que pudesse encontrar.

Mais tarde, conversando com um mordomo, mencionei minha promessa e ele pensou em como torná-la possível.

— Que boa idéia. Envie as fitas para mim e cuidarei para que ela as receba.

Deu-me seu cartão e descobri que o Palácio Imperial tinha um endereço. Era: Palácio Imperial, 1-1 Chiyoda, Chiyoda-ku, Tóquio 100.

Nossa audiência fora marcada para durar trinta minutos e, exatamente como programado, entre sorrisos graciosos e mesuras, suas altezas imperiais deslizaram para fora da sala. Deslizaram – pois seu andar também era treinado. Isto trouxe-me uma súbita consciência da palavra que estivera suspensa durante toda a sessão e finalmente vinha à mente: fantasmas. Bem além do aspecto de outro mundo de todos os papéis reais e sacerdotais que esses membros particulares são obrigados a representar, vi uma suavidade e uma tristeza acompanhadas de uma resignação tão completa, que era como se a vida já tivesse acabado.

Depois que eles partiram, reinou uma repentina leveza, e percebemos que estávamos nos sentindo oprimidos. Houve algum riso, muitas mãos se esfregando e um dos mordomos, tendo escutado e confundido meus interesses, contou-me tudo sobre o texugo que encontrara na despensa imperial.

Enquanto nossa limousine rolava suavemente sobre o cascalho e a seguir para dentro de Tóquio, perguntava-me se *Okaeri*, o filme que queria mandar antes de todos, seria mesmo uma boa escolha. É sobre uma esposa solitária e infeliz, que fica esquizofrênica. Lembrei-me de que recentemente, quando a Imperatriz foi atacada pela imprensa vil (acusando-a de manter criados acordados até altas horas, pedir comida à noite, ser autoritária), ela respondera emudecendo – não falou por semanas.

De volta a casa, olhando para fora sobre a cidade em direção ao palácio, perguntei-me se aquele suave raio de curiosidade fora satisfeito, ou se nós também a havíamos decepcionado.

Impresso em outubro de 2000, em Offset 75g/m2,
nas oficinas da Bartira Gráfica.
Composto em Perpetua corpo 10.6, Pompeijana corpo 22.

Fundação Editora da UNESP (FEU) • Praça da Sé, 108 – 01001-900
São Paulo, SP – Tel.: (0xx11) 232-7171 - Fax: (0xx11) 232-7172
Home page: www.editora.unesp.br – e-mail: feu@editora.unesp.br

Escrituras Editora e Distribuidora de Livros Ltda.
Rua Maestro Callia, 123 - Vila Mariana - 04012-100 São Paulo, SP
Telefax: (11) 5082-4190 - http://www.escrituras.com.br
e-mail: escrituras@escrituras.com.br (Administrativo)
e-mail: arte@escrituras.com.br (Arte)